SEULE SUR LE TRANSSIBÉRIEN

(1re ÉDITION, 2006, COLL. « SILLAGES »)
ISBN : 978-2-36157-106-1
DÉPÔT LÉGAL : FÉVRIER 2016

Collection : « Voyage en poche »
Cartographie : Marc Alaux
Relecture et mise en pages : Émeric Fisset
Couverture : Géraldine Dunbar

TRANSBORÉAL
23, RUE BERTHOLLET – PARIS Ve
TÉLÉPHONE : 01 55 43 00 37
FAX : 01 55 43 00 38
contact@transboreal.fr – www.transboreal.fr

GÉRALDINE DUNBAR

SEULE SUR LE TRANSSIBÉRIEN

De Moscou à Vladivostok

ÉDITIONS TRANSBORÉAL
48° 50' N. * 2° 20' E.

À Sylvain Tesson
qui a célébré la « fermeture éclair
du manteau des taïgas ».

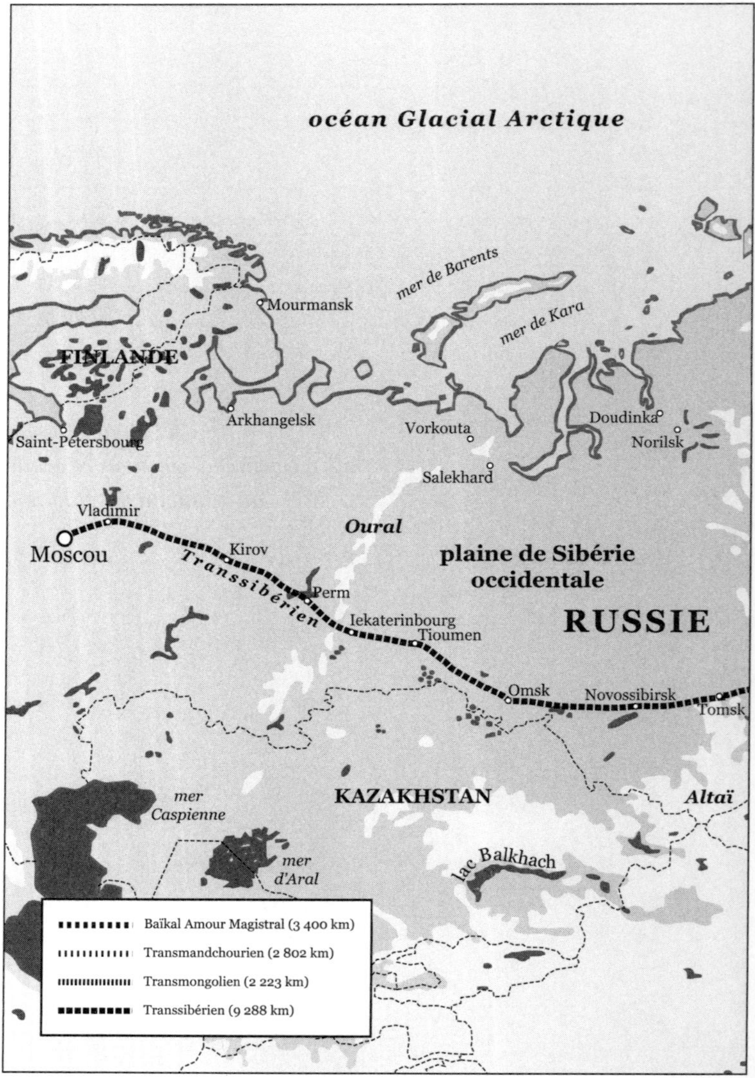
océan Glacial Arctique
mer de Barents
mer de Kara
Mourmansk
FINLANDE
Arkhangelsk
Saint-Pétersbourg
Vorkouta
Salekhard
Doudinka
Norilsk
Vladimir
Moscou
Kirov
Transsibérien
Perm
Oural
plaine de Sibérie
occidentale
RUSSIE
Iekaterinbourg
Tioumen
Omsk
Novossibirsk
Tomsk
mer
Caspienne
KAZAKHSTAN
Altaï
mer
d'Aral
lac Balkhach
Baïkal Amour Magistral (3 400 km)
Transmandchourien (2 802 km)
Transmongolien (2 223 km)
Transsibérien (9 288 km)

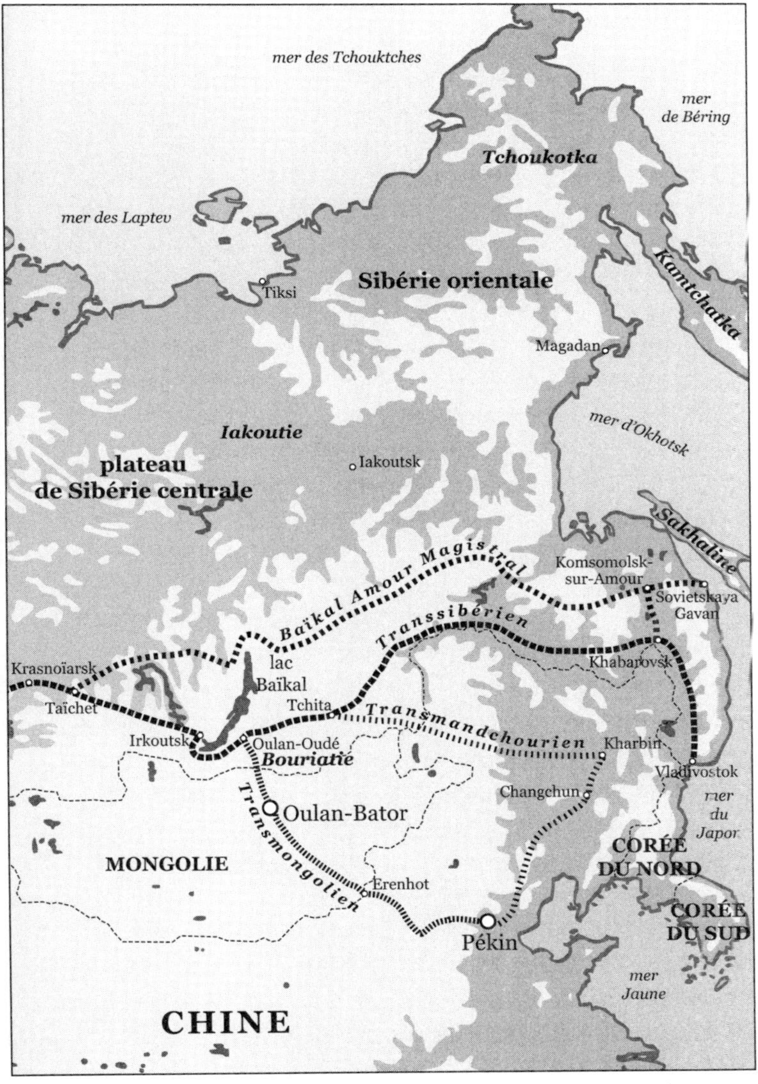

LES VOIES FERRÉES TRANSSIBÉRIENNES

Avant-propos

MOSCOPOLIS

MOSCOU, janvier 2010. Il fait -20 °C. Une neige épaisse crisse sous mes pieds. Devant moi, des arbres immenses s'élancent dans un ciel bleu glacial. Mais ces arbres ne sont pas naturels : ce sont des troncs en verre et en acier, qui composeront le futur centre d'affaires international de Moscou, au nom anglicisé : Moskva-City. Le projet, évalué à plusieurs milliards de dollars, est en cours de construction à l'ouest de la capitale, sur la berge Krasnopresnenskaya, sur des friches industrielles, à proximité d'immeubles résidentiels. Plus d'une dizaine de *neboskreb*, des gratte-ciel, abriteront des bureaux, des espaces de loisirs et des appartements luxueux pour la nouvelle élite qui « construit » la Russie. Un ensemble architectural inédit dans ce pays, où l'on aime clamer encore et toujours le caractère traditionnel de Moscou « la Sainte » et de Saint-Pétersbourg. L'administration de la ville et la Douma auront leurs quartiers dans ce complexe ultramoderne, d'ores et déjà qualifié de nouveau Manhattan. C'est ici que la plus haute tour d'Europe,

Bachnya Rossiya, la tour Russie, imaginée par lord Norman Foster, sera érigée un jour. Le projet, en suspens en raison de la crise, prévoit la construction d'un édifice d'une hauteur de 612 mètres doté de 118 étages. *Bachnya Rossiya* incarnera la Russie dans sa toute-puissance. Un sabre dans le ciel, qui venge les années de crise et d'humiliation qui ont suivi la chute de l'Union soviétique. Place à la Grande Russie qui, en ce début de siècle, fait un retour en force sur la scène politique mondiale.

Tout s'est passé si vite... Le capitalisme a déferlé sur les Russes comme un tsunami. Malgré le froid qui me mord les extrémités, je m'arrête longtemps devant le mouvement lent et continu des grues et des ascenseurs qui transportent des blocs de verre et de béton dans un brouhaha permanent. Suis-je en 2010 ou 2100 ? Je pense aux milliers de mains étrangères qui œuvrent à la construction de ce nouveau poumon financier – Chinois, Turcs, Tadjiks, Ouzbeks et Kirghizes, ils n'ont pas hésité à venir travailler jour et nuit pour un salaire moyen de 15 000 à 20 000 roubles par mois, soit 400 euros. Un passant quinquagénaire m'aborde, la chapka engoncée sur des sourcils ébouriffés : « Que regardez-vous comme cela ? *Eto oujas'*, c'est une horreur ! Ce n'est pas Hong-Kong chez nous ! » Un autre passant, plus jeune, s'arrête : « C'est beau n'est-ce pas, on dirait l'Amérique ! » Il se fait réprimander par le premier. Quelques minutes plus tard, c'est tout un attroupement autour de moi qui chahute, le nez en l'air. Deux Ukrainiennes aux dents en or lancent avec candeur : « On n'a pas encore cela à Kiev ! » Un véhicule de la milice, de marque américaine, ralentit près de nous. Mes camarades se dispersent aussitôt comme poussière de météorite. J'immortalise les travaux en cours avec mon appareil photo. Un vigile en noir m'arrête. « *Nilzia !* », c'est interdit. Les vieilles habitudes ne changent pas, même dans une Russie libre et capitaliste. Je lui demande s'il aime le projet. « *Niet.* » À l'instar de nombre de ses confrères, immobiles au pied du chantier comme des tours sur un échiquier, il éprouve de la rancœur envers ceux qui ont réussi à s'enrichir et les autorités de la ville, qui auraient « vendu » Moscou à des entrepreneurs étrangers. Insensible au ballet des machines, Valentina, 72 ans, déblaie la neige près de moi, ses cheveux blancs relevés dans un maigre chignon. « *Bol'no*, c'est douloureux, dit-elle. Mon père est mort pour la Russie en 1943, il ne la reconnaîtrait pas aujourd'hui... J'ai vécu ici cinquante-cinq ans, l'immeuble que j'habite là-bas sera détruit aussi, ils ont besoin de terrain. Nous sommes de nombreuses familles obligées de déménager... Mais c'est bon, je suis protégée au moins jusqu'en 2014. »

Chère Moscou... que t'arrive-t-il ? On t'a mise à terre comme Gulliver et ligotée pour assouvir des désirs trop forts à contenir. Qu'aurait pensé ton plus illustre écrivain, Léon Tolstoï, lui qui imaginait dans *Guerre et paix* un Napoléon épris d'une « curiosité quelque peu inquiète » à la vue de cette ville « étrange, aux architectures surprenantes » ? Une ville occupée par l'ennemi ressemble à une fille qui a perdu son honneur, écrit-il plus loin. « Il aurait été mécontent ! » peste Nadejda, téméraire babouchka du musée Tolstoï. La ravissante demeure en bois de l'écrivain, construite au XIXe siècle, est restée telle quelle dans le quartier de Park Koultoury. Dans la salle à manger, la table est mise pour toute la famille. Une coquette pendule russe, une *koukouchka*, égrène les secondes, propices à la paix intérieure. Mais ce coin de Russie paisible n'échappe pas à la modernisation. En face du musée, l'usine Krasnaya Roza – la Rose rouge, renommée au XIXe siècle pour ses rideaux de soie et fréquentée en son temps par Tolstoï – a été remplacée par un parc de stationnement et un imposant immeuble en verre : c'est le nouveau siège d'un célèbre moteur de recherche en ligne. Les babouchkas du musée tremblent à présent pour la maison de leur maître et le jardin boisé, dont les précieux mètres carrés attisent les convoitises. Un nouveau quartier d'affaires, dont le montant des investissements s'élève à plus de 100 millions de dollars[1], doit en effet voir le jour en 2011, à deux pas de l'homme qui rêvait d'ascétisme et de détachement matériel. L'hôtel cinq étoiles Krasnaya Roza, avec son parking souterrain, sera le point d'orgue de ce projet d'aménagement. Selon l'association de protection du patrimoine de Moscou, fondée en 2004, trois cents bâtiments historiques sont détruits tous les ans dans la capitale[2]. Une guerre silencieuse et dangereuse fait rage entre des citoyens choqués et le « *big bizness* ». Le décès, le 7 janvier 2010, de David Sarkisian, directeur charismatique du musée d'Architecture Chtchoussev et ardent défenseur de la mémoire des pierres, sonne en quelque sorte le glas pour la ville.

Que pensent les jeunes de tous ces changements ? Je me rends dans un collège situé au nord-ouest de Moscou. Ici aussi, les grues sont présentes. Parmi des barres de logements gris surgissent des immeubles résidentiels neufs, avec des *penthouses* proposés à prix d'or. Les babouchkas qui campent à la sortie du métro, emmitouflées de noir avec des paquets de cigarettes autour du cou, ne les remarquent pas. Trois stations de tram plus loin, à l'entrée de l'établissement scolaire, une bannière optimiste affiche « L'avenir, c'est nous ». Au deuxième étage, je pénètre dans une salle remplie de vie : des portraits de Pouchkine, Tourgueniev et Tolstoï côtoient des reproductions de Renoir, Pissarro et Monet, flanqués de nombreux cactus et de plantes tombantes. Des arrosoirs sont disposés ici et là dans la classe. Des livres respirent sur un vieux piano et sur plusieurs étagères au fond de la salle. Une table est dressée avec des tasses de thé et du chocolat. Les élèves de seconde ont 15 ans. Pour eux, l'Union soviétique relève de la science-fiction. Moskva-City ? Ils n'osent pas s'exprimer. Liouba, jeune fille pâle aux cheveux noirs, finit par dire : « Moi, j'aimerais bien que Moscou reste petite, *kak dom*, comme une maison, *cosy*... Je n'aime pas ce projet, mais c'est nécessaire. » Se voient-ils travailler dans une tour ? *« Niet ! »* rétorquent Artiom et ses copains. « Mais ils trouveront toujours des gens qui le feront pour de l'argent. » Ces jeunes ne sont pas attirés par la Sibérie – ils n'en connaissent d'ailleurs guère les dimensions –, mais la lecture de mon récit, inscrit à leur programme, finit par éveiller leur curiosité.

« Nous ne nous comprenons pas, me confie un milicien rencontré ce jour-là dans la rue. La jeunesse est tout autre. Nous sommes comme deux personnes de chaque côté d'une même route. Nous parlons la même langue, le russe, mais nous ne nous comprenons pas. » Nikolaï, aux yeux bleus ridés, éprouve de la tristesse lorsqu'il pense à la jeunesse, de plus en plus attirée par le monde virtuel et les jeux vidéo, comme partout ailleurs dans le monde. Il continue de regretter le temps où il pouvait vivre avec 3 roubles par jour. « Maintenant, les prix sont comme des numéros de téléphone, à sept chiffres. » Je lui demande où je peux encore trouver l'âme russe. *« Zagorodom »*, à l'extérieur de la ville, dit-il, en pointant sa matraque vers le nord. N'ayant pas les moyens cette fois-ci de quitter Moscou, je me rends au monastère Donskoï plus au sud, loin du bitume et du béton. C'est ici que repose l'homme qui inspira mon voyage en Sibérie : Alexandre Soljenitsyne. Son âme est en paix sous une simple croix de bois et un lourd manteau de neige, derrière l'église, parmi d'autres tombes discrètes. Pas d'enseignes, ici. Pas de distractions. Je respire avec le souvenir de notre rencontre lors de son retour d'exil par le Transsibérien, en 1994. Je regarde les fleurs, encore fraîches et colorées dans la neige... Au loin, dans un ciel laiteux, s'élèvent des corbeaux qui croassent. Un vent fort, glacial, me fouette les tempes. « Tamara, c'est ici ! Viens vite ! » Un cri enthousiaste brise ma solitude. « Le voilà, notre Alexandre Issaïevitch ! » Cinq babouchkas rondes et énergiques se ruent comme des hirondelles vers la tombe de l'auteur. Elles embrassent son portrait photographique. « Soljenitsyne était l'homme le plus *tchestnyi*, le plus honnête ! *On lioubil narod*, il aimait le peuple. » Tamara et ses amies ont fait 180 kilomètres en autocar depuis Rouza pour le rencontrer. Rassérénées, elles se dressent autour de lui et se mettent à chanter *a capella* :

Nié slychny v sadou dazhe chorokhi,
Vsio zdes' zamerlo do outra.
Esli b znali vy, kak mnié dorogi
Podmoskovnye vetchera...
Pas un bruissement dans le jardin
Tout ici est figé jusqu'au matin.
Si vous saviez comme elles me sont chères
Les soirées près de Moscou...

Le Temps du muguet version russe. Une chanson adorée par tous.

Nul besoin de sortir de la capitale ou d'entrer dans un théâtre pour trouver l'âme russe. De plus en plus discrète, voire menacée, comme le caviar d'esturgeon, elle continue de surgir de la façon la plus inattendue. Tamara me confie qu'elle n'a pas les moyens de passer la nuit dans la capitale. « Le centre est inaccessible pour nous. C'est la faute au gouvernement qui a volé le peuple ! Mais ce n'est pas grave, nous chantons quand même. Ça ira mieux un jour, mais nous ne vivrons plus d'ici là », dit-elle gaiement. *My nié dojiviom...* Comme il est douloureux d'entendre ces mots de la part d'êtres qui ont vécu la guerre, et qui terminent leur vie submergés par les vagues de marques étrangères et la toute-puissance des cartes de crédit. Elle rit.

Mais son cœur pleure. Sa camarade Maria plaisante : *« Eto krizis, no vsia jizn' krizis ! »* C'est la crise, mais la vie entière est une crise ! Elles repartent en faisant de grandes enjambées dans la neige, comme des poules empressées, et me demandent de ne pas oublier d'embrasser les tombes des illustres intellectuels anglais et français à mon retour (la liste est longue).

Je finis par découvrir le centre de Moscou, avec appréhension. Quand on a vu la Sibérie, le regard n'est forcément plus le même. À chaque carrefour se multiplient les enseignes, les passages commerciaux clinquants, les banques et leurs lots de messages triomphants. « *Vsegda riadom !* Nous sommes toujours près de vous ! » Je devrais, en tant qu'Occidentale, m'en réjouir. Mais je n'y parviens pas. C'est un peu comme si l'on vous demandait de vous amuser alors qu'un être cher est à l'hôpital. Or, en Russie, ce sont des centaines de milliers de personnes qui vivent dans la souffrance. L'occidentalisation, soutenue par la *chokovaya terapiya*, la « thérapie de choc » inaugurée dans les années 1990, s'est déroulée rapidement et brutalement pour une génération entière qui n'a pas su s'adapter. C'est comme si l'on avait administré de force un médicament lourd à un patient encore sonné par une grosse chute. Le médicament « miracle » a fait des dommages collatéraux chez des millions de Russes. Nombre d'entre eux ont quitté ce monde dans le silence et l'indifférence, en répétant peut-être l'un des vers tristement célèbres de Marina Tsvetaïeva : « La vie est une gare, je vais bientôt partir... »

Sur la place de la Révolution, Karl Marx continue de prêcher un message obsolète sous une neige tenace : « Prolétaires de tous les pays, unissez-vous ! » En 2010, son profil côtoie une publicité de 20 mètres représentant une console de jeu vidéo. Une affiche voisine dit : « Nous construisons la Russie. » Visuel d'un ouvrier sec et sérieux. Plus loin, derrière Marx, un nouveau restaurant spécialisé en bières et une fausse tour du Kremlin en brique rouge, où se niche un restaurant cher. L'appétit des touristes fait construire, même dans le noyau historique. Dans la rue comme dans les boutiques, de larges banderoles proclament le mot enchanteur, *Sale*, « soldes » en langue anglaise. J'entre dans le GOUM, l'ancien magasin universel d'État, avec crainte. Ce temple du luxe, somptueusement décoré, n'est pas accessible à mon portefeuille. Les prix ne sont d'ailleurs quasiment jamais indiqués dans les allées, sans doute pour contenir des réactions désobligeantes. De nombreuses femmes solitaires se promènent comme des lionnes, enrobées dans leurs épais manteaux de fourrure. Désœuvrées, elles lorgnent comme des proies les produits dans les devantures vitrées. Je m'arrête comme elles devant une vitrine de mode italienne pour enfants. La petite robe en coton assortie de tulle est charmante.

« Combien ?

— Mille dollars », me répond la vendeuse, laconique.

Les clients sont essentiellement russes, comme dans les autres boutiques du centre, où l'étranger n'ose pas pousser la porte. Je repère un nouveau magasin d'alimentation, aux vitrines pleines de couleurs. Le nom est soviétique, « Gastronom n° 1 ». Parfait pour combler le petit creux qui me tenaille. Mais une vendeuse de crèmes glacées près de l'entrée me le déconseille. « C'est très cher ! » Nastia, la cinquantaine, vend des glaces toute la journée depuis dix ans. Elle gagne 300 euros en travaillant cent quatre-vingts heures par mois. Elle est économiste de profession ; son usine a fermé lors de la crise de 1998 et elle est restée plusieurs mois sans argent. « J'étais très heureuse de trouver ce travail ! » Au Gastronom n° 1, elle peut s'acheter du thé et des bonbons. C'est tout. Pour les vêtements, elle s'habille au marché, loin des étalages du GOUM qui suscitent en elle des désirs qui ne seront jamais exaucés. Je lui demande où l'on peut trouver une *stolovaya* – cantine russe – comme au bon vieux temps...

« Ça n'existe plus, le mot a quasiment disparu, dit-elle. Mais allez au deuxième étage au bout, ils l'ont réinventée ! »

Je découvre plus loin la Stolovaya n° 57, où les odeurs de borchtch et de goulasch me comblent de joie. Sensibles à la nostalgie soviétique, les propriétaires ont recréé le concept de la soupe populaire, avec des reproductions d'affiches et des photos d'époque à l'intérieur de la salle soigneusement aménagée. Je me régale avec trois plats pour 5 euros, en regrettant néanmoins l'ambiance simple et authentique des *stolovaya* d'antan.

Sur la place Rouge, une immense patinoire célèbre les futurs jeux Olympiques d'hiver à Sotchi en 2012.

Le compte à rebours est lancé sur un grand écran. Bonheur de voir les Russes patiner, toutes générations confondues, à 3 ans comme à 70 ans, devant le mausolée de Lénine désert ! Plus loin, l'hôtel Moskva, détruit en 2004, a été reconstruit à l'identique. Les autorités savaient-elles seulement que l'un de leurs plus illustres compositeurs, Sergueï Prokofiev, avait séjourné dans ce bâtiment en 1943 pour écrire la musique du film *Ivan le Terrible* ? J'avance dans la rue Tverskaya, enneigée et couverte de blocs de glace tombés des toits. Peu de monde : les quelques passants habillés de sombre marchent vite, comme des manchots, la tête cachée dans leurs capuches. L'ancien immeuble Intourist, détruit aussi en 2004, a été remplacé par un grand hôtel, le Ritz-Carlton. Une autre porte qui se ferme. Il est en effet peu aisé pour le voyageur de « passer » voir les lieux : la cohorte de vigiles près de l'entrée est aussi dissuasive que la bombe A. *Tsentralnyi Telegraf*, la célèbre poste centrale, poursuit également sa métamorphose, avec le morcellement de son espace en plusieurs entités, dont le café Sushi Rumba qui propose en vitrine un *« bizness-lantch »* savoureux. En face, l'immeuble où vécut plus de trente ans l'artiste peintre Piotr Vassiliev est désormais investi par une boutique de lingerie italienne. Les boutiques chic et froides s'enchaînent ainsi dans l'artère, dans le bruit continu de voitures d'origine exclusivement étrangère – la mythique Lada est finalement devenue une rareté. De temps à autre, le voyageur tombe sur des reproductions de célèbres toiles du XIXe siècle, exposées sur des murs de granit rouge ou gris. Une initiative du Musée russe. On aperçoit ainsi, dans ce nouveau monde, une représentation de la madone de la Compassion, « qui touche le cœur des plus mauvais », par Kouzma Petrov-Vodkine, un vieux paysan très maigre et à la longue barbe – Mina Moiseev, par Ivan Kramskoï –, mais aussi l'avant-dernier tsar de Russie, Alexandre III, par Valentin Serov... Les regards mélancoliques exprimés dans ces portraits, face à des logos tout-puissants, cherchent une réponse que nul ne sait leur apporter.

J'ai la tête qui tourne. La Sibérie, sa nature vierge, me manque. Le Transsibérien, ma maison préférée, me hante. Je décide de poursuivre à pied la route jusqu'à la gare Iaroslav, au nord-est de Moscou. Juste après le Picasso DJ Bar, j'aboutis à la place Pouchkine. Un nouveau trou béant occupe la place : l'immeuble qui abritait le légendaire journal libéral *Les Nouvelles de Moscou* a été démoli. Alexandre Pouchkine, le « soleil de la poésie russe », est toujours présent sur la place, sa statue entourée de panneaux publicitaires géants pour un groupe d'assurances et une firme asiatique célébrant l'arrivée du Smartphone. À chaque affiche que mon regard perçoit, je réponds par la mélodie envoûtante de Sergueï Rachmaninov. À chaque troquet *fast-food*, ce sont les vers de Sergueï Essenine sur sa patrie que je clame. Et à l'énième passage commercial dénué de toute humanité que je frôle, c'est aux Russes que je pense, ceux que l'on a oubliés ou expulsés, dans cette ville mutante aux valeurs transformées.

Je quitte avec peine la place Pouchkine en empruntant le boulevard Strastnoï, une longue avenue arborée, appréciée jadis par les grands auteurs et compositeurs russes. Je découvre sur la route plusieurs restaurants italiens au menu alléchant, et à chaque grand carrefour des grues, toujours des grues, affairées comme des dragons. Un club de *strip-tease* avec «*face-control*» retient mon attention. Le bar Oh la la ! permet à ceux qui construisent la nouvelle Russie d'oublier leurs soucis en s'adonnant aux plaisirs de la chair. Si l'on en croit le nombre de bars érotiques – des dizaines –, les hommes d'affaires ont beaucoup de tensions à soulager.

Au bout de trois heures de marche, la gare Iaroslav s'offre à moi. Les cuisses congelées, je tire la lourde porte en bois clair. Trois mètres. Encore une lourde porte en bois. Je traverse fébrilement la salle profonde, insensible au va-et-vient des voyageurs de toutes tailles et de toutes couleurs. Au fond de la salle, je repère une porte de sortie. Mon train est là, je le sais. Il m'attend. Je me précipite sur le quai. C'est le train Ienisseï. Destination Krasnoïarsk. Sibérie silencieuse, Sibérie envoûtante... Sibérie, mon luxe à moi. Je ne peux partir cette fois-ci. Je me fais du mal.

«*Nou, Diévouchka*, vous venez ou pas ? me lance un *provodnik*.

— *Nié magou*, je ne peux pas ! »

Les feux arrière du train flambent. Rouges. Je suis attirée.

« *Piat' minout*. Encore cinq minutes. On est bien en Sibérie, la nature est belle. *Tam, rybalka !* On peut pêcher, là-bas ! »

Je regarde la longue couleuvre en acier vert. Les derniers retardataires s'engouffrent dans le train. Une mère blonde, avec une petite fille dans les bras, grimpe une marche avant de donner avec tendresse la main à son garçon de 3 ans. Des flocons de neige flottent dans l'air. Le quai est soudain désert. Les souvenirs de mon long périple à travers la Sibérie et l'Extrême-Orient affluent dans mon esprit. Les rencontres chaleureuses, la taïga vaste et souveraine, la terre russe, sa force et sa splendeur.

J'aimerais ôter mon manteau, mon chapeau, mon sac. Tout laisser sur le quai givré. Donner mes clés au premier venu. Me diriger vers le train, les mains dans les poches, et prendre place.

Être anonyme.

Le wagon est chaud, il respire. Le thé est prêt, je le sais. L'encre sur la une des journaux est fraîche. Et quelqu'un m'attend dans un compartiment. « *Nou*, alors ? » me lance Stepan, le *provodnik*, en ôtant sa casquette. Un moineau joyeux voltige à mes pieds. J'ai si froid. Je serre mes bras. « *Vsio*, allez, on y va ! dit-il. *Vsio*... » Je scrute le bout du quai, puis le marchepied du train qui attend mon talon.

Et si je recommençais ?

Prélude

LE DROIT DE RÊVER

PARIS, SEPTEMBRE 1984, dans une grande librairie :

« S'il vous plaît, je cherche un dictionnaire français-russe pour ma fille ; elle commence juste à apprendre cette langue au lycée.

— On n'en a qu'un ; tenez, c'est un *Petit Larousse.*

— Il est de 1976... Vous n'avez rien de plus récent ?

— Pff... Non, Madame, il n'y a pas de demande. »

Paris, avril 2004, dans la même librairie. La jeune fille a maintenant 30 ans, le vendeur, 50 :

« S'il vous plaît, je cherche un dictionnaire français-russe.

— Quel type de dictionnaire ? Petit ou grand format ?

— Vous avez quoi au juste ?

— Pff... On a de tout. »

Une anecdote parmi tant d'autres. Vingt années se sont écoulées entre ces deux scènes, deux moments de ma vie qui ne parviennent pas à se séparer, ni à s'oublier.

Car si la Russie a connu une transformation radicale, brutale, avec la volonté farouche de faire table rase du passé soviétique, toutes les personnes à l'Ouest qui ont côtoyé sa langue et sa culture, avant et après l'effondrement du système communiste totalitaire, n'ont pas oublié ce que fut l'étude de ce pays : au-delà d'une activité considérée le plus souvent comme subversive, un travail de longue haleine, où il fallait avoir une patience et une persévérance certaines, non seulement pour assimiler sa langue, mais aussi pour comprendre son passé dramatique et tenter de percer, en toute humilité, une partie du mystère qui enveloppe son âme, la grande âme slave. Et si le pays a fondamentalement changé en se convertissant à un modèle occidental ultralibéral, l'énigme et le caractère intrigant de cette vaste terre persistent.

C'est en découvrant le contenu d'un livre d'histoire et de géographie classique, *Le Monde depuis 1945*, édité en 1970, que je me suis rendu compte à quel point le monde avait changé et combien la mentalité avait évolué en Occident. L'ouvrage, destiné à des lycéens, reposait sur une étagère parmi une centaine d'autres, soldés, dans une librairie parisienne. Le titre, en grandes lettres noires, était à peine lisible sur la tranche de la couverture ; machinalement, je tendis la main pour attraper ce monde contenu dans quelque deux cent vingt pages, entouré d'un pelliculage jadis brillant, désormais terne et endommagé.

En bas à droite, une vieille étiquette orange indiquait le prix dans notre ancienne monnaie : 10 francs. Je tournai les pages fébrilement pour découvrir la table des matières : « Bilan de la Seconde Guerre mondiale » ; « Le monde depuis 1945 » avec, en sous-titre, « L'affrontement des États-Unis et de l'URSS » ; « La France ». La quatrième partie concernait « Les principales puissances ». On y découvrait d'abord les États-Unis, puis l'URSS. Figuraient ensuite le Royaume-Uni et l'Allemagne de l'Ouest, puis la Chine et le Japon. Bien que je ne fusse pas encore née en 1970, il m'apparut clairement que le programme d'histoire n'avait guère évolué jusqu'à l'année de mon bac deux décennies plus tard. Il était à la fois fascinant et terrible de constater combien le monde dans lequel nous vivions était fossilisé, entre deux blocs antagonistes, armés jusqu'aux dents, que la plupart des hommes pensaient immuables.

Avril 2004. L'URSS n'existe plus depuis treize ans, remplacée par une Communauté des États indépendants (CEI). La Russie est un État dit « démocratique » qui a connu sa troisième campagne présidentielle de l'ère postcommuniste. Signe des temps, le président Vladimir Poutine a même été invité à boire le thé avec la reine d'Angleterre, honneur jusqu'alors réservé aux tsars.

La Russie est un pays dans lequel on se rend maintenant librement. En témoigne la pléthore de guides au rayon tourisme des librairies – *Grand Week-End à Saint-Pétersbourg*, *Moscou*, *Moscou/Saint-Pétersbourg*, *La Russie*… Se souvient-on de la grande époque où ne figuraient en magasin que les « Guides bleus » de l'URSS et de Leningrad en un ou deux exemplaires poussiéreux ? En découvrant la première édition du « Routard » consacré à Moscou (2002-2003), je fus envahie d'une véritable mélancolie : la Russie n'était plus une destination hors du commun. Pour connaître encore le parfum authentique de ce pays immense et nébuleux, il fallait se déplacer. Si possible vers l'est.

L'idée de prendre le Transsibérien est née d'un désir longtemps enfoui. Je devais avoir 7 ans lorsque je découvris dans un vieil atlas que cette terre, mystérieusement appelée *« Sibir' »* par les Russes (« la terre qui sommeille » en bouriate), occupait un tiers de l'hémisphère Nord, soit un espace plus vaste encore que les États-Unis et l'Europe réunis. En fermant les yeux, je revois mes petites mains froides caressant la double page épaisse de l'atlas... Le monde interdit. Coloré dans un rouge carmin synonyme de danger. Un monde ponctué par des villes aux noms qui suscitaient autant de curiosité que d'effroi – Sverdlovsk, Omsk, Novossibirsk, Tomsk, Krasnoïarsk, Irkoutsk, Khabarovsk... Ma vie devait être marquée par cette vision et cette incompréhension ; je ne parvenais pas à imaginer les Russes ennemis, comme le soutenait la propagande des années 1970-1980, mais plutôt comme un peuple doté d'un courage à la hauteur de ses souffrances, d'une chaleur humaine grande comme ses plaines, ainsi que d'un héritage culturel et spirituel sans égal au vu de son passé tourmenté. Son histoire, il fallait la connaître.

We share the same biology, regardless of ideology[3].

Mon premier contact avec la langue et la culture russes eut lieu en 1984, lorsque ma mère m'encouragea à choisir le russe comme seconde langue au Lycée français de Londres. Je me souviens encore de la feuille sur laquelle étaient indiquées les principales langues enseignées à l'école : espagnol, allemand, italien, russe. Il fallait cocher l'une des quatre cases. Ma mère, guidée par une intuition incroyable, me fit comprendre que le russe, au-delà de sa beauté, était une langue d'avenir, car l'État soviétique n'allait pas et ne pouvait pas durer. Son avis, pour le moins excentrique à l'époque, était motivé par un profond sentiment humaniste : « Les gens qui vivent là-bas sont comme toi et moi : il ne faut pas confondre la propagande avec le peuple. Nous sommes tous sur la même terre ; 300 millions de personnes vivent là-bas, c'est ton devoir de les connaître. » Je voulais la croire et, en même temps, j'avais peur du regard des autres. Quels que soient les régimes qui se succèdent, nul individu n'échappe au regard d'autrui. Parfois ouvert, souvent fermé, destructeur donc. Mes camarades, comme je le craignais, furent unanimement surpris par mon choix peu orthodoxe. « Communiste » et « espionne » sont des mots qui ne me furent pas épargnés.

Affalée derrière la table basse de notre salon, avec le cœur qui battait fort, je cochai la case « russe » au Bic bleu, en appuyant bien fort sur la bille, sans me rendre compte de l'impact qu'aurait ce geste sur ma vie future. Je me souviens simplement de l'émotion avec laquelle ma mère inscrivit quelques mois plus tard mon nom et mon prénom en tête du *Petit Larousse*, en me disant qu'elle aurait rêvé d'apprendre la langue de Iouri Gagarine, mais qu'en son temps ce n'était pas possible.

Mon premier cours fut déterminant et marqua le début d'une passion durable pour ce pays. La salle de classe était la plus sombre et la plus petite du lycée – 12 mètres carrés environ –, dominée par une immense carte de l'URSS. Elle comportait quinze pupitres, mais en réalité nous n'étions que cinq ou six élèves. J'y appris l'alphabet cyrillique, puis mes premiers mots : *isba* (maison en bois), *routchka* (stylo), *kochka* (chat), *sobaka* (chien). À l'issue de ce cours, nous étions contents d'avoir réussi à formuler des questions et des réponses d'une grande complexité :

« Est-ce un chat ?

— *Niet*, ce n'est pas un chat, c'est un stylo. »

Davantage de temps fut nécessaire pour assimiler *Soyouz Sovietskikh Sotsialistitcheskikh Respublik* (Union des républiques socialistes soviétiques) mais, déjà, j'étais conquise !

Sept ans plus tard, à l'âge de 19 ans, j'assistai à la mort lente de l'Union soviétique et à la naissance d'un nouvel État « démocratique » : mon premier voyage, effectué en 1992, fut éprouvant. Pauvreté, pénurie, souffrance morale... Partout on entendait cette même interrogation affolée : « *Chto sloutchilos' s nami ?* Que nous est-il arrivé ? » Les habitants de la Russie semblaient condamnés au malheur. Ma famille d'accueil m'avait offert au terme de deux mois de séjour un cadeau qui représentait un luxe pour elle à l'époque : une banane. Ce fruit exotique était alors introuvable, et je revois encore la délicatesse avec laquelle nous avions retiré sa peau jaune, froide et lisse... Ma mère russe avait découpé le fruit en plusieurs rondelles, pour tous. À Paris, on fêtait l'arrivée de la nouvelle Renault Clio.

D'innombrables impressions fortes sont restées gravées dans ma mémoire tout au long de séjours prolongés en 1994, 1996 et de 1997 à 1999. Parmi celles qui continuent à me marquer profondément, des images qui témoignent d'une dignité et d'un courage remarquables : un jeune homme jonglant des heures entières dans la rue par -25 °C pour gagner 3 roubles[4] ; dans le même espoir, un retraité assis sur un tabouret qui serinait à tue-tête des airs populaires, la médaille de la « Grande Guerre patriotique » accrochée à sa veste fine ; une babouchka, à qui j'avais offert une boîte de chocolats, tentant de la revendre au marché noir, d'autres troquant des décorations militaires ou encore leurs cadeaux de mariage, sans oublier les femmes effectuant sans relâche des travaux lourds sur la voie publique... Devant de telles scènes, j'éprouvais à chaque fois une tristesse et une douleur incommensurables. Leur désespoir était contagieux, intolérable. Et je me sentais impuissante.

Une vision tout autre devait aussi m'influencer : le 23 juillet 1994, à la gare Iaroslav de Moscou, Alexandre Soljenitsyne était de retour dans son pays natal après vingt ans d'exil forcé[5]. Soljenitsyne, monument de la littérature russe, prix Nobel, qui avait enduré dix ans dans les camps pour avoir critiqué Staline dans une lettre à un ami. Le célèbre écrivain demeure un symbole de la résistance pour des dizaines de milliers de victimes de la répression soviétique, toujours en vie. Réhabilité sous Gorbatchev, l'ancien forçat, âgé de 76 ans, avait décidé de retrouver sa *rodina* (patrie) en train, en traversant ses terres de Vladivostok à Moscou ; la Sibérie, il ne l'avait en effet connue qu'« à travers la vitre d'un wagon de prisonniers ». Un voyage qui devait durer plus de huit semaines, au cours duquel il incarne un certain espoir, dans une Russie déchirée par les affres du postcommunisme. À ce jour, je me souviens de l'émotion qui se lisait dans ses yeux plissés et de la vague de joie qui déferla sur le public, massé en nombre malgré la pluie battante. Cette scène, historique, m'avait bouleversée.

Presque dix ans plus tard, une succession d'événements pour le moins amusants détermina mon départ. Le 8 mai 2003, je fis une rencontre étrange : j'étais seule sur le quai de la station de métro Bastille à Paris ; à une dizaine de mètres se trouvait un homme grand, la quarantaine, les cheveux courts, poivre et sel. Il était entièrement vêtu de jean ; sa taille me frappa, ainsi que son attitude volontaire et son regard très bleu. Il s'assit près de moi sur un banc et sortit un journal. J'en remarquai les caractères cyrilliques... Il leva la tête, me regarda, puis finit par demander :

« *Vy rousskaya ?* Vous êtes russe ?

— *Niet*, lui répondis-je timidement dans cette langue qui m'était familière. Mais j'aime beaucoup votre pays.

— Vous connaissez la Russie ? »

Au moment où il me posa cette question, son regard s'illumina ; cet homme vivait et travaillait au noir dans la capitale depuis un an. Il était malheureux – « Je n'aime pas les Parisiens » –, mais la situation désastreuse de l'Ukraine, son pays d'origine, ne lui laissait pas le choix. Nous échangeâmes nos noms, et une poignée de main chaleureuse s'ensuivit. Il s'appelait Slava.

Et comme si je l'avais connu depuis toujours (tel est le cas lorsque la conversation s'engage avec des Slaves), je lui avouai mon désir secret de partir.

« La Russie me manque… C'est drôle que je vous rencontre là, dans le métro ; j'ai acheté hier un guide sur le Transsibérien.

— Gérrraldine, fit-il en roulant fortement les “r”, il n'y a pas de hasard… ce voyage, vous devez le faire. »

Il m'adressa un large sourire, dévoilant une rangée de dents alternativement blanches et grises, comme sur un échiquier. Le destin russe dans toute sa splendeur me frappa ainsi au cœur de Paris, dans une rame de métro ; au moment où nous arrivions à la station Saint-Mandé, quatre minutes plus tard, j'espérai au fond de moi qu'il dise « *Niet*, ne le faites pas, c'est dangereux », mais il n'en fut rien.

« Bonne chance, Géraldine, dit-il en me tendant la main. Tout ira bien. »

Il ne demanda pas mes coordonnées, et il ne me laissa pas les siennes. Sans le savoir, cet homme changea ma vie en l'espace de quelques secondes.

Trois jours plus tard, je reprenais mon travail et, comme à l'accoutumée, descendais à la station Champs-Élysées-Clemenceau. Quelle ne fut ma surprise lorsque je vis des ouvriers poser des rails sur le trottoir et, de surcroît, des locomotives du XIXe siècle. Il s'agissait d'une manifestation organisée par la SNCF, « Le Train Capitale », unique en son genre, « une par siècle », la dernière exposition datant de 1900, au moment où l'on dévoilait pour la première fois un wagon du Transsibérien de la Compagnie internationale des wagons-lits. Du 17 mai au 15 juin, en sortant du métro, je me trouvai face à des engins de rêve à vapeur – la locomotive Crampton n° 80, la Buddicom Saint-Pierre et celle de Marc Seguin... Des chefs-d'œuvre d'ingénierie réalisés avec amour et qui n'attendaient qu'une chose, qu'on leur murmure de partir... Cette vision quotidienne fut une invitation au voyage permanente, hantée par les inoubliables vers de Blaise Cendrars : « Et le sifflement de la vapeur, Et le bruit éternel des roues en folie dans les ornières du ciel Les vitres sont givrées Pas de nature ! Et derrière, les plaines sibériennes...[6] »

Mon inconscient ne me laissait plus tranquille et je finis par rêver la nuit d'un train roulant dans les confins de l'espace et, surtout, d'un banal trajet en métro sur la ligne Balard/Créteil, qui promettait d'être extraordinaire : les stations qui suivaient République portaient le nom de Baïkonour (pourtant situé au Kazakhstan !), Novgorod et Irkoutsk. Jules Verne aurait aimé...

Dans mon esprit en ébullition, outre Tolstoï, Tchekhov et Gogol, il y eut Lesley Blanch, sa fabuleuse énergie, son œuvre *Voyage au cœur de l'esprit*, dont les pages noircies d'amour pour le Transsibérien me brûlèrent les mains, comme une partition inachevée... Son violent désir était intimement lié à un amour de jeunesse qu'elle avait perdu – un homme originaire des steppes, qui s'éclipsa l'année de ses 21 ans. Quarante ans plus tard, en 1964, hantée par son histoire et le train légendaire qu'elle rêvait de prendre à ses côtés, l'écrivain entreprit à son tour cette aventure miraculeuse. Je fus éblouie par son ardeur. Mais, de cela, nous reparlerons plus tard.

En novembre 2003, l'entreprise pour laquelle je travaillais fut délocalisée à Val d'Europe, ville nouvelle nichée dans Marne-la-Vallée. S'ensuivirent plusieurs mois de trajets en RER, deux heures par jour, 60 kilomètres aller-retour : le lot quotidien de milliers de Franciliens. Soit 1 200 kilomètres par mois, qui m'amenèrent à découvrir Paris, sa périphérie, Val d'Europe, et retour. Si j'étais restée trois ans, j'aurais effectué l'équivalent de la circonférence de la Terre, soit quelque 40 000 kilomètres. Parcourir plus de 9 000 kilomètres en Transsibérien semblait un jeu d'enfant en comparaison. Et un vrai rêve...

Paris, le 13 mars 2004

Chère Lesley,

Pardonnez-moi si je m'adresse ainsi à vous par votre joli prénom. C'est que je viens de terminer votre livre magnifique, et que j'ai l'impression merveilleuse, magique, d'avoir voyagé aux côtés d'une âme sœur. Il est 2 heures du matin, et je ne parviens pas à trouver le repos, après avoir vécu votre histoire, après avoir savouré la Russie à travers votre regard, aimant et profond.

J'ai le sentiment de vous avoir toujours connue, de vous avoir toujours comprise. Car de nombreux points communs nous lient : je suis d'origine britannique, je suis née comme vous à Londres et animée comme vous par une passion ardente pour la Russie depuis ma plus tendre enfance.

L'année dernière, je suis retournée trois fois à Moscou et, cette fois-ci, j'ai décidé d'entreprendre le « rêve préféré » que nous partageons toutes deux : traverser la Russie en Transsibérien. Ce voyage, je le sais, c'est tout votre cœur. C'est le mien aussi… Car je sens aussi ardemment que vous l'importance de saisir à un moment de notre vie « l'heure absolue dans le temps », cet instant unique où nous avons l'impression de vivre quelque chose d'essentiel, de grave et de beau. Vous décrivez cela dans des termes qui me bouleversent : « Le désir est un souvenir qui espère. » Comme c'est beau ! Et vrai !

Chère Lesley, Lisotchka ! Votre ami vous appelait sa « Charlotte russe ». Mon deuxième prénom est... Charlotte. Vous évoquez un endroit qui vous tient à cœur à Londres, l'épicerie Buzzard. Mon cœur en tressaute encore. « Busard » était le nom de mon grand-père [...] Ce nom, je l'ai trouvé dans les premières pages de votre livre, et j'ai été émue.

Lisotchka ! Bientôt je partirai... Mon voyage est prévu de mai jusqu'à la fin d'août 2004. J'aurais souhaité vous emmener avec moi, vous faire redécouvrir « l'œil bleu de la Sibérie », le lac Baïkal... Ce voyage, je le ferai hélas seule, mais avec vos pensées et vos souvenirs dans mon cœur.

Géraldine Dunbar

Première partie
L'APPEL DE LA SIBÉRIE

« Comme tu es belle, grande route lointaine !...
Voyageur égaré, noyé dans la douleur, que de fois tu m'as sauvé !
Et c'est avec toi que j'ai vécu aussi de nombreux desseins merveilleux,
des rêves poétiques, des impressions divines. »

Nicolas Gogol, *Les Âmes mortes*, 1842

Chapitre 1

POINT DE DÉPART : MOSCOU, MAI 2004

J'ARRIVAI À l'aéroport Roissy-Charles-de-Gaulle à l'heure. Le décollage du vol Aeroflot SU252 était prévu à 16 heures 30. Salle d'embarquement 32B. La salle était bondée, des Russes en majorité, vêtus de pied en cap de marques de luxe et encombrés de sacs Galeries Lafayette. Autour de moi, des femmes sublimes, cils longs et épais, joues satinées de poudre rosée, le corps voluptueusement enveloppé dans des tenues moulantes, causaient de l'émoi chez les agents de sécurité qui avaient du mal à garder les yeux sur les écrans de contrôle : même sans objets métalliques, elles faisaient sonner toutes les alarmes. C'étaient ces petites choses nichées dans les cheveux, les oreilles, les escarpins et le nombril. Paillettes et strass ! Au contrôle, tourbillon de sacs colorés aux noms prestigieux.

J'observai un long moment ces êtres « nouveaux » autour de moi. À quelques pas, une femme filmait son mari et ses deux garçons à l'aide d'un caméscope. L'homme était jeune, 30 ans, svelte, en tenue décontractée, paire de lunettes de soleil sur le torse. Belles chaussures de cuir. Il ne souriait pas devant la caméra. Chez les parvenus, la richesse semble effacer les sourires… À côté d'eux, un jeune père grand et robuste, chaussures noires pointues bien cirées et montre en or, grondait son fils de 6 ans, qui hurlait dans des baskets Nike. Plus loin, un homme dans une chemise sans fraîcheur, pantalon marron ample et chaussures espagnoles neuves, travaillait concentré derrière son portable. La trentaine, il portait de vieilles lunettes épaisses. Il avait, lui, conservé le caractère des Russes « soviétiques » qui ne se soucient guère des apparences.

Dans la navette qui nous menait à l'Airbus A310, quatre hommes, gros et gras avec des cous épais et flasques, discutaient, assis, les cuisses écartées. La quarantaine, ils portaient tous des habits luxueux, sauf le dernier, sobre, en chemise bleue et pantalon de velours côtelé, avec des chaussures de sport neuves à ses petits pieds gonflés.

« Alors, ça vous a plu Paris ? dit le premier en Ralph Lauren.

— Ouais, dit le deuxième en Pierre Cardin.

— Plus que Londres ?

— *Niet*, Londres, c'est mieux.

— J'suis d'accord, lance le troisième, en Lacoste. Londres c'est mieux. Le vin y est meilleur. »

Le ciel était noir et le tonnerre grondait fort lorsque nous décollâmes. Je tentai de réprimer mes craintes.

Mon entourage m'avait dit que voler sur Aeroflot était suicidaire. Même dans un Airbus. Mais j'ai toujours aimé Aeroflot, les carlingues d'antan des avions Tupolev et Iliouchine qui me donnaient l'impression d'être dans le ventre d'une baleine ! Ses fumoirs, ses clients russes, debout en train de refaire le monde, verre de vodka à la main, applaudissant au décollage et à l'atterrissage, ses hôtesses, belles et maternelles... Il y régnait une nonchalance délicieuse. C'était au début des années 1990. Aujourd'hui, les Tupolev et les Iliouchine ne sont plus autorisés. Place aux Airbus avec, à bord, une ambiance semblable à celle des autres pays occidentaux : une tranquillité morne. Les Russes autour de moi lisaient les journaux et les magazines en silence, assis, concentrés, lunettes relevées sur la tête. Les temps changent. À mes côtés, une femme blonde de 40 ans aux cheveux courts maquillait ses cils avec du mascara chic, le magazine *Bazaar* sur les genoux. Son mari, lui, était plongé dans *Les Plus Beaux Intérieurs*, une publication russe offerte par la compagnie, avec des images à faire pâlir d'envie les princes arabes les plus riches de la terre. Les cheveux ras, le front oblique, lèvres fines, l'homme n'avait pas l'air très ouvert. Il mâchait du chewing-gum, en regardant de temps à autre ses bottines noires neuves sur la moquette marine. Elles ne portaient pas encore de plis. Il était fier. Oui, c'est ça, il était fier.

Le repas, servi dans des plateaux individuels, avait lui aussi subi une métamorphose ces dernières années. Crudités avec du saumon, ragoût de viande et macaronis, une boulette de pain et une barre de chocolat anglais, suivis de café, thé, jus. Disparu le samovar en métal argenté porté par les matrones d'autrefois. Place aux jus de fruits et boissons Coca-Cola, sur des chariots habillés du logo américain.

Le ventre plein, nous eûmes droit au film soviétique *Où se trouve Nofelet ?*, kitsch et amusant. C'était là le premier paradoxe pour une compagnie aérienne qui se voulait résolument moderne. L'histoire d'un homme qui débarque pour aider son cousin de 40 ans à trouver une femme. Tourné en 1987, ce film mettait l'accent sur les rapports sociaux, la vie en famille, les amis, les soirées dansantes à la maison – les boîtes de nuit n'existaient pas à l'époque... Mon voisin aux bottines neuves riait. Peut-être était-il nostalgique. Peut-être que non. Son attention avait en tout cas décroché au bout de trente minutes. Il regardait à présent les bijoux reproduits dans le magazine *Bazaar*.

Lorsque nous atterrîmes à Cheremetievo-2 trois heures plus tard, plusieurs personnes se mirent à applaudir. L'humour était encore présent, il y avait encore de l'espoir ! Il était 22 heures 10. Première enseigne entraperçue à l'aéroport : « Bienvenue à Moscou ; c'est agréable d'être à la maison. » Visuel d'une machine à laver blanche et logo de la marque Ariston. Ce message d'accueil me troubla quelques secondes, le temps de dévaler les escaliers et de découvrir le contrôle des passeports, toujours ancré trois décennies en arrière : lumières blanc néon, préparée avec amour : des côtelettes de pommes de terre aux oignons, de la kacha – l'incontournable gruau d'avoine russe –, du fromage, une salade de tomates et concombres, des gâteaux au chocolat et des raisins secs de Samarcande. Originaires d'Arménie, ils m'accueillaient avec un cœur entier et généreux.

À peine une heure après mon arrivée, il était déjà question de l'avenir de la démocratie en Russie.

« Il n'y aura jamais de démocratie ici, ni dans cinquante ans, ni dans cent ans sans doute. Ça te dit de regarder de beaux livres sur l'Arménie, ses églises du Ve siècle… ? »

***

J'étais arrivée en Russie le 7 mai, jour de l'investiture officielle de Vladimir Poutine pour son second mandat en tant que président. Mais c'est le 9 mai, date anniversaire de la victoire sur le nazisme, que ma véritable aventure humaine commença. « Celui qui ne comprend pas ce que représente le 9 mai pour les Russes ne peut pas comprendre la Russie », m'expliqua Stanislas, jeune militaire rencontré ce jour-là. Vingt-sept millions de morts et d'innombrables êtres envoyés dans les camps de Sibérie par Staline, jugés « ennemis du peuple », espions, contaminés par les idées bourgeoises et impérialistes de l'Occident. À Moscou, trois jours de fête continue étaient prévus pour célébrer l'action des anciens combattants, avec, dans le centre-ville, des affiches immenses et joyeuses en rouge et orange – « Neuf mai, jour de la Victoire ! », « Neuf mai 1945 :

un jour que nous n'oublierons jamais », « Moscou, ville héros », « Le héros de l'Union soviétique a 70 ans : 16 avril 1934 » –, des concerts, des chansons martiales dans les haut-parleurs et des milliers de vétérans dehors au soleil, sur les bancs, en train de méditer devant les publicités de banques privées vantant les mérites du crédit : « Dix pour-cent sur dix mois ! Fini l'argent liquide ! » Dans ce contexte, ma journée avec Guéorgui, volontaire au front dès l'âge de 16 ans, aujourd'hui septuagénaire, fut marquante.

Guéorgui était debout depuis longtemps lorsque je me réveillai vers 8 heures. Toute la nuit, il s'était préparé pour le grand jour : il avait sorti sa veste amande, une chemise blanche impeccable, un pantalon gris anthracite propre et repassé ; il avait aussi astiqué sa médaille de la « Grande Guerre ». Et tel un adolescent qui se prépare pour son premier rendez-vous amoureux, il était resté deux heures dans la salle de bains. Pendant ce temps-là, victime de la généreuse culture arménienne, je me remettais des sept plats ingurgités la veille.

À peine une heure plus tard, nous étions en route. Guéorgui courait presque, ses quelques cheveux argentés soigneusement peignés en arrière. Je peinai à le suivre. Son enthousiasme était tel qu'il ne vit pas le nouveau jouet des voisins garé en bas de l'immeuble, une berline jaune canari en sommeil. C'est dans un humble trolleybus qu'avec un billet à 10 roubles nous nous rendîmes en ville. « Camarade conducteur ! lança-t-il avec vivacité, métro Retchnoï Vokzal ! »

C'est au centre de Moscou, à Park Koultoury, que les autorités locales avaient prévu un vaste espace pour le rassemblement des vétérans de la 4e Armée blindée soviétique, partie de la capitale en juin 1941 et arrivée à Berlin en 1945. Sur leur route, « trente-sept mille prisonniers » des camps de concentration furent libérés, ainsi que « quatorze mille villes et villages ». Les tankistes, au nombre de vingt-cinq mille au début de la guerre, connurent de lourdes pertes : la moitié furent tués quasiment tout de suite. En 2004, il restait deux cents vétérans dans toute la Russie. En ce jour, ils étaient une soixantaine à répondre présents à l'appel de la mémoire. J'assistai, émue, aux retrouvailles de Guéorgui avec ses compagnons, couverts d'une trentaine de médailles en moyenne : Constantin, 77 ans, Victor, 78 ans, Katioucha, 80 ans, Maria, 81 ans. Étaient aussi présents leurs commandants, le général Parkhomenko et le colonel Vassili Dementiev, presque nonagénaire, homme de petite taille, droit, dans une forme extraordinaire : « Je cours 4 kilomètres tous les matins ! »

En Russie, les anciens combattants touchent en moyenne l'équivalent de 40 à 50 euros de retraite par mois. Ils n'ont pas droit à la gratuité du logement, mais seulement à celle des transports, d'ailleurs menacée par un projet de loi sur la suppression des avantages sociaux. En ce 9 mai, ils eurent droit à dix minutes de conversation téléphonique avec leurs proches en Russie. Autrefois, c'était toute la journée. Dans les nombreuses tentes Coca-Cola qui parsemaient le parc, à côté d'affiches joyeuses – « *S dniom pobiédy !* Victoire ! Nous vous sommes reconnaissants, chers vétérans ! » –, de nombreux jeunes se mettaient à genoux, larmes dans les yeux, pour souhaiter vingt, trente ans de vie aux anciens soldats. Que d'émotion, soixante ans après... Le pays que ces hommes et femmes avaient défendu était tout autre. Espace géographique nouveau, autres valeurs. Mais jamais ce thème ne fut abordé en ce jour mémorable.

Au programme, déjeuner, discours, chansons de victoire des années 1940 autour de longues tables couvertes de nappes en papier blanc et de jolis œillets rouges, et toasts joyeux... « Hourra ! Hourra ! Hourra ! » Au menu, quelques tranches de saucisse, du fromage, un peu de poisson cru, une boule de pain, de la kacha, principale nourriture servie au front, et de la vodka Possolskaya (« Ambassadeur »). Tous mangèrent avec appétit, joie et nostalgie dans les cœurs. Joie de fêter leur jour le plus cher, le plus saint, celui où ils oublient leurs misères physiques, où ils rajeunissent. À quelques mètres, de jeunes militaires de 20 ans, désignés pour veiller à l'organisation des célébrations, assistaient à ce rassemblement avec un sentiment étrange. Ces vétérans appartenaient au passé. Ils avaient combattu ensemble sous un autre drapeau, soviétique : Russes, Ukrainiens, Arméniens, Ouzbeks, Géorgiens... Auparavant « frères » combattants, aujourd'hui « minorités » combattues, dans un pays secoué par les tensions interethniques. Guéorgui, bien que héros de l'Union soviétique, décoré de l'ordre de la Grande Guerre pour courage personnel et bravoure, n'a pas encore obtenu de passeport russe. La femme de Guéorgui, bien que femme de héros, n'ose pas parler arménien en public à sa petite-fille.

Le soleil brillait au moment du départ. Le temps pour chacun de rentrer chez soi, d'ôter son uniforme, ses médailles, et d'attendre la prochaine fois où leurs exploits seront de nouveau célébrés. Alors que des sacs plastique *« I love you »* avec un peu de nourriture leur étaient remis, je demandai à Guéorgui ce qu'il chérissait le plus au monde.

« Ce que j'aime plus que tout ? Les rapports humains. Car l'avenir de la famille, de la société, du gouvernement, se trouve dans les relations humaines. C'est numéro un pour moi ! Ce sont les rapports humains qui dessinent la carte du futur. Quand on ne se comprend pas, c'est là que commencent les problèmes – tensions, guerres, etc. Dans le cas inverse, on a la camaraderie, la coopération… On a tout ! »

* * *

Les jours qui suivent sont l'occasion de redécouvrir la capitale, tout en couleurs et en métamorphose permanente. Après quatre jours de canicule, la neige se met à tomber. Ces disparités de températures sont aussi frappantes en Russie que les scènes de la vie quotidienne. « Pas un magasin qui ne fût lugubre ou pauvre[7] », écrivait Colin Thubron sur Moscou, en 1983. Vingt ans après, la capitale regorge d'enseignes luxueuses, de quoi rivaliser avec New York ou Milan, et les boutiques occidentales sont innombrables. Au magasin « Moderne », de jeunes gens en tenue moulante zébrée dansent en vitrine sur de la musique techno. Partout la musique. Tous assistent à ce spectacle avec amusement. Un contraste saisissant avec les festivités de la fin de la Seconde Guerre mondiale, illustrées par des banderoles rouges aux relents soviétiques.

Je commence ma promenade sur la légendaire place Rouge, merveille du monde de plus de 7 hectares, vaste, colorée, et dont chaque pavé est chargé de siècles d'histoire. La place Rouge, symbole merveilleux pour tout voyageur épris de liberté et d'évasion, car elle marque le point « zéro » des distances kilométriques dans toute la Russie. À partir de ce point, je vais bientôt effectuer 9 288 kilomètres jusqu'à Vladivostok.

À quelques mètres du GOUM, je retrouve Alexandre, Nikolaï et Senik, qui œuvrent respectivement en qualité de sosies de Lénine, du tsar Nicolas II et de Karl Marx pour arrondir leurs fins de mois. Entrevue difficile. À 12 heures 30, ils sont déjà ivres morts, à l'exception du tsar, qui me souhaite bonne route avec un baisemain affectueux.

À Moscou, l'effervescence est extraordinaire : le voyageur est comme dans une coupe de champagne emplie de vitamine C. Prise dans un tourbillon géant de couleurs, de visages étonnants, de femmes belles, de slogans enthousiastes, j'ai du mal à tout suivre, tout noter, tout enregistrer. Mes sens sont submergés par une foule d'impressions visuelles et sonores, à commencer par le panneau géant qui couvre le trou béant laissé par la destruction de l'hôtel Intourist, célèbre vestige de l'Union soviétique. Visuel de jeunes gens souriants, appareils numériques à la main ; une accroche résolument optimiste, en langue anglaise. La révolution digitale en marche.

Moscou. Jadis un théâtre sombre, à la fois riche et vétuste ; quelqu'un est entré sur scène et a allumé la lumière. Je peine encore à y croire, douze ans après ma première immersion chez les Russes. Parfois, j'éprouve le sentiment étrange d'être dans un aquarium rempli de poissons exotiques multicolores. Les voitures. Dans les années 1980, le marché automobile était inexistant, caractérisé par son faible nombre de véhicules de fabrication soviétique, dont les marques les plus célèbres étaient Lada, Jigouli, Moskvitch, Volga entre autres. Dès 1994, les Mercedes firent une percée royale et remarquée, solitaires dans les avenues comme des squales affamés. Aujourd'hui souveraines, symboles incontestés de puissance et de réussite, elles circulent fièrement, en dépit de l'arrivée d'un concurrent de taille dans l'aquarium russe – la Bentley anglaise. Il est de coutume en Russie d'aborder n'importe quel conducteur pour se rendre d'un point à l'autre dans la ville. Il y a dix ans, quasiment tous œuvraient en qualité de chauffeurs pour compléter leurs revenus, en particulier les ingénieurs, médecins et chercheurs, touchés de plein fouet par la crise. C'était souvent l'occasion pour le voyageur de rencontrer des êtres d'exception et d'entendre leur histoire. Mais aujourd'hui, même en tendant le bras comme un dictateur, l'étranger a autant de chance d'être pris dans une berline que de voir un bureaucrate circuler nu à bicyclette.

Dans le centre-ville, presque un véhicule sur trois est une voiture de luxe. Je tente de compter le nombre de « requins » dans l'artère principale, la rue Tverskaya. En vain, il y en a trop. La rue entière est jalonnée de véhicules de prestige, qu'ils soient américains, allemands ou japonais, aux couleurs primaires : noir, rouge, jaune, bleu comme des bonbons. Toutes ont un point en commun : la *tonirovka* (les vitres teintées). Semblables aux membranes nictitantes des Grands Blancs, elles protègent les nouveaux parvenus du regard extérieur, exactement comme les paupières translucides des requins.

D'après le magazine *Forbes*, Moscou offre la plus forte concentration de milliardaires au monde. Dans un article consacré aux hommes d'affaires russes, trente-six milliardaires sont cités, dont la femme du maire de Moscou. À eux seuls, ils contrôleraient 24 % du produit intérieur brut. En Russie, on aime montrer sa richesse, mais on n'aime guère en parler : deux mois après la publication de l'enquête, le 9 juillet 2004, le rédacteur en chef américain, Paul Khlebnikov, fut assassiné. C'était le premier cas de meurtre d'un journaliste étranger dans la Russie postcommuniste.

Au carrefour de la rue Petrovka et de Kouznetski-Most, dominé par de grosses cylindrées, de grandes enseignes et des Russes pressés en costume cravate, je marque une pause. C'est à cet endroit qu'un certain jour de juillet 1992 j'avais assisté à des scènes tumultueuses : des hommes et des femmes, déboussolés par la libération des prix, en train de vendre de tout – chaussures, effets personnels, cadeaux de mariage, médailles, livres, boîtes de boisson périmées, produits du jardin, en bordure de la route, afin d'acheter de quoi manger. Qu'étaient devenus tous ces malheureux ? Les babouchkas, où étaient-elles ?

Tout près du carrefour, enfoncé dans une cour étroite, se trouve un espace à la mémoire des personnes tuées ou déportées arbitrairement au cours du XXe siècle, parce que jugées « antisoviétiques » : le musée national de l'Histoire du Goulag. Ironie du destin, il se dresse à proximité d'un lieu qui fait toujours frémir : Petrovka, 38 (le QG de la police). Mais les passants qui foulent les trottoirs, téléphone portable en main, dans ce quartier d'affaires exempt de soviétisme, semblent ignorer son existence. Du passé.

Au 10 de la rue Tverskaya, je sursaute. Jusqu'à la fin des années 1990 se trouvait à cette adresse une célèbre boulangerie russe. L'odeur chaude et exquise du pain noir au seigle – *tchiornyi khlieb* –, pain rond à la croûte fine consommé avec gourmandise lors de mes séjours précédents, me revient soudain en mémoire. Endroit historique, c'est là qu'en 1905 les artisans boulangers organisèrent une insurrection armée contre l'autorité du tsar. Un siècle plus tard, il n'y a plus de pain ici. Aujourd'hui, c'est un café américain qui occupe les lieux. Là comme ailleurs, les *coffee-houses* prolifèrent.

Chère Moscou ! Semblable à un mannequin que l'on habille et déshabille... Ton style est hétéroclite, libre, anarchique, souvent insolite.

Qui es-tu ?

Je poursuis ma route jusqu'à la place Pouchkine, lieu de rassemblement légendaire des forces démocratiques depuis vingt ans. Des slogans américains crient leur optimisme : « Saisis tout de la vie ». Sur l'immeuble du quotidien réputé *Izvestia* (« Les Nouvelles »), l'enseigne géante Martini a pris sa retraite, remplacée par une annonce pour la bière russe Nievskoyé. Partout l'atmosphère est bon enfant, avec des vendeurs de jonquilles, de ballons *« I love you »* et de sodas. Au cinéma Rossiya, derrière le célèbre poète Pouchkine, on montre une production d'Hollywood, *Scooby-Doo 2*.

Sur les trottoirs, les jeunes déambulent insouciants, en jean et maillot léger, *« Federal Body Inspector »* (FBI) ou encore *« KGB still watching you »*. La police secrète – icône de la mode. Les femmes moscovites, quant à elles, défilent sublimes et souriantes. Dans la rue comme au volant des voitures, elles rayonnent d'une belle assurance. Festival de couleurs et de matières, vêtements près du corps, pantalons taille basse, jupes mini, bleu velours, débardeurs blancs, fuchsia, noirs « J'aime Dior », rouge paillettes, bottines coquines blanches, bas résille noir méchant, escarpins au talon plaqué or...

Peut-être devais-je troquer mon pantalon ample pour la même tenue en Sibérie !

*
* *

Il me reste deux tâches importantes à accomplir avant mon départ : enregistrer mon visa et revoir Vera Segueevna.

En Russie, les règles concernant les visas et la présence des « étrangers » changent tout le temps, comme les vitrines de Moscou. La dernière en date exige une lettre d'invitation certifiée devant notaire de la part du propriétaire qui héberge le touriste. J'ai trois problèmes : 1. Guéorgui ne peut pas me rédiger ce document, car il n'est pas propriétaire. 2. Il faut que l'on m'enregistre pour toute la durée de mon séjour (quatre mois), afin d'éviter les démarches dans les autres villes en Sibérie. 3. Je n'ai que soixante-douze heures pour le faire légalement.

Je décide d'aller voir Larissa.

La trentaine épanouie, Larissa est brune, belle et riche. Elle travaille dans le *bizness*. Au début des années 1990, elle vivait dans un humble studio de la banlieue est. Aujourd'hui, elle habite un grand appartement au centre-ville, « à 100 000 dollars », comme elle aime à le répéter. Larissa m'appelle sa *biednaya kapitalistka*, sa « pauvre capitaliste ». Elle a quitté la Sibérie pour devenir millionnaire. De mon côté, j'ai quitté une multinationale multimillionnaire pour découvrir la Sibérie. Nos retrouvailles sont intéressantes.

Nous nous donnons rendez-vous dans un musée. Elle apparaît, comme je m'y attends, sobre : en soutien-gorge satin bordeaux, avec, accessoirement, une chemise noire en polyester transparente, à encolure dégagée, dévoilant à la fois le cou et l'ensemble de sa poitrine rose pâle.

Le reste est équilibré : pantalon noir moulant, bottines croco mauves, ongles beiges nacrés et lèvres charnues brillantes. « *Bolchaya konkurentsiya !* La concurrence est rude ! » Sous son bras, le magazine *Millionnaire*.

« Je ne peux pas te voir longtemps, dit-elle en mastiquant un gros chewing-gum gris. Mohammed, un homme que j'ai rencontré en Turquie, arrive. Cela a été un cauchemar. Je lui ai envoyé un billet d'avion et 200 dollars. Je ne sais toujours pas s'il vient. Tu t'y rends habillée comme ça ? *You are crazy*. Même si on me payait un million de dollars, je n'irais pas là-bas. »

Elle me demande si tout s'est bien passé pour l'obtention du visa.

« Oui et non, dis-je, j'ai un visa d'affaires valable un an, mais je ne peux pas me faire enregistrer auprès des autorités. Il faut la lettre d'un propriétaire, certifiée devant notaire.

— Va voir Sergueï. »

La discussion sur la Sibérie s'arrête à cet instant précis.

Le lendemain, je me rends donc chez Sergueï, homme de petite taille en costume gris, au visage poupon et blême, auréolé de cheveux fins sans éclat. Son bureau est situé au deuxième étage d'un immeuble soviétique glauque, près d'une gare ferroviaire. Dans la pièce exiguë, cinq collaborateurs sont présents. Sur les étagères, des classeurs marqués « Turquie » et « Europe ». En trente secondes, Sergueï a tout organisé, après un appel aux autorités locales.

« Cela fera 130 euros, dit-il d'une voix fluette.

— Comment ça ?

— Il faut compter 50 euros de frais de dossier plus 20 euros par mois de séjour. »

Une longue minute s'écoule.

« Que les choses soient bien claires, dit-il, affalé derrière son bureau. Vous êtes dans un pays où l'argent part non seulement dans les monuments, mais aussi dans les Mercedes des fonctionnaires. La police essaie d'extorquer à nous, Moscovites, de l'argent, vous imaginez ce qu'ils font avec les étrangers. Les directives concernant l'enregistrement des visas changent tous les quinze jours !

— Où va l'argent ?

— À moi, aux fonctionnaires... à la personne qui vous inscrit sur son appartement. Avec ce tampon, vous pourrez vous rendre au Kamtchatka si vous le désirez ! »

Je tends, inquiète, mon passeport et mon argent. Il les attrape, de sa petite main molle.

« Revenez demain. »

Vingt-quatre heures plus tard, Sergueï ouvre sa mallette noire griffée.

« C'est prêt. Je vous l'avais dit ! dit-il en frappant le passeport contre la table.

— En vingt-quatre heures ? Comment vous avez fait ?

— Il a simplement fallu un grand nombre de bouteilles de vodka. Alors, tu pars où en voyage ?

— À Vladivostok.

— Transsibérien ? C'est bien. En revanche, si tu rencontres un *KGBchnik*[8], évite de lui dire que tu étudies les mœurs du pays. Et offre-lui une bouteille ! » dit-il en roulant les yeux.

Je lui demande s'il a d'autres conseils. Il réfléchit un instant, se penche sur le clavier de son vieil ordinateur et imprime un document sur une feuille blanche.

« Tiens, si tu as des ennuis, garde ça sur toi. »

« Conformément aux normes de la loi de la Fédération russe du 25 juillet 2002 n° 115-FZ "Sur la situation de droit des citoyens étrangers dans la Fédération de Russie", le citoyen étranger en séjour temporaire est obligé, au cours des trois jours ouvrables qui suivent son arrivée, de procéder à l'enregistrement. Avec l'enregistrement indiqué, le citoyen a le droit de se trouver sur tout le territoire de Russie, en dehors des villes interdites d'accès aux étrangers. »

« Les policiers là-bas ne connaissent pas les lois, dit-il, hilare. Avec ça, tu es tranquille. Si tu as des problèmes, appelle-moi. Et gare au virus de l'encéphalite à tiques ! »

***

Le vent souffle fort et la nuit commence à tomber lorsque j'arrive chez Vera Sergueevna Goloubiéva. Âgée de 84 ans, elle habite seule dans un appartement situé quai Frounzenskaya, non loin de Park Koultoury.

« *Dobryi dien*, bonjour ! fait-elle en ouvrant timidement sa porte, tandis que s'exhale une odeur aigre de chou et de viande cuite. Entre vite, enlève ton blouson. »

Le temps a glissé avec douceur sur son être : deux grands yeux bleus brillent dans un visage au teint diaphane et aux contours ronds, gracieux. Ses cheveux courts, argentés, mettent en valeur son regard vif. Ses lèvres minces sourient comme la paupière inférieure de ses yeux. Elle est belle, et émouvante dans sa fragilité.

« Installe-toi. »

La décence m'interdit de décrire les conditions dans lesquelles vit mon hôtesse. Disons que le temps s'est arrêté au début des années 1960 dans sa modeste demeure, encombrée d'un bric-à-brac amassé depuis des décennies. Personne ne peut soupçonner ce que cette femme a vécu. Et ce qu'elle vit encore, comme des millions d'autres retraités en Russie.

La table est déjà mise : deux assiettes creuses en faïence blanche, deux verres à eau, une fourchette, un couteau. Je remarque un vase rempli de fleurs blanches fraîches, rayons de vie dans ce cadre en triste décrépitude.

« *Spassiba*, merci. Je peux me laver les mains ?

— *Touda*, là-bas », dit-elle en brandissant un grand couteau.

Sa cuisine est comme un laboratoire de chimie, avec des bocaux immenses en verre alignés sur la table, prêts à accueillir les futures conserves pour l'hiver. Je tente de réprimer mes larmes dans la salle de bains, où la plomberie est en piteux état. À mon retour, Vera pose un plat en fer sur la table. Odeur succulente de ragoût. Il y a aussi de la saucisse, du fromage, du beurre, de la crème fraîche et du pain noir rassis.

« Tu aimes la viande ? J'ai même du vin rouge. On va boire !

— *Davaï !* On y va !

— Cul sec ! » me dit-elle, espiègle.

Nous dînons côte à côte, dans un silence que seul brise le cliquetis de son couteau de cuisine, qu'elle a gardé pour manger. Je lui demande si elle a passé une belle journée le 9 mai.

« *Da, spassiba*, dit-elle en mâchant la viande. C'est vraiment un jour sacré !

— J'ai vu la parade à la télévision, c'était impressionnant... Vera, ça te dit de parler un peu ? »

Évoquer ce sujet, une tranche de sa vie au milieu du XXe siècle, brisée et bafouée, est difficile. Mais j'ai promis à Vera de faire escale à Taïchet, à 4 516 kilomètres de Moscou, sur l'axe du Transsibérien, en son hommage. Vera, dont le prénom signifie « foi » en russe, a été victime de la terreur stalinienne. Jugée « socialement dangereuse », elle fut déportée dans un camp de travail à l'âge de 28 ans, de 1948 à 1956. Son témoignage figure au musée du Goulag, ouvert depuis mai 2004, où elle organise des visites guidées régulières.

Vera confie qu'elle n'aime pas l'argent. Lorsqu'elle était jeune, elle avait honte de toucher un salaire ; elle en a encore honte aujourd'hui. Pour cette humaniste, le plus important est d'édifier le bien. Je tente de connaître l'emplacement du camp où elle se trouvait. Elle pousse un soupir, frotte ses mains blanches contre ses genoux, couverts de miettes de pain.

« Je ne me souviens pas très bien, dit-elle en fixant le plafond. Ce n'était pas loin d'une station électrique. On a construit là-bas un village entier, une vingtaine de maisons en bois. Mais les baraques où nous étions sont en ruines, je pense… Il faisait très froid. Nous portions le *bouchlat*, une veste en laine. Et pour travailler, nous nous réchauffions en frottant nos mains avec de la vodka. C'était terrible. Pire que l'hitlérisme.

— Te souviendrais-tu bien de la mort de Staline ? m'enquiers-je.

— Oui. Une détenue avait réussi à obtenir un journal. C'était interdit. Je l'avais caché dans ma veste pour le lire seule. Quand je l'ai su, j'ai été soulagée, je reprenais espoir, mais j'avais si peur qu'on m'attrape avec ce journal que je l'ai aussitôt jeté dans l'herbe. Les autres détenues l'ont heureusement découvert et ont compris… »

Elle fond en larmes. Étreinte. Ses mains potelées sont fraîches. Vera raconte qu'elle aurait aimé voir le monde. L'Inde, l'Espagne, la Grèce… L'Inde surtout.

« De quoi es-tu le plus fière ?

— Je ne suis fière de rien, dit-elle. L'homme doit apprendre à vivre sans orgueil. J'aime la génération d'aujourd'hui ; c'est une belle génération, intelligente, mais elle est aussi très gâtée. Ils ne se souviennent pas de l'Union soviétique… Ce n'est toutefois pas de leur faute. Tu ne veux plus boire ? Allez, encore un verre ! À ton voyage ! »

Le lendemain matin, comme le veut la tradition russe à la veille d'une séparation, Vera propose une minute de silence. Elle prie longuement. Et termine de deux signes de croix. Je m'incline.

« Tu vas rencontrer des gens bien, dit-elle, des gens bons, qui vivent leur vie. Ça va aller. Surtout, fais-le avec cœur. »

*
* *

Peu de temps avant mon départ, je suis invitée un soir, avec des amis russes, chez des gens fortunés dans la banlieue de Moscou. Maison immense et récente, avec piscine, sauna, salle de cinéma, et une salle de billard grande comme une patinoire. Guennadi et Zoya, la cinquantaine, ont tout pour être heureux. Nous pénétrons dans un jardin vaste et frais, où coule un ruisseau artificiel. Ils attendent, souriants. Sur une longue table en chêne, une bouteille de vodka Rousski Standart. Un litre. Malaise. Il y a également une bouteille de sauternes, 1996, et une assiette de fromages de chèvre de France.

« Nous venons de rentrer de Paris ! dit Zoya.

— Aaah ! »

Tournée générale de vodka.

Guennadi parle affaires, maison, Paris... la main sur son gros ventre.

« Vous savez, mon mari gagne 5 à 7 millions de dollars par an, me dit Zoya dans le creux de l'oreille en tendant le plateau de fromages.

— Ah oui ? Il fait quoi ?

— Il est écologiste. »

Quelque peu perplexe, je demande des explications.

« Eh bien voilà, quand il y a des gens qui veulent exploiter la terre, ils s'adressent à lui. Mais comme il est préoccupé par l'avenir de la nature, ses enfants, les tortues, ça lui arrive de dire non. Vous savez, pendant plusieurs mois, il a eu des gardes du corps. Parce qu'on a menacé de lui tirer dessus ! s'empresse-t-elle d'ajouter.

— Vous partez en Transsibérien ? me lance Guennadi en croquant du raisin.

— Oui.

— …

— Vous pensez que ce n'est pas bien ?

— *Niet !* C'est bien, dit-il en raclant la gorge. Mais il y a une pauvreté terrible. Enfin, vous verrez, plus les gens sont pauvres, plus ils sont bons. Vraiment. »

Peut-être est-ce la vodka qui me rendit mélancolique ce soir-là. Ou la nuit de karaoké russe jusqu'à l'aube.

Dans une coquille d'opulence, triste comme le *Titanic* en pleine mer.

Chapitre 2

TRAIN DE 17 HEURES 06 POUR IEKATERINBOURG, 1 816 KM

ELLE N'A QUE quelques dents, et pourtant elle a le plus beau sourire du monde. Suzie, ma maman arménienne, toute ronde, fichu de couleur noué sur la tête, me réveille doucement vers 10 heures. Nous sommes le 19 mai. Jour J du départ sur le Transsibérien. « Je t'ai préparé un petit-déjeuner. » Sur la table, du fromage blanc, des côtelettes aux pommes de terre, une soupe *kololak* agrémentée de riz et de boulettes de viande, du pain *lavach* frit avec du fromage fondant, des concombres, des tomates et des raisins secs de Samarcande.

« *Kouchaï, kouchaï !* Mange, mange ! »

J'avale avec difficulté ces mets préparés avec amour.

Une heure plus tard, je quitte Suzie. *« S Bogom ! »* lance-t-elle. Dieu soit avec toi. Impression de partir pour le désert de Gobi. La gorge nouée, je salue Guéorgui. Les derniers jours à ses côtés ont été extraordinaires. Historien, il m'a appris des choses étonnantes : lord Byron parlait couramment arménien, le maréchal Murat, sous Napoléon, avait des racines arméniennes, et Jacques Chirac, en réalité, n'est pas du tout français, mais arménien, originaire de Chirakskaya Ravneniya.

Je quitte leur domicile et marche vingt minutes jusqu'au métro Retchnoï Vokzal. Je ne pense à rien. J'avance. Le ciel est clair, l'air printanier, tiède et calme. Mon sac est léger, 6 kilos et demi. Il contient le minimum pour une promenade prolongée – une chemisette, un pantalon de rechange, un chandail, trois culottes, une paire de chaussettes, une carte du monde, deux cahiers et un jeu d'échecs. Dans une besace séparée, j'ai glissé un appareil photo et une caméra. L'essentiel est invisible. C'est mon désir. Il m'accompagne comme un trésor chaud.

À Biélorousskaya, je décide de me rendre en voiture à la gare Iaroslav, au nord-est de Moscou. J'aborde un jeune qui, en bon *tchastnik*, accepte pour quelques euros de me mener au lieu de rêve. Dans sa vieille auto essoufflée, apeurée par les Mercedes aux vitres noires teintées qui l'entourent, je me demande ce qui m'attend là-bas, en Sibérie. Pour Armelle, mon facteur, rue de Charonne à Paris, c'était « une aventure merveilleuse avec des milliers de couleurs » ; pour Ali, mon marchand de journaux, place de la Bastille, c'était « un rêve, beau et magnifique » ; pour Maurice, qui prépare les meilleurs baguels de Paris, c'était « le goulag et les chiens de traîneau », et quant à madame Haddou, la gardienne de mon immeuble, originaire du Maroc, elle n'avait aucune idée de l'emplacement de cet endroit sur notre planète.

Dès la gare Iaroslav, j'aperçois une foule différente. Calme, vêtue modestement, avec de nombreux sacs et cartons. Elle se distingue de celle de la rue Tverskaya. Les visages sont marqués par une certaine lassitude. Quelques jeunes militaires déambulent, képi noir, ceinture de cuir et grandes bottes assorties. Tous attendent le train, en fumant une cigarette ou en pelant des fruits. Je jette un regard sur le tableau des départs. Mon cœur fait un bond à l'évocation des noms, exotiques et lointains : Pékin, Oulan-Bator, Arkhangelsk, Abakan, Nijnévartovsk, Serov, Severobaïkalsk, Nijni, Tagil... Plus loin sur les murs, de multiples affichettes célèbrent le réseau ferroviaire : « Les Chemins de fer russes au service d'une grande Russie ».

Je patiente dans l'immense salle d'attente. Tout le monde est sagement assis. Hommes, femmes, la plupart entre 40 et 60 ans ; peu d'enfants. Dans l'ensemble, ils sont de type européen. Tous entourés de sacs et de colis pleins à craquer. Une jeune femme, cheveux blond platine, habillée en prune, vend des glaces. À quelques mètres, un jeune homme tient un stand de livres ; parmi les titres, *Pourquoi la Russie n'est pas l'Amérique ?*, divers documents sur le président Poutine, des romans policiers, des livres de santé et de bien-être. Plusieurs patrouilles du MVD, le ministère de l'Intérieur, habillées en gris anthracite et en veste de cuir, effectuent des contrôles. Dans le métro et les gares, une certaine tension est présente. Aujourd'hui, à la une du quotidien *Izvestia*, on peut lire : « Les plus grosses pertes en Tchétchénie depuis le début de l'année ».

Je songe aux conseils de Sergueï tout en tenant en main mon premier billet de train, celui qui va me mener jusqu'à Iekaterinbourg. Je n'ai pas le retour de Vladivostok, disponible uniquement quarante-cinq jours avant le départ. Comme disent les Russes, *« This is Russia ! »*. Dans ma poche, une image censée me protéger, offerte par Lioudmila, âgée de 67 ans, vendeuse de cartes postales sur la place Rouge et ancienne patineuse artistique. Elle avait réagi à mon projet avec une noble franchise, comme la plupart des Moscovites. « La Sibérie ? Oh ! c'est loin... On tue là-bas ! Prends ça. Les policiers l'ont en fond d'écran sur leurs portables. » Il s'agit de deux petits calendriers à l'effigie de Vladimir Poutine.

À 16 heures 45, une voix féminine annonce le prochain départ du train n° 2 pour Vladivostok, voie 4. Je me précipite sur le quai, exaltée comme une enfant qui découvre son premier tour de manège. Un monstre, long de plusieurs dizaines de mètres, habillé aux couleurs de la Nouvelle Russie – bleu, blanc et rouge –, s'approche lentement de moi. Sur ses flancs, de grandes lettres indiquent « Rossiya » en rouge. Plus bas, mon regard tombe sur l'inscription magique : « Moskva/Vladivostok ». Mon imagination prend feu. Je tends mon passeport et mon billet à Elena Mikhaïlovna, élégante dans son ensemble marine et blanc.

« *Kharacho !* C'est bon ! »

Trois marches, et me voici à l'intérieur du train mythique, construit en 1978. J'ai le cœur qui bat la chamade. À droite, un samovar, qui va nous assurer des litres de thé pendant près de 2 000 kilomètres. À gauche, contre une porte, une liste de mesures de sécurité dans le cadre de la lutte antiterroriste. Par terre, tapis beige, strié de rayures vertes, jaunes et rouges. J'avance, la cage thoracique prête à éclater. Aux fenêtres, des petits rideaux charmants. Nouvelle affichette : « Moscou, cerveau et cœur de la Russie, la ville où tout le monde rêve d'être ». Une patrouille du MVD me frôle, avec un berger allemand agité. Je baisse le regard, spontanément.

Mon compartiment – les Russes parlent de *« koupé »*, sans doute en référence à la malle-poste – est ravissant, spacieux, avec de jolis rideaux jaunes. Ses murs sont de couleur crème. Quatre couchettes accueillantes en simili cuir rouge attendent l'heureux voyageur. Sur la tablette au centre, large, des journaux russes, des sachets de thé et de l'eau gazeuse. Tout est propre, chaleureux et mignon. Oh ! un compagnon ! J'installe hâtivement mon sac sous la banquette.

« *Zdravstvouïtiyé !* Bonjour ! »

C'est un homme de petite taille, châtain, avec de grands yeux clairs. Sourire en or, il gratte sa nuque dans un col roulé bleu marine et me regarde timidement. Quelques minutes passent. Dimitri Alexandrovitch, le contrôleur, vient nous voir, joufflu et de bonne humeur.

« Ah, nous avons une étrangère ! D'où ?

— *Frantsiya.*

— De France ? Napoléon ? Ha ! Ha ! Nous vous pardonnons ! *Tak, tak, tak...* 60 roubles pour le linge de lit, s'il vous plaît. »

À 17 heures 06 précises, le train se met en branle. Nous regardons paisiblement la gare s'éloigner peu à peu, sur fond de musique populaire russe retransmise à la radio. Je m'attendais à un décollage semblable à celui d'une fusée Spoutnik, à un départ symphonique enragé, claquement de cuivres et de cymbales. Mais non. Sans bruit, le train avance, les roues coulant mélodieusement sur les rails... Je songe à ma mère, qui s'inquiète à Paris. Est-ce totalement déraisonnable ? Mon compagnon croise ses mains fortes, se penche et sourit.

« Tu es vraiment de France ? C'est incroyable, dit-il, incrédule. La France, c'est la France... Tu vas où ?

— À Iekaterinbourg.

— Sverdlovsk, tu veux dire ? Ce n'est rien ! Moi je vais jusqu'à Khabarovsk et dois encore faire six jours de train, pour une mission de quarante-huit heures, avant de rentrer.

— En train ?

— Oui, six jours aller, six jours retour !

— Vous vous appelez comment ?

— Constantin. Kostia, si tu préfères. Toi ?

— Géraldine. Génia, si vous voulez, c'est plus court.

— Non, Géraldinka, c'est bien.

— Vous faites quoi dans la vie ?

— Je suis *jelieznodarojnik*. » (Clic-clac des roues.)

Mon voyage ne pouvait pas mieux commencer : 1 816 kilomètres auprès d'un cheminot qui a passé plus de trente ans à parcourir la Russie par 30 °C comme par -40 °C, afin d'assurer le bon fonctionnement des rails et des roues. Je suis enchantée.

« Eh oui, j'ai connu l'URSS ! dit-il en poussant un long soupir. Tu n'as pas connu l'URSS, toi ? L'URSS, c'était l'URSS... Avant on nous craignait, on nous respectait... Maintenant, on est pauvres à 80 %. Ma mère touche une retraite de 1500 roubles. Te rends-tu seulement compte ? »

Je change de sujet. Je lui demande ce qu'il aimait, enfant.

« J'aimais lire... Dostoïevski surtout. À 12 ans, c'était au programme.

— Et quel était ton rêve à l'époque ? »

Les secondes s'égrènent. Nonchalant, le regard tourné vers les premiers arbres vigoureux, il répond : « J'aurais bien aimé devenir champion olympique. Je n'étais pas trop mauvais athlète... Plutôt bon dans le 800 mètres et le 1500 mètres. Dans les années 1960, j'ai obtenu la médaille de bronze au championnat de l'Union soviétique, poursuit-il en se curant les dents. Mais ce n'était pas suffisant pour participer aux jeux Olympiques. Il fallait être premier. De plus, j'étais trop vieux. J'avais 23 ans. »

Tarata-taa... Tarata-taa... Le train s'enfonce dans les sous-bois. Les bouleaux, les pommiers et les cerisiers en fleur nous disent bonjour, leurs branches étendues dans un élan d'amour, le feuillage vert, clair et frais. L'air printanier les réjouit et les réchauffe.

« C'est beau, n'est-ce pas ? Et encore tu n'as pas vu la Sibérie. La Sibérie, c'est quelque chose... »

Soudain, Kostia me regarde, gêné. « Tu vas te changer ? » Je lui laisse le compartiment. Dans le couloir, tous sont métamorphosés : tenue de sport et pantoufles, même pour les jeunes soldats fraîchement démobilisés. Le responsable de wagon, Dimitri, a lui aussi troqué son costume pour un polo, un pantalon de survêtement et des sandales de Chine. Je retourne dans ma maisonnette. Odeur tenace, puissante, asphyxiante : ce sont les beaux pieds de Constantin.

Nous cassons la croûte, tout en admirant par la fenêtre les paysages de forêt mixte – des bouleaux, trembles, mélèzes et sapins, qui se dressent comme des pinceaux dans le ciel. Majestueux, émouvants et sacrés. Je fais découvrir à Kostia les inoubliables raisins de Samarcande, un kilo, moelleux et sucrés, soigneusement emballés par Suzie dans un paquet brun, et un bocal de miel de Krasnodar. Bonheur. Nous buvons du thé dans des gobelets en verre baptisés « Rossiya », avec des anses en métal argenté comme au XIXe siècle. Bonheur encore. Une question me vient naturellement :

« Quel est ton plus beau souvenir ?

— Iouri Gagarine, dit-il en riant. Avril 1961, j'avais 12 ans. Quand on a su qu'il était dans l'espace, on est sortis de l'école en pleurant, en s'embrassant ! » mime-t-il en ouvrant les bras.

Kostia me fait part ensuite de ses craintes : « La Russie est en train de mourir. Personne ne fait rien. » Il me parle de ses conditions de vie difficiles, lui qui habite une région sinistrée par le nuage de Tchernobyl, Toula. Sa compensation mensuelle est une allocation de 128 roubles en plus de son salaire de *jelieznodarojnik*, 9 000 roubles, soit l'équivalent de 300 euros. Je lui remonte le moral en lui proposant une partie d'échecs. C'est efficace. Comme je suis écrasée vingt minutes après, il ressuscite.

Lorsque nous marquons notre première longue halte en gare de Vladimir, à 191 kilomètres de Moscou, je me sens légèrement fébrile. Je suis déjà si loin ! Je ne sais pas où je dormirai dans deux jours et essaie de ne pas y penser. La nuit est sur le point de tomber. Sur le quai, des femmes se promènent avec d'immenses cabas rouges. L'une d'elles, brune, la cinquantaine, habillée d'une jolie tunique mauve, sort des produits en arborant un sourire large teinté de rouge.

« *China service*, 200 roubles ! Les verres à vodka, 100 roubles ! »

C'est alors qu'un officier de réserve, présent avec quatre soldats, lui lance :

« Eh, Princesse ! Que fais-tu là ? Viens donc avec nous en Extrême-Orient ! Où est-il, ton homme ?

— Je n'en ai pas et ça ne me manque pas, répond-elle dans un rire nerveux.

— Bien sûr que si, regarde-toi, tu es une ancienne pionnière, tu as vécu sous le socialisme... Tu as besoin d'un homme, d'un vrai. Viens avec nous à la mer, dans la taïga, nous irons à la chasse ensemble ! »

Sous le regard amusé des soldats, la femme remballe ses affaires. Stoïque et blessée. Une babouchka passe aussitôt, fichu rouge à fleurs plaqué sur la tête, chargée de bières et de cigarettes. Solide comme un tankiste, elle se campe devant les soldats. Rien ne peut ébranler une femme née pendant la guerre.

Jamais je n'ai songé que quelque chose de grave pourrait advenir au cours de ce voyage en Transsibérien et, du reste, hormis une vague appréhension à la sortie de Moscou, je n'ai pas eu peur, sauf lors d'un ouragan à Irkoutsk, et lorsque je me suis trouvée, cette nuit-là, confrontée à l'officier de réserve. Blond, les yeux bleu acier, mâchoire carrée, sec et musclé dans un maillot blanc et un jean bleu délavé, c'est un homme sûr de lui, qui a bu quelques gorgées de vodka. Nos regards se croisent dans le couloir du wagon. Je devine que je suis en mauvaise posture.

« *Priviet, Diévouchka !* Salut, Mademoiselle ! Tu viens d'où ? dit-il en posant une main sur la barre derrière moi. Dis-moi, tu ne vas pas rester toute seule dans ton compartiment ce soir... Que dis-tu de venir avec moi ? »

Il mord sa joue. Yeux de loup, il empoigne la barre des deux mains comme une clé serrée autour d'une vis. Je suis coincée.

« Sans façon, *spassiba*.

— Tu n'es jamais sortie avec un Russe, ma petite ? Tu ne sais pas ce que tu rates si tu refuses... alors ? On y va, on n'y va pas ? Je te garantis que tu n'oublieras pas cette nuit. »

À cet instant, quatre soldats sortent dans le couloir. Je les prie d'appeler leur ami. Ils sourient, amusés, et retournent dans leur compartiment. Je me trouve à présent seule avec le Loup.

« Tu sais, ce n'est pas facile, me dit-il avec une haleine d'ours. Ma femme, mes deux enfants m'ont quitté...

Mais je m'en suis remis. Je suis libre. Et je ne suis pas si mal, non ? »

Sans crier gare, j'arrache son bras musclé de la barre et me précipite jusqu'à la cabine d'Elena Mikhaïlovna.

« Bonjour, les filles... fait aussitôt le Loup, un verre de vodka à la main.

— Sortez immédiatement, avant que je n'appelle la police ! hurle Elena. Tout de suite ! »

Et le Loup part, qu'on ne reverra pas. Le lendemain, il passera la journée à cuver. Je remercie Elena.

« Ce n'est rien, je suis habituée ! *Tchaï ?* Du thé ? »

Elena a 31 ans. Un charme poétique enveloppe son être. Un visage de porcelaine avec de petits yeux rapprochés, les cheveux courts, colorés roux et blond. Son sourire est généreux, sa voix aimable, sauf avec les ivrognes. La cabine qu'elle occupe est chaleureuse, 3 mètres carrés tout au plus, équipée d'un mini-réfrigérateur, d'un four à micro-ondes et d'un lavabo. Elle sort un sachet de bonbons russes et apporte dans un tintement de verres deux grandes tasses de thé noir brûlant. Nous parlons de nos vies respectives, elle, *provodnitsa*, contrôleuse, depuis douze ans. Son métier l'habite tout entière. Les trains, elle en a toujours rêvé, et a fini par ne plus les quitter.

« Bien sûr, c'est un peu fatigant... Nous travaillons jusqu'à douze ou treize jours de suite, puis nous nous reposons douze jours, et c'est reparti. Mais j'aime mon métier. On rencontre souvent des gens passionnants ! »

Elle évoque des touristes suisses et américains qui, en quelques jours, l'ont marquée à vie, par leur gentillesse et leur générosité. Les endroits qu'elle aime le plus sont Oulan-Oudé, Irkoutsk et Novossibirsk. Elle ne se plaint pas de son salaire, 7500 roubles par mois, même s'il lui est parfois difficile d'aider sa mère à la retraite. Je lui demande son rêve.

« Voir l'Europe… Vienne, Paris aussi. Ce serait bien si nous pouvions intégrer l'Union européenne un jour. Qui sait, dans vingt ans peut-être ? »

Mais chut… Voici que nous traversons le fleuve Volga… Ou plutôt, « Mère Volga », 3700 kilomètres de long. Le pont s'étend sur plus d'un kilomètre. Je retiens mon souffle. Je songe à tous ceux qui œuvrèrent ici pour construire la plus longue voie ferrée du monde. Que d'efforts pour poser des rails jusqu'au bout de notre Eurasie natale ! Des dizaines de milliers d'hommes, dont des forçats et des prisonniers politiques, ainsi que plus de cent mille migrants chinois sous-payés, y laissèrent leur vie dans des conditions indignes, frappés du typhus, du choléra et de la malaria, morts de froid, de fatigue aussi. Lancé en 1891 par le tsar Alexandre III pour des raisons économiques et stratégiques, le chantier du Transsibérien mit un peu plus de dix ans à relier Moscou et Vladivostok, en passant par la Mandchourie chinoise. En 1900, année de l'Exposition universelle à Paris, 5400 kilomètres de rail avaient déjà été posés, un véritable miracle compte tenu des rigueurs du climat continental, des distances faramineuses, de la variété des terres traversées et des nombreux fleuves et rivières qu'enjambent 48 kilomètres de ponts[9]. Cette entreprise s'accompagne tout naturellement de la création et du développement de nombreuses villes en Sibérie, devenues aujourd'hui de grands centres industriels. Construit en sections disparates – le premier coup de pioche est donné à Vladivostok –, et non d'ouest en est, le Transsibérien verra son achèvement avec la guerre russo-japonaise en 1904-1905. Une ligne exclusivement russe, contournant le nord de la Chine, sera construite en 1914 : c'est son tracé actuel.

Le Transsibérien est donc avant tout un axe de transport, reliant la Russie d'Europe à l'Extrême-Orient et au Pacifique. Une voie ferrée unique qui couvre deux continents ! Créé par les tsars, développé par les Soviétiques, le réseau ferroviaire public russe compte aujourd'hui parmi les plus grands réseaux du monde : 145 292 km de lignes (trois fois plus qu'en 1917) ; en termes de volume de marchandises, la Russie figure en troisième place, derrière les États-Unis et la Chine. À l'époque de l'URSS, le pays transportait l'équivalent de la moitié du trafic mondial ; aujourd'hui, un sixième. En termes de nombre de passagers, le pays est le quatrième, derrière les trois géants que sont la Chine, l'Inde et le Japon. Le réseau est considéré à juste titre comme le « vaisseau sanguin » de l'économie russe, où 83 % de toutes les marchandises sont acheminées par rail[10]. En outre, les Chemins de fer russes sont l'un des plus gros employeurs du pays : 1,2 million de personnes, soit 2 % de la population active (180 000 en France) ; c'est une véritable fourmilière ! Ils sont propriétaires d'usines, de télécommunications, d'hôpitaux, d'écoles, d'instituts et de nombreux ateliers.

Lorsque vers minuit je rejoins Kostia, tout le monde dort, la radio est éteinte aussi. Rrrrr... Ronflements. J'allume la veilleuse et écris, au son rassurant des roues qui grondent sur les rails. Taraaa... Taraaa... Taraaa... Je me sens bien. Peu de temps après, je déplie les draps frais à carreaux pastel. Je me couche. J'éteins la lumière. Allongée, droite sur la banquette, je me tourne dans un sens, puis dans l'autre. Un grondement régulier, assourdissant, m'empêche de trouver le sommeil. Ce bruit, c'est le son de mon cœur qui bat.

Au réveil, le lendemain, j'aperçois par la fenêtre beaucoup de forêts et de sous-bois, des terres plates verdoyantes et quelques isbas clairsemées. J'éprouve une sensation de bien-être. Dans la nuit, nous avons traversé Kotelnitch, Viatka et d'autres bourgades. Plusieurs centaines de kilomètres plus loin, nous traversons Verachagino, et une petite merveille s'offre à moi... Une ancienne locomotive à vapeur FD21. Toute noire, elle se repose, en songeant peut-être aux paysages de steppe traversés, aux milliers de kilomètres parcourus, aux milliers d'âmes qui les hantaient, et à leurs confidences...

Peu après, un jeune homme sourd-muet passe dans notre compartiment et pose des livres colorés sur la banquette. *Vos anges gardiens*, *L'Encyclopédie des chats*, divers titres sur la santé et des romans policiers. Le regard de Kostia s'arrête sur un ouvrage de Paulina Lachkova, *La Marionnette tchétchène*. Prix : 45 roubles.

« Trop cher », dit-il.

Je le lui achète et y inscris une dédicace.

« Tenez, j'ai fait des fautes, je pense... »

Il sort ses lunettes épaisses.

« Non, il n'y a pas de faute », murmure-t-il, troublé.

Les monts de l'Oural approchent. Le train serpente avec furie sur les versants de plus en plus élevés. Dans ma tête vrombit la musique enragée d'*Une nuit sur le mont Chauve* de Modest Moussorgski. Je tremble d'enthousiasme, tout en songeant à mon aimable compagnie d'assurances qui, sachant que je me rendais aussi dans la partie asiatique de la Russie, n'a pas hésité à me demander une somme exorbitante au cas où il faudrait me rapatrier. Ce qui semblait revenir à partir au Tchad.

Nous passons la journée recueillis dans un silence religieux, nourris par le fascinant spectacle de paysages changeants, forêts de saules et de bouleaux, étangs, plaines solitaires et apaisantes. Des tableaux naturels immenses, inscrits dans le plus beau des musées, celui de la vie. Tour à tour, nous abordons des questions habituellement enfouies profondément dans notre âme – nos rêves, les plus grands, les plus fous. Ce que l'on aime, ce que l'on espère. Le temps qui passe est oublié. Il est parti, chassé comme un mauvais esprit, loin des campagnes. D'ailleurs, aucun moyen de connaître l'heure. L'horloge du couloir affiche 14 heures 45 depuis le départ du train, bien que la petite aiguille des secondes tourne en continu. Dimitri, le responsable de wagon, passe l'aspirateur, décontracté, enveloppé d'une épaisse fumée de cigarette. Il a de nouveau changé de tenue : un marcel sur son ventre blanc comme de la viande de dinde, un short ample et des sandales débouclées. Demain, il sera peut-être en sous-vêtements.

Quelques heures plus tard, nous atteignons la gare de Perm. De nombreux immeubles anciens et neufs en brique rouge longent la ligne. Beaucoup de constructions soviétiques grisâtres tombent en ruines, abandonnées. Près des décharges publiques, des enfants jouent au ballon. Dans la célèbre pièce de Tchekhov, Perm représente la ville que trois sœurs veulent fuir à tout prix. Avant la construction du Transsibérien, elle marquait le point de départ du *Trakt* ou « Grande Route », une piste de terre continue jusqu'à Irkoutsk, 4 000 kilomètres plus loin. Je songe à Kate Marsden, infirmière britannique et aventurière intrépide, qui emprunta cette piste en 1890-1891, bravant la neige, le froid, les ténèbres, les loups et les ours, pour aller soigner les lépreux à Iakoutsk, en Sibérie orientale. Parrainée par la reine Victoria, elle relata cette aventure avec humour dans un récit épique, paru en 1892 et dont le titre en français se traduit par : *En luge et à cheval à la rencontre des parias lépreux de Sibérie.*

« Tu vois, les gens ici vivent différemment, à des milliers de kilomètres de Moscou, dit Kostia sans quitter la ville du regard. C'est dur, il n'y a pas de travail, les usines ferment... *Kto soumiel, tot i ouspiel,* « celui qui a pu, a tout eu ». Avant, il y a quinze ans, je faisais mon travail *s douchoï*, avec âme. Je gagnai 130 roubles. À l'époque, avec un seul rouble, on pouvait s'acheter beaucoup de choses. Après, j'ai perdu le goût. Regarde ! »

Derrière la vitre, des chenilles bruyantes emplies de pétrole nous frôlent à toute allure. « Tu vois, ce sont des trains différents, ajoute Kostia. Des trains de 125 tonnes, avec huit paires de roues ; le nôtre, il en a quatre. Et tout ça va dans les poches de A., K. et des autres voleurs. »

En treize ans, Kostia a perdu deux fois toutes ses économies, comme la plupart de ses compatriotes : en 1991 (« Octobre noir ») et en 1998, quand le gouvernement Eltsine dévalua le rouble.

« Les hommes politiques à l'époque ont eu le temps de transférer leur argent à l'étranger, dit-il. Mais pas nous. »

Cette dernière remarque me rappelle une scène du film *Good Bye, Lenin !* de Wolfgang Becker, où le jeune héros, au moment de la réunification allemande, rentre chez lui à Berlin-Est sans avoir pu changer l'argent de sa mère. Les économies d'une vie, volatilisées.

« Dis-moi ce que tu aimes le plus au monde.

— Ce que j'aime ? Tout, j'aime tout », dit-il tristement.

Vers 21 heures 15 heure locale, nous gagnons la gare de Sverdlovsk, l'ancienne Iekaterinbourg, + 1 816 km, + 2 fuseaux horaires. Pas d'annonce officielle. Heureusement, l'intuition existe ! Le soleil déclinant nous tend ses derniers rayons chauds. Sur le quai, il fait bon, 20 °C. Je salue Dimitri, notre *provodnik*, qui ne me rend pas mon billet – remis à la police ? J'embrasse Elena. Il me reste à saluer mon *popoutchik*, mon compagnon de voyage, Kostia. De ma poche, je sors un ticket de métro que je lui tends.

« Jamais je n'irai à Paris. Je le sais », dit-il.

Les larmes ruissellent sur mes joues.

« C'est beau les rencontres, il n'y a vraiment rien de plus précieux, ajoute-t-il. Il reste toujours quelque chose après, pas vrai ? »

Déchirée, je traverse la ville d'Iekaterinbourg à pied, dans la poussière et le bruit. Larmes chaudes, salées sur les joues. Je songe aux trente heures passées. À sa voix, que je n'entendrai plus. À sa vie, qui ne changera guère. À sa douleur, qui se fondra dans la masse anonyme. Quelque chose de grave, de beau a commencé. Et déjà, le Transsibérien m'appelle...

Iekaterinbourg. Nous voici donc au-delà des monts Oural, officiellement en Asie, mais pas encore en Sibérie. Pourtant, le cœur du voyageur flanche dans une ville aussi chargée de culture et d'histoire, jeune – fondée en 1723 –, au passé mouvementé – exécution du tsar Nicolas II et de sa famille en 1918, abattage d'un avion espion américain en 1960. La ville, dont la gare porte toujours le nom du responsable du massacre de la famille impériale, le dirigeant révolutionnaire Sverdlov, est ouverte aux étrangers depuis une dizaine d'années seulement.

Les Occidentaux, *a priori*, sont bien vus : la première personne à qui je demande mon chemin, Léonid, la cinquantaine, fait deux signes de croix et s'incline, peut-être en raison de mon accoutrement. Cette première marque d'attention, dans une ville où je ne connais personne, me réconforte.

Après un échec à l'hôtel Eurasie sur l'avenue Lénine, je me rends à l'hôtel Bolchoï Oural dans le centre, derrière l'opéra et un jardin public où se dresse une tour Eiffel de 20 mètres de haut, réplique de sa grande sœur en acier bleu. L'hôtel Bolchoï, comme son nom l'indique, est grand : plus de trois cents chambres sur plusieurs étages. C'est l'hôtel le plus ancien et le plus connu de la région. Construit dans la pure tradition du constructivisme socialiste en 1931, il est typiquement soviétique : un panneau sur l'ascenseur de l'entrée indique d'emblée *Lift nié rabotaet* (« Ascenseur en panne »).

À mon arrivée, vers 22 heures, il ne reste plus qu'une chambre sans douche, avec toilettes sur le palier. En Russie, la notion de rez-de-chaussée n'existe pas. Le « premier étage » correspond au niveau zéro. Ma chambre se trouve au « troisième ». Je monte en réalité cinq niveaux avant d'y parvenir. Une *diéjournaya*, responsable d'étage, me remet une clé légère. J'ai de la chance, elle s'appelle Lioudmila. En russe, ça signifie « gentille ». Lioudmila est aussi le prénom de la femme qui m'a vendu mon premier billet de train et de celle qui m'a donné une carte de la Russie et des *talismantchiki* à l'effigie de Vladimir Poutine.

« *Nomer 328*, sourit-elle. Montez un étage, puis à droite et encore à droite. »

Je longe un couloir de 40 mètres, tapis rouge, murs gris et tubes de néons blancs. Je ne sais pas si je suis au palais de l'Élysée ou en prison. Au bout à droite, je découvre une porte blanche. J'ouvre avec appréhension. Me voici soudain plongée cinquante ans en arrière : un lit simple, un placard, une petite table et un engin semblable à une bombe Oppenheimer. Il s'agit du réfrigérateur Saratov. J'ai le choix : me pendre ou me changer les idées. Une douche ! Je tourne la clé longuement en essayant désespérément de sortir. Le temps de déchiffrer sur la porte les *Safety rules* (« Consignes de sécurité ») dans un anglais peu courant : *« We hope you will not smoke on the bad. »* Je descends six étages pour découvrir, au sous-sol, au-delà d'une grille en fer, la douche. Je tends 20 roubles à une femme âgée guère affable, assise sur une chaise. Peine perdue : *Douch zakryt.* La douche est fermée.

Sale, je noie mon chagrin le premier soir au buffet désert du deuxième étage, où je mange une soupe et des blinis devant *Fabrika Zviozda*, la version russe de *Star Academy*. Ma peine est grande, ma solitude extrême ! C'est à cet endroit qu'un soir, un couple m'invite à sa table. L'homme est bâti comme une armoire à glace, le visage mafflu et brillant. Sa jambe est tendue, une canne à ses côtés.

« Tchétchénie, dit-il. Ça vous dit de boire un verre ? »

Il s'appelle Ivan, il a 35 ans. Deux fois il a été envoyé à Grozny et grièvement blessé à deux reprises. Invalide, il touche une indemnité de l'ordre de 100 euros par mois. Lorsqu'il m'annonce qu'il faisait partie là-bas des troupes du MVD, réputées pour leur brutalité, j'ai peur.

« Je vous ai vu tout à l'heure serrer la main à trois hommes du Caucase à la table d'à côté, lui dis-je. C'est un beau geste.

— Vous n'avez pas compris. Quand je leur ai serré la main, ça voulait dire : “Déguerpissez !” Et ils sont partis. Vous venez d'où ? »

Je lui réponds. Soudain, son visage s'assombrit.

« Pourquoi ? » dis-je.

Il soulève son pull, dévoilant un gros ventre strié d'une épaisse cicatrice mauve de 20 centimètres de long.

« Un *sniper*. Elle était française. Elle s'appelait Hélène. Elle aurait pu m'achever, elle ne l'a pas fait. Enfin, n'en parlons plus. »

Silence. Sa femme intervient. Grande et maigre, vêtue d'une minijupe particulièrement courte, elle murmure, ivre :

« Mon mari, je l'aime, c'est le meilleur. Beaucoup de femmes quittent leur mari lorsqu'ils reviennent de la guerre, dit-elle en croisant les jambes. Moi, non. Même s'il est parfois violent. Ça vous dit de boire un verre dans notre chambre ? »

Il est 2 heures du matin. Démoralisée, je décline poliment leur invitation. Chancelante, la femme part danser seule, au milieu de la pièce.

Le lendemain, j'entame ma première promenade. La chaleur est accablante, plus de 30 °C. Pour la deuxième année consécutive, Iekaterinbourg connaît une véritable canicule. Je scrute les noms de rue, fidèles à ceux de l'époque soviétique : avenue Lénine, rue Engels, Rosa-Luxembourg, Gorki, Sverdlov... Ces noms diffèrent de ceux publiés dans mon guide, qui évoque de nouvelles appellations postsoviétiques. Rien en réalité n'a changé. Les rues récitent la révolution communiste, face à des trolleybus et des tramways – conduits le plus souvent par des femmes –, repeints aux couleurs de marques occidentales et russes. De vrais logos ambulants aux sons éloignés de la langue slave : Fujicolor, Braun, Samsung, Nikon, et le liquide vaisselle Fairy, parcourant des rues dominées par la publicité étrangère, comme une revue américaine invitant les Russes à se présenter à un concours, impossible il y a encore quinze ans : « Championnat d'Europe de sexe : comment rejoindre l'équipe de Russie ». Chez les jeunes Russes, le communisme est une page d'histoire tournée. Pour le voyageur, les contrastes restent saisissants. Insensible à tous ces changements, Lénine est omniprésent, solitaire et massif sur la place d'une église détruite dans les années 1920-1930, ainsi qu'à la poste, où il veille au bon fonctionnement des affaires. Impossible, du reste, de trouver des cartes postales de la ville ; partout on vend *Harry Potter*.

Je marche longtemps en contemplant les beaux immeubles prérévolutionnaires aux couleurs douces, ocre, bleu, vert, jaune, les nombreuses maisons en bois sombre du XIXe siècle, et le mariage des édifices soviétiques et des enseignes luxueuses collées à leurs flancs. Tout cela est irréel. Je songe aux milliers de prisonniers allemands « bourgeois » qui ont construit une grande partie des immeubles d'après-guerre, et qui n'ont pu revenir dans leur patrie d'origine. Prisonniers à jamais d'un pays qui honnissait les capitalistes. Que pensent-ils de la nouvelle Russie occidentalisée ? Un triptyque géant au milieu d'un carrefour vante Nescafé. Kostia, lui, buvait du *Rousski kofi* dans le train. Les produits étrangers ? « *Niet*, pas possible… » Sa voix trahissait son attachement à sa terre natale, sacrée, et sa méfiance à l'égard des produits « importés », jugés comme non-naturels. Plus loin, une affiche dominante invite les Russes à ne pas manquer une émission à la télévision : *« Dom 2 Reality Show »*. Ce nom, je l'avais remarqué à Moscou, publié en rose sur tous les tickets de métro. Je suis en pleine confusion. Comment est-il possible que la Russie soit happée, comme le reste du monde, par un écran qui imite la vie ?

Le symbole le plus éclatant du paradoxe qui règne à Iekaterinbourg se trouve rue du 1er-Mai. Sur une petite place ombragée, une statue émouvante en l'honneur de Pouchkine, symbole de l'âme slave, considéré comme le plus grand écrivain en Russie. Élancé, le regard fixe, interrogateur, il semble plongé dans une profonde méditation. Sa pensée est obscurcie par une présence étrange : face à lui, un casino et, en prime, devant le bâtiment, une Mercedes noire enveloppée d'un ruban rouge. La promesse de bonheur actuelle. À quelques mètres, un ancien ministère propose sur une large banderole ses bureaux en location. Et sur un muret tout près, un graffiti – léger écho de l'actualité internationale : *Bush pedik* (« Bush pédéraste »).

Je m'engouffre dans la ville, étonnée par tout ce qui m'entoure : des vendeurs ambulants, des babouchkas surtout, qui proposent jonquilles, tulipes, roses, graines de tournesol, lunettes de soleil et parapluies... De jeunes demoiselles aussi, en train de vendre des fruits et des légumes dans des sacs de marques luxueuses... Un jeune homme attendant le trolleybus avec un bouquet de roses rouges... De beaux cadets, en uniforme rouge et noir, de grands képis sur la tête, qui traversent la rue avec des crèmes glacées. La circulation est dense, et il est du reste facile de se faire tuer par les voitures empressées. Partout des marques étrangères... des taxis jaunes en provenance de Corée, tout comme les ambulances, des véhicules européens, de grosses cylindrées allemandes et des 4x4 aux vitres teintées, semblables à de gros cafards noirs. L'argent circule ici comme à Moscou ; la mafia est aisément reconnaissable, peuplée d'insectes repoussants : hommes maigres en tenue de sport, mocassins de cuir blanc, au regard méfiant. Hommes gras, visages bouffis, avec des doigts hypertrophiés ornés de bagues, habits de noir et mocassins blancs, aussi. Dans beaucoup d'endroits publics, cafés, restaurants, bars, hôtels, des vigiles *(okhrana)* sont présents, dans les petites épiceries aussi. En noir ou en tenue de camouflage, parfois coiffés d'un béret, mitraillette en bandoulière.

Je marque une pause dans un local de restauration rapide. Devant, les gros cafards noirs. À l'entrée, une jeune fille tend, en contrepartie d'une somme en liquide, une carte plastique qui permet de franchir une barrière et de commander les plats souhaités. Exemple :

100 grammes de pizza, 30 roubles ; boisson gazeuse, 22 roubles. Clientèle jeune et décontractée. Mais dès l'entrée, le client comprend qu'il n'est pas le roi comme en Amérique. Quelques règles à respecter :

« En cas de perte de la carte, amende de 2 000 roubles 200 roubles si la carte est endommagée.

Nous vous rappelons que vous êtes dans un *fast-food*.

Nous vous prions de ne pas l'oublier.

Photo/vidéo strictement interdite.

La direction se réserve le droit de refuser des clients, sans aucune explication.

Ceux qui refusent ces règles seront expulsés. »

Quiconque passe par Iekaterinbourg doit faire une halte au mémorial des Romanov : une simple croix blanche, une stèle de marbre et trois glaïeuls, en bordure de route. Personne ne semble s'être remis du massacre. C'est le 16 juillet 1918 que le tsar et sa famille furent exécutés par les bolcheviks. Leurs corps, transportés à 40 kilomètres de la ville, démembrés et brûlés. L'enterrement officiel de leurs restes et un hommage à leur mémoire se sont tenus en 1998 à Saint-Pétersbourg. C'est à cette époque que Boris Eltsine, responsable de la destruction de la maison Ipatiev où l'assassinat eut lieu, présenta des excuses officielles. « Nous sommes tous coupables. » Aujourd'hui, des personnes de tout âge se rendent sur le lieu du souvenir. À deux pas, une cathédrale impressionnante, en granit noir, rouge, coiffée de sept coupoles or, vient d'être construite, à l'aide de nombreux bienfaiteurs. C'est la cathédrale Sur-le-Sang.

Dans la brochure officielle qui marque l'inauguration, quatre pages sont consacrées à la visite du président russe le 2 octobre 2003 : « La renaissance de la patrie, c'est le but auquel l'Église et le gouvernement peuvent tendre, main dans la main. »

En face de l'édifice, la cathédrale de l'Ascension, bleu pâle, aux coupoles semblables à des larmes d'or tombées du ciel, est dans un triste état de délabrement. À l'intérieur, une boutique vend des icônes, des meubles aussi – tabourets, tables, chaises, afin de financer une éventuelle restauration. Les mots manquent pour décrire la beauté de ce lieu, attachant et vulnérable. Il est difficile d'imaginer l'endroit utilisé il y a encore quinze ans comme musée et entrepôt par le gouvernement soviétique. Le petit concert de cloches le dimanche matin est un pur enchantement. *Ding-a-ling-a-ling, ding-a-ling-a-ling !* Sons légers, libres, heureux. Et le bonheur de voir des jeunes et des moins jeunes se recueillir humblement, les mains croisées, le front posé sereinement sur les icônes. Cette ferveur spirituelle, joyeuse, portée par l'amour, est d'une intensité peu commune dans la tradition chrétienne en Occident. Le bannissement imposé à toute pratique religieuse pendant soixante-dix ans de communisme a profondément marqué le psychisme des Russes. Une jeune femme, Oksana, me raconte les larmes dans les yeux comment elle a pu enfin se faire baptiser en 1997.

Étape tout aussi importante, le musée d'Histoire militaire, situé à la maison des Officiers, où le personnel, paraît-il, est parfois réticent à l'idée de laisser pénétrer des étrangers. À l'entrée, une brochette de quatre jeunes soldats suit mes pas. Une voix de matrone les agresse :

« Que voulez-vous ? Où est votre chef ?

— Nous voulons voir le musée, nous avons du temps libre. C'est possible ?

— Passez. Et vous ? »

Je me lance, devant un petit bout de femme aux lèvres fuchsia.

« Je viens de France. Je...

— Mireille Matthieu ! Je connais ses chansons par cœur ! »

Grâce à Mireille, j'ai droit à un billet d'entrée, à de jolies cartes postales et à une visite accompagnée. Katioucha a consacré toute sa vie à la culture. Officiellement à la retraite avec 937 roubles par mois (30 euros), elle exerce toujours, comme les trois quarts des retraités en Russie. Son salaire, de l'ordre de 60 euros, est un complément de revenus indispensable à sa survie. Impossible de comprendre d'où vient sa force de caractère.

Au rez-de-chaussée, j'ai la nausée : une exposition photographique à la gloire de l'armée au Daghestan et en Tchétchénie. Portraits de soldats titrés « Un authentique tankiste » ou encore « Dieu de la Guerre ». Plus loin, je médite devant des fragments du sous-marin *Koursk*, abîmé en mer de Barents en août 2000 avec cent dix-huit membres d'équipage à bord. Offerts depuis huit semaines, des objets gisent en tas, sans vitrine. Ils sont donc palpables : une torche, un tube néon, une cassette audio, un générateur, une clé. Rouillés et meurtris. Au-dessus des reliques, une image troublante du marin Nefedkov, brun aux yeux bleus, originaire de la région, disparu à l'âge de 20 ans. Recueillement. Au deuxième étage, où il n'y a personne, un hommage aux victimes de l'Afghanistan et de Grozny, « héros » nés en 1975 ou 1976, décorés à titre posthume – « Vous n'avez pas porté atteinte aux dynasties militaires ! » Ces soldats, à peine sortis de l'adolescence, sont déjà sous terre, sans savoir pourquoi... Un peu plus loin, une vitrine est consacrée à l'affaire Gary Powers, avec des fragments de l'avion espion américain U-2 abattu en 1960 dans la région. Vera, employée au musée, s'approche de moi et, la mémoire intacte, se met à raconter :

« C'était le 1er mai. Je m'en souviens très bien, car c'était la fête du Travail. Les villageois, croyant que le pilote était soviétique, voulaient lui offrir de la vodka ! Hi ! Hi ! Puis ils ont compris qu'il n'était pas des leurs ! »

Vera est originaire de l'ancienne Leningrad.

« Je suis une survivante du siège, dit-elle. Je ne peux pas parler de la Russie sans pleurer. »

À la sortie, Sergueï, le gardien du musée, me salue d'un baisemain. Katioucha s'emballe.

« J'aime les étrangers, ils sont merveilleux. Les Américains, les Allemands, les Chinois... Qui sait pourquoi nous étions ennemis. Ça, c'est notre gouvernement ! »

Son visage poupon, auréolé de boucles coquettes, est tendre. « Nous n'avons pas les moyens de venir vous voir. Cela nous fait donc plaisir que vous veniez », ajoute-t-elle.

Trois jours après mon arrivée, l'ennui me gagne. J'ai envie de faire de nouvelles rencontres, de pousser quelques portes et de dire bonjour. Après avoir assisté à *Casse-Noisette*, pour l'équivalent de 1,50 euro, aux côtés de nombreux enfants, retraités et cadets militaires, je me rends à l'université Gorki, situé juste en face du théâtre. À l'intérieur, une banderole porte le message suivant : « 1920-2004, université de l'Oural, notre maison ! » Plafonds hauts, marbre, symbole du marteau et de la faucille. Devant une grande glace dans le hall, des éclats de rire fusent : les étudiantes se refont une beauté, elles se coiffent et tirent sur leur minijupe, le regard espiègle... Je monte au premier étage, puis au deuxième, fascinée. C'est la fin des cours, les étudiants s'agitent à l'approche des examens, avec leurs livres sous les bras. Sur un mur, une affichette manuscrite : « Comment réussir ses examens ? "Étudier ! étudier ! étudier !" comme disait le grand-père Lénine ! » Plus loin, un cabinet : « Secrétariat des relations internationales ». J'entre timidement. Tatiana Stanislavovna, professeur, me reçoit. Je propose de parler aux étudiants de mon pays, de l'Europe... Elle accepte.

Le lendemain, à midi, je pénètre dans la salle n° 484. Une quarantaine d'étudiants russes me regardent, surpris. Je le suis, moi aussi ! Deux heures de questions et de réponses en russe et en anglais s'ensuivent. Elles sont simples au début. Ils demandent où j'habite, quels sont les plus beaux endroits à Paris, ce que les gens pensent des Russes, si l'on étudie l'histoire de la Russie, la musique que l'on écoute, dans quelle sorte de train je traverse la Sibérie, et si j'ai déjà fumé un joint dans ma vie. Puis, des questions auxquelles il est un peu plus difficile de répondre : « Que penses-tu de la volonté exprimée par la Turquie de rejoindre l'Union européenne ? » ; « Cela ne t'étonne-t-il pas qu'un pays civilisé comme la France ne parvienne pas à légiférer sur la drogue ? C'est un pays de grande culture pourtant » ; « Comment réagit la France dans le contexte de la lutte contre le terrorisme ? ». Je suis frappée par leur intelligence. Un tiers d'entre eux ont déjà voyagé et parlent bien l'anglais. Nous évoquons la France, admirée, et l'avenir de l'Europe. « La Russie dans l'Europe ? Pas possible. Nous avons des centaines de nationalités, de cultures, de traditions, ce serait très difficile à gérer ! » L'espace géopolitique aussi – « La notion Est-Ouest n'existe pas pour nous. » Un étudiant évoque aussi l'amour fraternel entre les Italiens et les Français : « Là-bas, en Italie, j'ai entendu : les Français sont nos cousins, mais ils sont très stupides ! »

À l'issue du cours, j'ai l'impression d'avoir transmis quelque chose, l'envie peut-être de partir, explorer et découvrir. Une étudiante, casquette vissée sur la tête, exprime sa gratitude : « C'est la première fois que l'on vient nous voir comme ça, *spassiba.* » Je demande leurs rêves. « Apprendre des langues ! Être diplomate ! Ouvrir une agence touristique ! Être cadre dans une organisation internationale ! »

Cette expérience me réjouit. Je poursuis.

Oh, un institut de théâtre ! À l'intérieur, à gauche, un bureau partiellement loué à une agence matrimoniale.

À droite, un stand de disques classiques et de variétés. Une demoiselle au visage gracieux songe devant une fenêtre, accablée par l'ennui. Elle s'appelle Maria, elle a de grands yeux verts en amande et des cheveux bruns bouclés, relevés en chignon. Romantique. Elle me parle de ce qu'elle aime.

« Ce que j'aime le plus au monde ? La nature... oui, la nature. Mais mon rêve, c'est d'être actrice de théâtre, dit-elle. Le problème, c'est que je n'ai plus vraiment l'âge, j'ai 31 ans. Mais je m'aperçois que j'aime la liberté... »

Je l'encourage à suivre des cours. Ses yeux brillent, à la fois d'ardeur et de désespoir. Elle pleure. Nous parlons un long moment, de rêves et d'avenir. C'est magique, les rencontres !

Plus loin, je pousse la porte du conservatoire Tchaïkovski. Sons envoûtants de saxophone, de piano et de cordes. Je monte furtivement au premier étage et pénètre dans un bureau. Viatcheslav, directeur adjoint du collège, homme séduisant au sourire ravageur, m'accueille d'un baisemain et me mène au bureau du directeur, Victor. Sur les murs, un personnage au regard de braise nous scrute et nous écoute. C'est Ludwig van Beethoven.

« Paris, ce n'est pas bien, c'est splendide ! » lance le directeur en ouvrant une boîte de chocolats.

De salle en salle, nous parcourons ensemble les étages, animés par des musiciens concentrés. Balalaïka, chant, jazz, musique classique... Le conservatoire est réputé, au troisième rang après Moscou et Saint-Pétersbourg. Quatre cents étudiants y sont inscrits et la demande est en augmentation constante. Il existe soixante candidatures pour une place en chant. Les jeunes entrent sur concours, l'enseignement est gratuit, une chose qui demeure inchangée depuis la fin de l'URSS. En l'an 2000, le personnel a réussi à retrouver le buste en pierre blanche de Tchaïkovski, jugé « bourgeois » pendant l'ère communiste et abandonné dans un vieux grenier à la campagne. Désormais, le compositeur du *Lac des cygnes* savoure des heures paisibles sous le ciel, face au conservatoire.

Ici, je me sens comme Alice au pays des merveilles. À chaque entrée, des étudiants improvisent un nouveau morceau. Anna Makarova, brune aux yeux clairs, propose de jouer un petit air qu'elle aime au piano : *Les Papillons* de Schumann. Son intensité est frappante. Les touches noires et blanches du clavier prennent leur envol sous ses mains fines et jolies. D'autres jeunes musiciens interprètent à leur tour un quatuor à cordes de Grieg, avec concentration et respect. Les professeurs, mus par la passion, finissent par laisser éclater leur talent, eux aussi. Ils chantent. Ils chantent ! Le directeur s'abandonne à la joie de jouer un air d'accordéon. Et tout cela se termine de manière prévisible – champagne, vodka, petits gâteaux – et aussi par de nombreux souvenirs échangés – cartes postales, livres, boîtes de chocolats. Il est notoire que l'hospitalité russe ne connaît pas de limites : elle emporte le voyageur dans un tourbillon vertigineux de bonté, d'alcool à 40° et de cornichons salés, dont il ne sort jamais indemne. Et plus la vie est rude, plus sa célébration est intense.

Peu avant mon départ, Viatcheslav me convie à la gare ferroviaire avec deux étudiantes âgées de 16 ans. Tous les mercredis, à l'heure du déjeuner, Katia et Katia donnent un concert de chants folkloriques, vêtues de longues robes traditionnelles éclatantes de couleurs. Leur prestation est gratuite, annoncée au micro, pour le plus grand plaisir des voyageurs. C'est un moment de grâce pour tous. Viatcheslav me confie qu'à l'époque de la Russie tsariste les ensembles vocaux se produisaient toujours en concert à la gare. S'ils recevaient l'approbation du public, ils avaient la possibilité de jouer en ville. Le cas échéant, ils étaient refoulés. C'est une des étymologies du terme *vokzal*, qui désigne la gare en russe, abréviation de *vokalnyi zal*, « salle vocale ».

« C'était fabuleux ! lance le professeur. Nous avons donc décidé de renouer avec cette belle tradition, voilà quatre ans. »

Je l'écoute sans quitter du regard les deux jeunes filles, unies par leurs voix de sopranos, leur être exalté par le souffle vif d'un accordéon tout proche. Autour de nous, des badauds se sont attroupés. Plusieurs babouchkas savourent ainsi la musique en tendant l'oreille par-dessus leur dos courbé. Elles paraissent revivre, comme rajeunies.

Je ferme les yeux en imaginant une scène mirifique : Borodine, Moussorgski, Tchaïkovski, Rimski-Korsakov, réunis dans ce hall. De jeunes compositeurs romantiques en train de patienter, billet dans la main, tout en fredonnant le thème de leur prochain opéra, ballet ou symphonie. J'imagine ensuite Tolstoï, dessinant les contours de ses personnages au hasard d'une promenade sur le quai. La gare comme lieu de création...

J'aurais aimé rester plus longtemps aux côtés de ces gens. Peut-être parce que la musique est un art qui porte l'âme vers des sphères élevées, pures, mystérieuses, inaccessibles autrement à l'homme. En Russie, c'est un art sacré – patrimoine oblige. Mais Novossibirsk m'attend, à plus de 1500 kilomètres, à encore un fuseau horaire. Je dois quitter ce monde de noblesse. Je demande à Viatcheslav quelle est la chose la plus importante à retenir de mon séjour à Iekaterinbourg.

« Qu'il n'y a pas de frontières. L'amitié et la bonté existent sans frontières. Tu en as touché le cœur ! »

Chapitre 3

TRAIN DE 19 HEURES 06 POUR NOVOSSIBIRSK, 3 335 KM

« DITES À LA FRANCE que je l'aime. » Ces quelques paroles viennent de Slava, la cinquantaine, qui travaille dans un laboratoire photographique à Iekaterinbourg. Il est l'oncle de ma nouvelle amie Marie. J'ai promis de lui rendre visite avant mon départ pour Novossibirsk dans quelques heures. De petite taille, les yeux célestes et la moustache touffue, il s'épanche sur la France qu'il a visitée une seule fois dans sa vie, en 1992.

« En 1957, quand j'étais encore à l'école, j'ai découvert *Les Trois Mousquetaires* d'Alexandre Dumas, dit-il dans un excellent français. J'ai alors compris quatre choses : je voulais apprendre l'escrime, l'équitation, le tir... et la langue de votre pays ! »

Sa moustache frétille. Il confie qu'il aime la France plus que la Russie. Il lui est toutefois difficile d'envisager un nouveau voyage avec l'équivalent de 250 euros de salaire mensuel. Il faudrait pouvoir disposer de 1 000 euros. « Paris devra attendre un peu », dit-il avec humilité. Nous nous serrons la main avec chaleur, l'une appuyée dans l'autre, la main gauche au-dessus, souple et tendre. Nous ne nous reverrons pas et, pourtant, cette brève rencontre, réalisée à l'ombre d'un peuplier argenté, revêt déjà un caractère éternel. Je le quitte sans me retourner. J'emprunte l'avenue Lénine, puis la rue Sverdlovsk. Je traverse la ville à nouveau dans la chaleur et la poussière avant de rejoindre la gare quarante minutes plus tard. Mes poches sont lourdes, emplies d'images dédicacées, de petits livres, de peluches, autant de *talismantchiki* pour me protéger au cours du périple. De la nourriture aussi – sacs de noix, fromage, fruits et pain noir. Le personnel de l'hôtel Bolchoï Oural s'est assuré que je ne meure pas de faim.

À la gare, somptueuse, propre et parfaitement restaurée, j'obtiens mon billet sans difficulté. Je prendrai cette fois-ci un train différent, le « Sibiriak » – le Sibérien ! Je patiente dans la salle d'attente, semblable à une salle de bal. Six fresques ornent ses plafonds, ainsi que trois lustres géants de 3 mètres de diamètre. Ses murs sont recouverts de marbre, et pas un seul papier ne jonche le sol. Les voyageurs sont tranquillement assis. J'aperçois des visages différents, de provenance exotique : du Kazakhstan, du Tadjikistan, et puis... Ciel ! Gengis Khan et les hordes mongoles ! Devant moi se tient un homme au visage plat, les joues rebondies, la peau rôtie et des yeux noirs perçants, comme des raisins mouillés de Samarcande. C'est la première fois que j'aperçois un Mongol. Gengis Khan a soif : il descend goulûment une grande bouteille de Coca-Cola, la gorge épaisse et le ventre rond comme une citrouille. Il est accompagné de sa femme et de ses trois fils. À leurs côtés, des cabas noirs en polyester emplis de marchandises. Beaucoup d'étrangers de l'ex-URSS achètent des produits en Russie pour les revendre chez eux. C'est un commerce éprouvant, en raison des nombreux contrôles des patrouilles du ministère de l'Intérieur. Aujourd'hui ils sont là, six à sept hommes MVD et OMON (une unité spéciale de la police) en tenue de combat. Aucun ne demande mes papiers. Ils s'adressent principalement aux *Tchiornyé*, aux « Noirs ».

Dans la salle, des femmes nettoient consciencieusement le sol, déjà impeccable, en maillot blanc, salopette bleue et gants jaunes, sur un air d'Yves Montand, *Sous le ciel de Paris*, entonné par une radio nostalgique. Des Russes s'agglutinent devant un kiosque qui vend des icônes. Plusieurs personnes lisent le quotidien gratuit *Goudok*, créé en 1917, disponible dans toutes les gares ; ancien porte-voix du parti communiste, avec le symbole du marteau et de la faucille toujours présent, la publication, tirée à 240 000 exemplaires, consacre toute sa première page du 27 mai à Vladimir Poutine : « Message du président de la Fédération de Russie à la Chambre fédérale ». Le discours est reproduit dans son intégralité...

À 19 heures 30, j'aperçois le « Sibiriak », voie 8. Sublime. Une étoile rouge décore l'avant d'un long dragon vert et jaune. L'intérieur du train est pittoresque : murs en contreplaqué, rideaux bleus et jaunes, tapis marine bariolé et, bien sûr, les fabuleuses tasses à thé gainées de métal argenté. « Le “Sibiriak” : le train de vos rêves ! » lance allégrement une affichette dans le couloir. Même les « toilettes bio » sont accueillantes – lierre et fleurs violettes pour les voyageurs qui s'y empressent avec soulagement.

Igor Grigorievitch, le responsable de wagon, me dirige vers le compartiment n° 6. À l'intérieur, un homme âgé s'incline. Des cheveux neige ornent un grand crâne surmonté de lunettes épaisses à monture ancienne. Il est artiste peintre, son nom est Piotr. À ses pieds, des chaussures de sport à la mode, offertes par sa fille. « Elle travaille dans une compagnie pétrolière à Moscou ! » L'artiste voyage avec sa femme Tatiana, institutrice à la retraite, et leur petite-fille de 9 ans, Marina. Sur la tablette, ornée d'un napperon bleu en coton, un modeste banquet attend l'offensive : poisson, lard, sardines, poulet, tomates, concombre, poires, pain noir et chocolat. Je passerai les prochaines vingt-deux heures à satisfaire essentiellement les demandes de mon estomac.

« *Kouchaï, kouchaï !* insiste Tatiana. Mange, Mange ! Tu es notre invitée. Piotr, va faire le thé ! »

C'est que le sac géant de Tatiana regorge de provisions, de quoi nourrir un bataillon en guerre pour dix semaines. Impossible de fuir la générosité des Russes. S'il ne leur reste qu'un croûton de pain ou qu'une goutte de vodka, ils vous l'offrent.

« Quelle belle table ! fais-je, confuse.

— Ça ? Ce n'est rien ! Je vous aurais montré mieux à la maison. »

La petite Marina, espiègle, me regarde, fascinée.

« C'est grand Paris ? Elle est vraiment grande la tour Eiffel ? »

Elle me tend son magazine préféré, *Yes*, consacré aux célébrités de *Fabrika Zviozda*. Plus tard, nous évoquerons la une du journal *Goudok*.

« C'est juste une déclaration, vous ne croyez pas ? dit Piotr. Ma vie n'a pas changé en quatre ans. » Au contraire, ils veulent maintenant supprimer les avantages sociaux. Au lieu de 50 % de réduction dans les transports, j'aurai droit à une somme de 800 roubles. C'est dur, je ne pourrai plus me déplacer comme avant pour voir ma famille. Ce que je regrette le plus, c'est le manque de stabilité. Vous comprenez, avant, en URSS on nous disait qu'il n'y avait pas de souci à se faire, il y avait la sécurité de l'emploi. Je m'inquiète beaucoup pour Marina lorsqu'elle sera grande ; il faudra trouver de l'argent pour financer ses études...

Nous refaisons le monde longtemps, dans la douce pénombre, en buvant du thé fumant, bercés par le rythme saccadé et lyrique des roues sur les rails. Taratataa... Taratataa... Rapide, tel un *presto* dans un mouvement de sonate, *appassionato*, régulièrement *allegro*, joyeux et vivant, puis *poco andante*, modéré, mais pas trop ! Taraa... taraa... taraa... Mon corps est comme une pâte qui se moule dans les entrailles du train ; tour à tour bercé, remué, secoué, il s'adapte tant bien que mal à la vitesse et au bruit de ferraillement. Vers 1 heure du matin, Igor Grigorievitch nous apporte le linge de lit.

« Cela fait 49 roubles. *Spakoïnoï notchi !* Bonne nuit ! »

C'est sans conteste la partie du voyage la plus agréable : déplier les draps propres et se coucher dans sa petite maison en mouvement continu. Un étranger m'a fait remarquer à juste titre que si le train s'arrête de bouger, le voyageur devient fou, capable de tuer. Hum !

Dans la nuit, nous traversons la ville de Sibir', + 2 102 km. Sibir' ! Ça y est. Chère Sibérie, te voici, enfin... Que de temps passé à rêver de toi, de notre rencontre, ô Sibérie !

Pour ceux qui sont adeptes du footing et qui apprécient les grands espaces, la Sibérie présente un intérêt non négligeable : la terre s'étend de l'Oural à l'océan Pacifique et couvre plus de 12 millions de kilomètres carrés, soit les deux tiers de la Fédération de Russie. C'est un véritable pays au sein de la Russie. Incorporée à l'État russe depuis près de trois siècles, elle est souvent subdivisée en trois grandes régions : la Sibérie occidentale (2 427 000 kilomètres carrés), la Sibérie orientale (4 122 000 kilomètres carrés) et les territoires d'Extrême-Orient (plus de 6 millions de kilomètres carrés) ; elle compte 32 millions d'habitants, dont 1,5 million d'autochtones qui proviennent d'une myriade d'ethnies très diverses. Les peuples les plus minoritaires, présents depuis des millénaires et aujourd'hui menacés d'extinction, sont désignés par l'expression générique de « petits peuples du Nord[11] ». En outre, la Sibérie reste l'une des régions les plus faiblement peuplées au monde (3 habitants au kilomètre carré), mais du Grand Nord aux steppes du Sud et jusqu'en Extrême-Orient, elle offre une richesse de langues, de cultures et de traditions exceptionnelle. Il ne faut donc pas avoir peur de chausser ses bottes...

Notre traversée nocturne se poursuit vers Tioumen, ville doyenne, construite en 1586. Mes pensées se tournent vers les centaines de milliers, les millions de bagnards et de prisonniers politiques qui traversèrent enchaînés cet ancien camp de transit aux XIXe et XXe siècles, condamnés à l'exil, aux travaux forcés, à la servitude et à l'humiliation. Slavomir Rawicz, officier polonais arrêté par les Soviétiques en 1939, fait partie de ceux qui ont pu revenir du *laguer'* (« camp », en russe) et témoigner sur la déportation ; embarqué en novembre 1940 dans un convoi de wagons à bestiaux avec quatre mille autres détenus en direction de la Sibérie, il décrit ainsi son expérience : « Cette première partie de notre voyage vers l'est tourna bientôt au cauchemar. Nous demeurâmes enfermés toute la nuit et tout le jour suivant. Nous n'avions bien entendu rien qui ressemblât de près ou de loin à des lieux d'aisance et les hommes, incapables qu'ils étaient de se déplacer, se soulageaient debout. L'atmosphère était infecte, irrespirable. Quand le convoi stoppait à un signal, les hommes réclamaient à grands cris de la nourriture et de l'eau. Alors, les gardes parcouraient toute la longueur du train au pas de course et, frappant à coups de crosse sur les wagons, réclamaient le silence et promettaient que nous pourrions bientôt nous dégourdir les jambes. Ceux qui étaient contre la paroi extérieure souffraient terriblement du froid[12]. » Le train mettra près d'un mois à atteindre Irkoutsk. Rawicz effectuera ensuite 1500 kilomètres vers le nord à pied, par -30 °C en rase campagne, en compagnie de ceux qui survécurent au voyage. Destination : le camp de travail 303, en pleine forêt, à quelques centaines de kilomètres de la ville de Iakoutsk. Il parviendra à s'évader avec une poignée de codétenus. Des millions d'autres, citoyens étrangers et Russes – soldats, ouvriers, enseignants, scientifiques, juristes, économistes, historiens, religieux, artistes, écrivains, poètes… – mourront dans le silence des centaines de camps présents sur l'ensemble du territoire. Évadé et champion de la liberté, Slavomir Rawicz est décédé en Angleterre le 5 avril 2004, à l'âge de 88 ans, sans être jamais retourné dans sa patrie.

Je ne parviens plus du tout à trouver le sommeil, obsédée désormais par les nouveaux espaces que nous parcourons.

Le 29 mai, en fin de matinée, le train marque une halte de quarante-cinq minutes à Omsk. Le temps d'étirer les membres, enfin. Le soleil brille ; il fait 28 °C. Je ne m'éloigne pas du train. Le gaillard peut repartir sans avertissement, sans coup de sifflet. Ce n'est guère le moment de laisser mes affaires voyager seules à travers le pays. Sur le quai, les passagers se ruent sur les bières et les crèmes glacées. Au retour, je pose sur la tablette de l'eau et des beignets. Piotr me tend une glace à déguster : « Tu es notre invitée ! »

Des femmes imposantes passent dans notre compartiment pour vendre des châles en laine, des gants en mohair et des chapkas de vison. Il fait une chaleur torride, mais déjà on pense à l'hiver. Elles s'installent comme en famille, près de nous sur la banquette, et cacardent gaiement comme des oies. « C'est de la bonne qualité, regardez ! » Notre conversation est soudain interrompue par des cris et des hurlements sur le quai. Une altercation a éclaté entre un jeune Russe et un Kazakh. Ils se donnent des coups avant d'être séparés par la police.

« Eux aussi vont s'en prendre au Kazakh, regrette Tatiana. La question nationale... C'est terrible. »

Peu après, le train se remet en marche avec fougue. Pendant plus de 600 kilomètres nous traversons des terres qui s'étendent vers l'infini, plates, ponctuées de nombreux *akolki*, îlots de bouleaux, entrecoupés d'étangs et de marécages. Cette zone s'appelle la steppe Baraba. Et vive Michel Strogoff, chevauchant la steppe plus rapide que l'éclair, animé par la justice, armé de courage face aux invasions barbares ! Je contemple fixement la campagne immobile, m'adonnant à des rêveries insensées, à de pures aventures qui sauraient m'arracher de la terre comme le héros de Jules Verne... C'est alors que Galina extrait à nouveau des produits de son sac magique. Mon rêve fait demi-tour. Je sors les raisins de Samarcande et le miel enchanteur de Krasnodar. Tarata-taa... Tarata-taa... Clic-clac. Le train file à toute allure, comme un cheval noir empressé.

En fin de journée, sous les rayons ardents du soleil, nous découvrons le fleuve Ob, l'un des plus longs de la planète, plus de 4 000 kilomètres de sa source dans les montagnes de l'Altaï jusqu'au golfe de l'Ob, dans l'océan Glacial Arctique. Calme et majestueux, bordé d'arbres feuillus par milliers. Le pont, de 30 mètres de haut, fait à nouveau au moins un kilomètre. Je blêmis à l'idée irrationnelle d'un déraillement, et de mon corps éjecté du wagon. Encore dix minutes, et nous arriverons à Novossibirsk. Tatiana emballe délicatement les provisions dans son sac, sort sa brosse à cheveux et son rouge à lèvres n° 88. Elle coiffe Marina de deux nattes coquines.

Les adieux à la sortie sont brefs. « Bonne chance ! » lancent mes compagnons. Igor Grigorievitch, notre contrôleur, en marcel et pantalon difforme, les joues piquetées de barbe, cigarette aux lèvres, a eu le temps de terminer son roman policier juste après Omsk, où Dostoïevski fit quatre ans de travaux forcés, intitulé *La Salope bien-aimée*.

***

Novossibirsk, à 3 335 kilomètres et 3 fuseaux horaires de Moscou ! Fondée en 1893 avec le développement du Transsibérien, elle est la ville la plus peuplée de Sibérie, avec 2,6 millions d'habitants. Pour gagner Moscou, il faut compter quatre heures d'avion. Paris est moins éloignée qu'elle de la capitale russe, et nous ne sommes qu'au tiers du voyage. Je commence à me sentir désorientée, car tous raisonnent en fonction de l'heure moscovite, *moskovskoyé vremya*, souvent précisée à la radio. Et, dans les gares, les horloges affichent l'heure de la capitale.

J'emprunte la rue Lénine, longue de 2 kilomètres, avant d'arriver à la place de l'Opéra, dominée par le père de la révolution bolchevique, colossal et effrayant. En face de lui, une publicité géante pour une compagnie de télécommunications : « Mégaphone, l'avenir dépend de vous ». Plus loin, une autre affiche, pour de la bière russe, clame : « Sibérie, le plus grand pays du monde ». La température dépasse 30 °C. Je traverse la rue Sovietskaya, arpentée par des berlines luxueuses. À l'angle, de nombreuses babouchkas solitaires proposent des légumes et des fruits du jardin. À l'hôtel Tsentralnaya, c'est l'échec et un certain mépris : « Sans réservation, on ne peut pas vous aider. » Les autres établissements sont très chers. Je suis épuisée. Il est presque 20 heures et je ne sais pas où dormir. J'arrête alors une Lada et décide de me rendre avec Andreï à Akademgorodok, à 40 kilomètres au sud.

« Que faisons-nous s'il n'y a pas de place ? demande-t-il.

— Il n'y aura pas de problème », dis-je, angoissée.

Sur la route, beaucoup de monde, des voitures russes et japonaises. Andreï me dit que les véhicules européens sont d'un entretien coûteux, et peu résistants compte tenu de l'état des routes et du climat de la Russie. On se sent en effet un peu comme sur des montagnes russes. À droite, le fleuve Ob nous accompagne, beau et reposant, dans les dernières lueurs du couchant. Nous finissons par gagner Akademgorodok, ville scientifique de renommée internationale, un Cambridge miniature au cœur de la forêt, qui rassemblent les meilleurs chercheurs du pays.

Ici, les gens se rendent le plus souvent au travail à pied. On respire le parfum enivrant de conifères vigoureux, et l'on entend le chant salutaire des oiseaux dans les bouleaux. Ici, le voyageur ressuscite ! Je parviens à trouver une chambre pour la nuit à l'hôtel Zolotaya Dolina, au quatrième étage. Dans l'ascenseur étroit, deux Russes sympathiques de 2,10 mètres me dévisagent ; ce sont des joueurs de basket-ball professionnels, de l'équipe Novossibirsk. Je devine leurs pensées amicales. Mais ce n'est guère le moment de me fracasser le dos et les tendons dans une partie de sport franco-sibérienne. *Next time !* Ma chambre, confortable, a vue sur les arbres, et dispose d'une douche, sans eau chaude.

Le matin suivant, je me rends à l'université dans l'espoir de trouver une solution d'hébergement moins onéreuse. Je fais la connaissance du recteur, Natalia, professeur de chimie organique. Accueil byzantin, avec thé, gâteaux et boîte de chocolats. « Notre vie n'est pas facile ici, dit-elle, mais nous espérons conserver l'essentiel : le trait du caractère russe ! »

Evguéni nous rejoint, mathématicien et responsable administratif. Celui-ci me propose un programme alléchant : quatre jours dans un camp de vacances pour enfants, dans le cadre d'un projet culturel soutenu par l'UNESCO, le Forum international de la jeunesse et de la création. Nous effectuons ainsi une soixantaine de kilomètres sur des routes à quatre voies, sans démarcation. J'ai un peu peur. Mais tout est si splendide, si vierge ; pas un seul panneau. Autour de nous, des plaines illimitées vert mousse, des forêts de bouleaux et des champs sans habitations, libres… Plus tard, Alexandre, trompettiste de passage, me dira : « Ici, tu peux jeter ton passeport, il n'y a pas de limites, pas de propriété privée, tout ceci appartient à tout le monde… Les Nouveaux Russes ne sont pas intéressés par cet endroit, ils vont à Chypre, pas en Sibérie. Ils s'éloignent de Dieu et de la nature, puis ils se remettent de leurs infarctus dans les hôpitaux ! »

Lorsque nous approchons du camp Balouch, j'aperçois des enfants sur des balançoires en pneus parmi les arbres. Le soleil caresse leurs mines adorables. À quelques mètres, un homme petit et gros nous salue près de sa voiture.

« De Suisse, précise-t-il. Toutes options, plus discothèque à l'intérieur. Écoutez ! Il lève le doigt, et met à plein volume de la musique pop russe. Je suis directeur général », poursuit-il, mains sur les hanches.

Il me tend fièrement sa carte de visite. Il s'appelle Alexeï.

« Il faut que vous ouvriez un bureau à Novossibirsk, dit-il. La France et la Russie sont amies. On se connaît, on s'aime, on parle la même langue… Et le plus important, c'est que nos âmes chantent ensemble ! Notre Catherine de Russie a fréquenté votre Voltaire. Bon, il y a eu l'épisode Napoléon, mais… ha ! ha ! c'est oublié ! »

Je lui demande son rêve.

« Mon rêve ? Que tout le monde soit heureux et en bonne santé. Je suis allé “là-bas” deux fois, dit-il en montrant une cicatrice proche de son cœur, et j'en suis revenu, je sais de quoi je parle. »

Il monte le son dans sa voiture et improvise une danse sur le chant d'un groupe à la mode, ViaGra, avec un verre de merlot à la main. Beïbit, l'organisateur du forum, nous rejoint. Originaire du Kazakhstan, il joue du trombone à l'opéra. Il m'apprend mes premiers mots kazakhs – *rakhmet*, merci –, en fêtant notre rencontre avec de la vodka et des chansons à la guitare. Evguéni est son meilleur ami depuis l'enfance, preuve que l'amitié entre les peuples existe et perdure en Russie. Cette amitié, il tient à la cultiver dans ce domaine, où il a invité quatre cents enfants de 5 à 17 ans, en provenance de toute la Sibérie, mais aussi du Kazakhstan, d'Arménie, d'Azerbaïdjan, d'Angola... Ils préparent un festival de costumes et de danses, qui sera monté au palais de la Culture dans quelques jours. Des Chinois, des Indiens sont présents aussi.

« Des petits Français étaient conviés, mais leurs parents ont eu peur de les lâcher en Sibérie, raconte Beïbit. Les Israéliens, eux, craignaient que les avions au départ de l'Ukraine ne s'écrasent, et les Polonais étaient convaincus que leurs enfants seraient condamnés à la famine et aux travaux forcés sur le chemin de fer ! »

Je fais mes premiers pas et rencontre Vika, 9 ans, et ses amies Ira, Katia, Ioulia, Christina... Elles ont du mal à croire que je suis venue de France jusqu'en Sibérie. « C'est vrai ? » Elles me touchent le bras, les cheveux, me palpent les mains. Jamais je ne me serais attendue à une telle fascination. Oh ! qui est-ce plus loin ? Un Indien de Sibérie ! Il s'appelle Dakota. Longs cheveux noirs, des yeux de charbon, un nez fort, bossu, la peau brune tatouée, il vient du Grand Nord et chante des chansons de chamans. Il m'apprend à serrer la main à l'indienne. Je reste sans voix. Un Indien ! Je l'embrasse... Un Africain s'approche de moi. Originaire du Bénin, Gabriel est le premier professeur noir à enseigner à l'université de Moscou. Son rire est tintamarresque. Nous entamons d'emblée deux bouteilles de vodka avec son chauffeur, Vladimir. Gabriel propose un toast :

« À la Russie ! Ce pays m'a tout donné : de l'éducation, des amis, une femme. Ce peuple est invincible, malgré toutes les guerres et les révolutions. C'est le peuple le plus aimable que je connaisse. »

Je ne me souviens pas du reste. Malade après huit toasts, titubante, je regagne ma cabane chaude au milieu des bouleaux élancés, entourée de calme et de belles pensées. Ces rencontres sont si spontanées qu'elles sont irréelles. Il ne manque plus que les ours. Boucle d'or aurait aimé.

Le lendemain, je me rends avec Dakota et Alexandre, ancien militaire, à une plage de sable fin, au bord de la « mer » Ob, en lisière de forêt. Elle est déserte, hantée par le fantôme du communisme : dans l'ombre d'un arbre gît un buste blanc de pionnier, abandonné. Sur l'eau, des toboggans, jadis entourés de vie, reposent moribonds et rouillés. Sur le sable clair et propre, des ombrelles de fer nues, fatiguées. Personne. Je regarde mes amis se baigner, amusée. Je meurs de chaud dans mon jean, sans maillot de bain. Un peu plus tard, sept jeunes filles nous rejoignent, d'un village proche. Elles ont entre 11 et 13 ans. Elles me regardent éberluées, comme si je venais d'une autre planète. Nous sympathisons. Je demande ce qui leur ferait plaisir.

« Partir d'ici, répond Anya.

— Il n'y a rien à faire ici, ajoute Christina. Ce n'est pas facile, ma mère gagne 1 000 roubles en tant qu'assistante médicale.

— Ma mère aussi ! » lance Ioulia.

Lorsque je demande si les garçons du voisinage sont aimables, elles répondent qu'il n'y en a pas. La « mer » pour ces filles est la seule source de distraction.

« Ma mère ne va jamais me croire quand je lui dirai que j'ai rencontré une étrangère, dit Christina.

— La mienne non plus... »

***

Quelques jours après, j'assiste au spectacle du Forum international de la jeunesse et de la création à Akademgorodok, et à l'excitation de ses participants.

« *Nié mojet byt' !* Ce n'est pas possible ! » Nadia, toute ronde et rigolote, explose de joie. À l'issue du défilé qui rassemble les plus belles créations de mode de Sibérie, elle vient d'obtenir la palme, et la possibilité de participer à un grand concours international. Après des années passées à fabriquer des baguettes pour les Chinois, elle s'est mise à confectionner des robes longues et des chapeaux couverts de marguerites, le tout en bois souple, grâce à la généreuse taïga. Et c'est le succès. Elle rêve de la France et prononce ces mots comme un aveu d'amour :

« Celui qui rencontre un Indien de Sibérie aura chance et bonheur, celui qui rencontre une Française, deux fois plus ! »

Bises, vodka à flots, rires et larmes à gogo, danses sur le rythme endiablé d'un rock américain. Les Sibériens font à nouveau la fête, dans l'ancien camp de pionniers Balouch, à des kilomètres de toute civilisation. Les Moscovites m'avaient prévenue : « Ne va pas là-bas, c'est terrible, sale et dangereux. » Ils avaient réussi à semer le doute sur mon projet. Or je suis maintenant au tiers de mon parcours et n'ai rencontré que chaleur de la part de gens qui ne voient jamais d'étrangers. Je pense à Slava, croisé un an auparavant, dans le métro à Paris. S'il savait où je me trouve, s'il savait combien je pense à lui. Cher Slava... Ici, les rencontres et les séparations s'enchaînent, avec des étreintes et des larmes. Ce peuple aime la vie. Slava avait raison. Pas de regret.

Je quitte ce coin de paradis pour Novossibirsk. La veille, j'ai évoqué avec Beïbit et Evguéni le sentiment étrange d'appartenir à une famille. « C'est normal, en Russie c'est comme ça, c'est simple », disent-ils. Déjà, je redoute le départ et la solitude qui l'accompagne, inévitablement. Ce sont les moments les plus difficiles, où je tente de digérer les rencontres et de recharger mon cœur pour la suite.

Dans la terre, parmi les arbres et les maisons en bois, gisent des ballons de couleur jaune, rouge, bleu, vert, avec les inscriptions suivantes, écrites par les enfants de Sibérie et d'Asie centrale : « *Stchastiya !* Du bonheur ! *Oudatchi !* Du succès ! *Priviet iz Pavlodar !* Bonjour de Pavlodar ! Et de Tomsk ! *Lioubitiyé droug drouga...* Aimez-vous les uns les autres... »

Dans l'autocar qui nous mène, l'atmosphère est joyeuse, la musique populaire russe à plein volume, et les enfants chantent à pleins poumons. Alexandre, le chauffeur moustachu, et son fils Jenia nous racontent aussi des histoires. Nos regards se croisent, confiants, dans le rétroviseur, orné d'une queue de renard et d'un drapeau russe. Je pense à la suite du voyage... Je me sens curieusement moins seule maintenant. Je m'apprête à reprendre la route avec de jolis *talismantchiki* : cuillères en bois, barrettes, pendentifs, chocolats, ainsi qu'une photographie dédicacée de mini-Miss Kazakhstan, Zarina, âgée de 12 ans. Cette fois-ci, j'ai aussi une dizaine de filles adoptives en larmes prêtes à partir pour la France.

Lidia, organisatrice du forum, a tenu à ce que je sois accompagnée par une *ptitsa stchastiya*, un « oiseau du bonheur » en bois de la taïga d'un mètre de diamètre. Dakota, mon ami indien, a entouré mon poignet de poils de queue de cheval. Envie de changer de destination et de traverser le Grand Nord. Puis je songe à ma tendre mère, qui a sans doute fumé deux cartouches de cigarettes depuis mon départ et dévalisé le stock de boissons caféinées du supermarché local. Il faut rester raisonnable... pour l'heure !

Le 5 juin, je me dirige vers la gare ferroviaire, le dos et les bras lourds, la tête et le corps ravagés par les piqûres de moustiques. J'emporte à l'esprit des images plutôt positives de Novossibirsk, jadis surnommée la « ville grise ». La capitale de la Sibérie occidentale, décorée en 1982 de l'ordre de Lénine par l'ancien Soviet suprême, a reçu en 2004 l'« Olympe d'or » du président Poutine. La « meilleure ville » de Russie se développe à un rythme phénoménal – on y voit beaucoup de nouvelles constructions, de banques, de compagnies privées, de boutiques et de supérettes propres et bien approvisionnées, ainsi que de jolies plages aménagées au bord du fleuve Ob, des cafés en plein air, des cybercafés et de nouvelles églises.

J'ai de nouveau chaud, il fait 32 °C, et je ne suis toujours pas arrivée au bout de la rue Lénine... J'ai besoin de troquer mes bottines pour des chaussures plus légères. Dans les magasins, j'ai le choix entre des talons aiguilles et des mules couvertes de strass. L'avantage d'être en Sibérie, c'est que l'on ne me voit pas. Je décide donc de poursuivre mon périple avec les pieds qui brillent de mille feux !

Chapitre 4

TRAIN DE 14 HEURES 20 POUR KRASNOÏARSK, 4098 KM

VERS 16 H 30 HEURE LOCALE, j'atteins la gare de Novossibirsk, grande et d'une propreté remarquable. Dans la salle d'attente, devant moi, une trentaine de jeunes soldats démobilisés se reposent, allongés sur les sièges ou par terre sur des sacs kaki, leurs manteaux de laine couleur chocolat soigneusement enroulés dans les bretelles. Ils portent un ensemble vert militaire avec une grosse ceinture marron, sertie d'une boucle argentée frappée d'une étoile, du marteau et de la faucille. Leurs képis de coton aussi. Aux pieds, de grosses bottes noires impressionnantes. Je n'ose pas leur proposer mes mules à strass !

À 17 heures, le *skoryi poezd* (ou « train rapide ») n° 84 entre en gare. C'est une jolie bête jaune et vert bouteille. Des ouvriers secs, aux traits tirés, équipés de longs marteaux, vérifient consciencieusement l'état des roues en fonte noire. Depuis ma rencontre avec Kostia, dans le train Moscou/Iekaterinbourg, je prête davantage attention à leur labeur. Cette opération sur les bogies du train dure de longues minutes, et s'accompagne de sons pittoresques qui rappellent curieusement l'activité des maréchaux-ferrants d'autrefois. Je les observe, captivée par leurs gestes vigoureux… Ma nouvelle amie *provodnitsa* s'appelle Nina Konstantinovna. Elle a 45 ans, trois enfants, une jolie bouche nacrée emplie de dents en or.

« Mireille Matthieu ! » s'écrie-t-elle en contrôlant mes papiers. Elle porte ses jolis cheveux blonds relevés en chignon. Sa tenue est simple, une chemise de coton blanche sur une jupe grise, stricte. Elle me parle de son attachement pour le train. Nina effectue depuis sept ans le parcours Novossibirsk/Krasnoïarsk sans arrêt, des allers et retours dix jours en continu au cœur de la taïga. Puis repos de dix jours, et ainsi de suite.

Lorsque je pénètre dans mon compartiment, je découvre Valia, un visage d'ange sous des cheveux courts et le regard noir espiègle. Le contact est immédiat. Je l'envahis avec mes paquets, mon oiseau du bonheur, et tout et tout…

« Bonjour. Désolée… je viens de France !

— C'est une blague ?

— Eh, non ! »

Le train démarre tout doucement, comme s'il voulait préserver notre intimité. Nous ne remarquons d'ailleurs pas son mouvement, discret et gracieux ; déjà, nous jacassons sur nos vies respectives, comme deux poules dans un panier. Valia habite Touroukhansk, dans le Grand Nord, au bord du fleuve Ienisseï, huit mille habitants et une température agréable de -50 °C l'hiver.

Presque tout le monde y pratique la pêche ou la chasse dans la forêt pour subvenir à ses besoins. Elle travaille en qualité de responsable financier dans une entreprise pétrolière et s'est remise aux études à 40 ans. Elle vient de faire quatre heures d'avion – malgré la peur – et quinze heures de train afin de suivre une formation de gestion à Novossibirsk. Le courage incarné.

Par la fenêtre, parmi les sapins, les cèdres et les bouleaux, des fleurs jamais vues ! Elles sont rondes et d'un orange éclatant, comme de petites mandarines. On a envie de les croquer. Ce sont des *jarki* (« chauds » en russe). Elles n'existent qu'en Sibérie. Semblables à des renoncules, elles sont chatoyantes. Émerveillées, nous poursuivons notre discussion en entamant les provisions fournies par Nina dans un sachet rose : du jambon sous Cellophane des pays baltes, du fromage, une soupe en poudre Rassolnik, un jus d'orange Da ! et des petits-beurre *made in Kazakhstan*.

Vers 21 heures 30, nous marquons un arrêt à Taïga, coquette gare verte et blanche, récemment restaurée. Une jeune femme corpulente nous rejoint, accompagnée d'une fillette. Elle a les bras solides, les mains pâles, épaisses, avec des ongles larges légèrement noircis. Une paysanne. Ses cheveux noirs, attachés dans un chignon bas, brillent comme ses yeux ronds. Elle s'appelle Oksana. Je lui souris. Elle est effrayée. Je lui propose du chocolat.

« *Niet, spassiba.*

— Des petits-beurre ?

— *Niet, spassiba...* »

J'emploie alors les grands moyens. Je sors la carte du monde ! Nous passons ainsi des heures à contempler la Terre, à évoquer les pays, les mers et les océans. J'explique d'où je viens, où je vais... Macha, sa fille de 8 ans, la tête couverte de tresses, me pose une question troublante : « Y a-t-il des dauphins à Paris ? Y a-t-il des palmiers ? »

Je n'ose pas lui dire que non.

Je lui apprends ses premiers mots de français et d'anglais : « Bonjour, merci, au revoir, ça va, je t'aime, bonheur ».

« Jamais ma grand-mère ne me croira lorsque je lui dirai que j'ai rencontré une Française, dit-elle aussitôt d'un air triste. »

C'est l'aspect le plus étonnant et le plus inattendu de ce voyage. J'ai parfois l'impression d'établir un petit pont avec les Sibériens. Mais ce pont est fragile, car éphémère.

Après cinq tasses de thé et 2 kilos de pain et de saucisse rose, Oksana raconte comment Nina, notre contrôleuse, l'a prévenue de la présence d'une étrangère à bord. D'où son expression de terreur en pénétrant dans le compartiment. De longues minutes paisibles s'écoulent, notre attention captivée par la lisière de la forêt, les ramées innombrables qui veillent sur nous. La force silencieuse de la nature est source d'une réelle jouissance. Le mouvement est grâce, et le temps un être qui enveloppe le voyageur de quiétude, s'il sait l'écouter. Tarata-taaa... tarata-taaa... J'aperçois des paysages dont je ne soupçonnais pas l'existence : des centaines de milliers de conifères gigantesques, des mélèzes et des sapins épais, serrés les uns contre les autres, sur des montagnes basses. Un océan d'arbres vert impérial qui ondule jusqu'au bout de l'horizon, vers l'infini.

L'infini existe donc... La taïga, qui signifie « impénétrable » dans un dialecte local, est la reine de ce royaume noir et secret. Je suis subjuguée devant tant de grandeur, au point que mes yeux ne clignent plus. La Russie est le plus vaste pays forestier du monde ; elle compte 850 millions d'hectares. Plus d'un tiers de ses forêts sont vierges, mais l'activité humaine s'y développe à pas de géant.

« Tu as déjà vu un ours, Oksana ? (Clic-clac, cahot du train.)

— *Da, kaniechna !* Bien sûr, dit-elle, comme s'il s'agissait d'un chat. »

Vers minuit, après avoir respiré nos draps de coton bleus ornés d'orchidées, Oksana murmure : « Mon rêve, c'est de devenir coiffeuse. » Je l'encourage, et lui suggère d'ouvrir une pièce dans sa maison et d'inviter ses amies. Elle rit, pensive. Soudain, une lueur passe dans ses yeux : « Géraldinka, as-tu déjà essayé du lait de vache ? » Ce souvenir, je l'avais longtemps oublié, abonnée au lait industriel depuis trente ans. Oksana ouvre alors un sac, et sort une bouteille en plastique bleue, emplie du nectar blanc, tiède et dense : « C'est le lait d'Apriyelka ("Avril"), ma vache. Tu vas essayer du "vrai lait", *nastoyachtchee moloko*. De Sibérie ! Boris, le cochon, ce sera pour plus tard ! »

Le lendemain matin, le train s'arrête comme par enchantement au milieu de la taïga. Vingt, trente minutes peut-être, sans explication. Les portières s'ouvrent pour laisser pénétrer un puissant parfum de sève et de terre grasse. C'est alors que nous assistons avec d'autres passagers à une scène extraordinaire : Nina Konstantinovna enfile ses pantoufles et se précipite dans la taïga.

« Pour le bonheur ! lance-t-elle en me tendant, essoufflée, un grand bouquet de *jarki*.

— Vous n'auriez pas dû... Le train aurait pu repartir.

— Je suis libre dans un pays libre, je fais ce que je veux. Ha ! Ha ! C'est bien, tu ne trouves pas ?

— Quel beau geste, c'est fou...

— Tout est fou, dit-elle en allumant une cigarette. Moi aussi je suis une *aventiouristka* ! »

Vers 10 heures, nous entrons en gare de Krasnoïarsk. Deux heures de retard pour le train rapide. Il fait toujours chaud, 30 °C. Pas un souffle de vent. J'ai mal à la cheville gauche, enflée après avoir été croquée pendant la nuit par une bête sibérienne affamée cachée sous la couverture. Qu'elles croquent, qu'elles croquent, les petites bêtes russes !

Krasnoïarsk ! Nous voici donc à 4 098 kilomètres et 4 fuseaux horaires de Moscou, au bord du mythique fleuve Ienisseï, frontière naturelle entre la Sibérie occidentale et la Sibérie orientale. J'ai une petite pensée pour Kate Marsden, qui fit une halte ici, en 1891, avant de poursuivre sa route en luge et à cheval pour aller soigner les lépreux à Iakoutsk. Pas de Transsibérien à l'époque...

Krasnoïarsk ! C'est ici que les choses sérieuses commencent. Car le dépaysement est quasiment total. Dans cette ville d'un peu plus d'un million d'habitants, quelques enseignes occidentales, mais très peu de publicité. Aucune chaîne de restauration occidentale visible ; la plupart des jeunes se retrouvent dans les cafétérias, se divertissent en chantant des karaokés ou en allant au cinéma. Une habitante me confiera plus tard que dans les villages alentour les enfants ont faim, sans moyens de gagner la ville.

Je parcours les rues à la recherche d'un endroit où dormir, fascinée par l'architecture – mélange étonnant d'immeubles prérévolutionnaires aux couleurs tendres, de constructions soviétiques rouges et jaunes et d'édifices monolithiques staliniens, aussi impressionnants qu'effrayants. Le voyageur se sent intimidé devant ces monstres gris. Par ailleurs, les noms des rues sont restés les mêmes qu'autrefois…

Au petit hôtel Sever, bâtisse stalinienne rouge à immenses colonnades, c'est l'affolement. Le personnel n'a encore jamais vu d'étrangers ici.

« Qui êtes-vous ? Où est votre mari ? Il faut vous enregistrer à l'OVIR ! » À l'accueil, Maroussia Anatolievna, la cinquantaine, frôle la syncope, ses grosses boucles auburn raidissent sur sa tête dure, maquillée de rose. De ses doigts aux ongles nacrés, longs comme des fusées nucléaires, elle me tend trois questionnaires à remplir et attrape le téléphone. « Tamara, y'a une Française. Chambre 227 ! » Nadejda, 40 ans, rides plissées sur le front, terrorisée, arrive en renfort. La crise de Cuba de 1962, ce n'est rien à côté.

Au premier étage, Tamara, chignon noir sur la tête, ronde et généreuse dans une tunique noire, m'accueille.

« *Vah !* J'aime la France ! »

Soulagement, après des envies de meurtre au rez-de-chaussée. Je suis Tamara dans un long couloir aux plafonds hauts, orné de lustres en bronze des années 1940-1950, dont la moitié des ampoules est hors d'usage. La chambre n° 227 est simple, sans douche, toilettes ou téléphone, mais elle a un réfrigérateur et la sacro-sainte télévision. Tamara attrape l'oreiller, le frappe à la manière d'une paysanne qui massacre un coq à la hache, et vérifie le linge.

« Tu vas être bien ici, comme à la maison. On va te trouver un homme sibérien, nos *Sibiriaki* sont très bien ! »

J'aperçois alors un *Sibiriak* dans le couloir, le ventre à l'air, en pantalon et savates, le doigt dans l'oreille. Charmant.

Les salles de douche se trouvent au sous-sol, en dessous de grosses conduites d'eau rouillées, enrobées de tissus épais et de ficelle pour empêcher les fuites. Trois douches semblables à des chambres de torture fonctionnent *krouglosoutotchno*, « nuit et jour ». Je m'engouffre, ravie, en évitant d'imaginer ce qui a pu se passer dans cet immeuble sous Staline. Lorsque j'en ressors, j'aperçois un homme d'une trentaine d'années, qui chante seul à la cafétéria de l'hôtel. Ses bras sont musclés et hâlés.

Un travailleur ! Il se lance dans une interprétation du groupe Abba en karaoké. Puis il enchaîne aussitôt sur les Beatles, *Yesterday* et *Let It Be*. À 15 roubles la chanson, Iouri se dépense sans compter, s'époumone et emplit son ventre rondelet de bière russe. « J'ai eu une journée un peu difficile ! »

Au soir, je découvre la télévision régionale. La ville vient de fêter ses 376 ans. Images du carnaval, avec le maire à cheval, déguisé en commandant des troupes de la guerre de 1812. Images du marathon aussi, avec le maire en maillot blanc et casquette en train de s'essouffler en compagnie de ses fidèles collaborateurs. Enfin, images de l'inauguration de la nouvelle cathédrale, parrainée par les Chemins de fer russes, avec le maire, toujours. Les autres informations télévisées de la semaine donnent un bon aperçu de la vie courante ici : un riche entrepreneur retrouvé mort à son domicile, sans effraction ; une manifestation des syndicats d'enseignants, au salaire moyen de 5 000 roubles par mois (170 euros) ; une femme de 90 ans, vétéran de la « Grande Guerre », intoxiquée par une bouteille de ketchup offerte par la municipalité ; et un ours de trois mois trouvé dans les rues de Krasnoïarsk.

J'aimerais tant voir des ours… Et l'Ienisseï. Mon cœur n'attend pas. Le lendemain, j'emprunte la rue Djerzinski. L'homme qui a instauré la terreur en 1917 et qui rêvait, comme Lénine, de l'abolition du capitalisme se dresse tout droit en bronze, devant des boutiques américaines. Il ne bronche pas, stoïque. Je traverse la perspective de la Paix, me faufile entre les Lada, les Jigouli russes et les vieux bus soviétiques... Je poursuis ma route vers la rue de la Dictature-du-Prolétariat, bordée de nombreux peupliers. Puis je tourne à gauche, rue de la Dictature, qui comporte de nombreuses boutiques de mariage. Un nom de bon augure pour les couples. Voici le fleuve, « dont les lettres sont toutes en voyelles dans les mots croisés », s'enthousiasmera ma marraine. Mythique Ienisseï ! Il fait ici près de sept fois la largeur de la Seine à Paris. Majestueux, avec des milliers d'arbres puissants sur la rive. Je savoure aussi longtemps que possible la beauté du paysage sous un soleil chaud.

Oh ! un pêcheur ! Je descends vers le quai et l'observe un long moment. Il est impressionnant, robuste, en tenue militaire et baskets, l'attitude volontaire.

« Bonjour !

— *Dobryi dien* », répond-il en tirant une bouffée de cigarette et en soulevant sa casquette bleu marine.

Il a la bouille ronde et un sourire qui fait rebondir ses joues pleines. Sa voix grave, son ton, sa bonhomie, me rappellent Jean Gabin jeune. Un Jean Gabin russe. D'emblée, je me sens proche de lui. Et m'approche...

« Ça marche ?

— *Niétou*, on va réessayer », dit-il en agitant sa longue canne noire. Cigarette aux lèvres, genou droit mi-plié sur le bord du muret, l'index de la main gauche sur la manivelle du moulinet, il fixe longuement l'eau. Je lui demande s'il pratique souvent la pêche.

« Le week-end, c'est ce que j'aime le plus. *Rybalka !* La pêche ! L'eau, ça calme... »

Il s'appelle Volodia. Il a 45 ans. « Vous faites quoi ici ? » demande-t-il.

« Je voyage...

— C'est bien... Le peuple russe est simple, bon dans l'ensemble. »

Je lui demande ce qu'il pense de son pays.

« La Russie ? Je l'aime... dit-il d'un ton pénétré. Jamais je ne pourrais vivre ailleurs, même si c'est compliqué ici. Enfin. J'ai un travail, je vis, on essaie petit à petit de faire mieux, on vit au jour le jour. »

Soudain, sur le gros bateau *Mayak* tout proche, hurle le refrain familier d'un groupe populaire des années 1970-1980, *By the rivers of Babylon* de Boney M. Le volume est monté à la russe, c'est-à-dire sans limite, audible jusqu'au fond de l'univers. De quoi donner envie aux habitants des galaxies voisines de rejoindre la fête.

« Ça gêne peut-être le poisson ?

— Non ! Au contraire, il aime la musique, dit-il en se déhanchant. Il danse lui aussi ! Tu chantes, Géraldinka ? »

Prise au dépourvu par une question pourtant simple, je réponds par la négative. Ma voix trahit une vague tristesse. Après tout, personne ne chante à Paris ou à Londres.

« Dommage... Il faut chanter. Nous, on aime chanter tout le temps. Tu as remarqué le nombre de cafés avec karaoké ici ?

— Le tatouage sur votre bras gauche, c'est quoi ?

— Une feuille de vigne. J'aime la nature. Géraldinka, tu veux essayer la pêche ?

— Je ne peux pas, je vais pleurer !

— Non, c'est super ! Je me souviens de mon premier poisson pêché, dit-il en se frottant la poitrine ; j'avais 5 ans. Un tel bonheur ! Allez, essaie un coup. Approche. »

Volodia me tend sa canne, et m'apprend les premiers termes techniques : *oudotchka*, la canne ; *katouchka*, le moulinet ; *krioutchok*, l'hameçon ; *obman*, le leurre ; *sadouka*, le seau à vifs plongé dans l'eau, qui retient les petits *kharius* et *karas* prisés sur le marché. Les minutes passent, allégrement. Soudain un gros nuage noir s'immobilise au-dessus de nos têtes. Un orage éclate, le vent souffle à 80 kilomètres/heure et la température chute de 13 °C. Cette fois-ci, j'ai froid !

« *Nitchevo*, ce n'est rien, dit-il en me tendant un imperméable militaire avec capuchon. *Dojdik*, petite pluie. Ici on dit qu'il existe deux hivers : l'un blanc et l'autre vert. Regarde, c'est là que l'on reconnaît un vrai pêcheur, affirme-t-il en indiquant du doigt deux autres Russes fous qui résistent à la mini-tornade. Nous sommes quatre.

— La pluie ne gêne pas le poisson ?

— Le *kharius* n'aime pas beaucoup la pluie, mais le *karas*, lui, se réveille. Changement de pression atmosphérique, tu comprends ?

— *Da, kaniechna !* »

Ça y est, une prise. Volodia tourne rapidement la *katouchka*... La canne est tendue... Sur le bateau *Mayak* hurle à présent une autre chanson, *Venus*, du groupe britannique Bananarama.

Le petit poisson russe aime !

C'est un joli *kharius*. Volodia me montre les nageoires fines, brillantes. Le poisson perd son souffle. J'ai de la peine.

« Voilà ! Tu vois, on va le saler, le frire… Mmm, *vkousna*. C'est délicieux. »

Nous l'appelons Boris.

Volodia le place dans la *sadouka* emplie de bêtes argentées. Pause cigarette.

« *Vsio*. C'est bon. L'Ienisseï ne nous en donnera pas plus aujourd'hui ! » lance-t-il en dévoilant à nouveau son sourire en or.

Chapitre 5

VEDETTE DE 8 HEURES POUR IENISSEÏSK, 400 KM

HÔTEL SEVER, rue Lénine, 13 juin, 6 heures 57. Mon réveil russe n'a pas sonné ! Je me lève en vitesse. Le bateau part dans une heure. Je rassemble mes affaires et jette un regard par la fenêtre. Le ciel est dégagé : il va faire beau. Je tire la porte de la chambre n° 227 derrière moi. Dans le couloir, je croise Tamara, chignon noir toujours impeccable.

« *Poka*, Tamara ! Salut !

— Où vas-tu ? *Ty tchaï nié vypila !* Tu n'as pas bu ton thé !

— *Niet vrémeni*... Pas le temps... »

Je pars anxieuse. Depuis plusieurs jours, nous avons pris de belles habitudes : du thé et des gâteaux tous les soirs à l'étage avec le matriarcat de l'hôtel – Tamara, Valentina, Zoya et Galina. La crise de Cuba s'est finalement transformée en alliance amicale des peuples franco-sibériens.

Je cours. Pas un chat dehors. Je quitte la rue Lénine, arpente la rue Djerzinski, salue Félix... Je traverse l'avenue de la Paix (ancienne rue Staline), puis la rue Karl-Marx. À l'ombre d'un arbre, un jeune vétéran de 85 ans joue de l'accordéon ; sur son vieil instrument aux soufflets retenus par des pinces à linge, une étiquette : « À vendre ». J'emprunte la rue de la Dictature-du-Prolétariat, tourne à gauche à la rue de la Dictature... je marche tout droit... sous le pont, devant le musée d'histoire local... je vérifie l'heure. C'est juste, 7 heures 47. Je traverse la route, descends la pente vers l'Ienisseï. Calme et majestueux.

J'avais demandé un bon bateau.

Au port, Lioudmila, blonde et bien en chair, m'avait simplement répondu :

« On a la “Raketa” qui devrait partir dimanche matin. *Normalna.* »

Normalna, suivant le ton de la voix, peut signifier « super », « convenable » ou « passable ». Je finis par accepter, malgré l'incertitude. Ainsi soit-il. Il n'y a rien de plus atroce pour un étranger en Russie que de sentir qu'il ne maîtrise pas la situation. Au pire, cela crée un état de panique sans retour, fatal pour le cœur, plutôt pratique, puisqu'il ne subit pas l'épreuve à venir ; au mieux, un certain sens de l'humour pour le reste de ses jours. Rien ne fait davantage plaisir à un Russe « soviétique » doté de pouvoir que de voir un étranger perdre ses moyens. J'imaginai un quart de seconde ma dépouille transbahutée à travers la Sibérie. Pas très commode. J'ajoutai donc, ravie : « *Kharacho !* Bien ! » Lioudmila restait de marbre.

Le jour J, je découvre la « Raketa » en question : 12 mètres de long et 2 mètres de haut. Une boîte à sardines. Ça ? Sur l'Ienisseï ? Les Russes montent tranquillement à bord en file indienne, avec de lourds ballots sous les bras. Je n'ai pas le choix. Je pénètre dans l'embarcation. Une musique populaire claironne déjà. Sur le mur, une plaque indique : *Voskhod 2*, construit en 1986. Hum. Je tourne la tête et remarque une soixantaine de fauteuils en tissu couleur carotte. Des fauteuils d'avion ! Huit hublots. Je m'installe, au même niveau que l'eau. L'angoisse m'envahit. Soudain une voix masculine annonce à la radio :

« Sergueï, *poyérali*, on y va. »

Sergueï a de la chance. Il est le seul à porter un gilet de sauvetage. Pas de consignes : je tâte sous mon siège, rien. Une odeur de kérosène, et c'est parti, le long d'un bassin d'eau qui fait 2,6 millions de kilomètres carrés. L'Ienisseï – « grand fleuve » en langue évenke – est l'un des cours d'eau les plus longs du monde, 4 100 kilomètres à partir de sa source sur le plateau nord-ouest de la Mongolie. À son embouchure, dans l'océan Glacial Arctique, sa largeur atteint 300 kilomètres ! Pour gagner Ienisseïsk, nous avons plus de 400 kilomètres à parcourir. Je tente d'oublier mes craintes, éblouie par le spectacle que m'offre la nature. Le paysage change sans cesse : ormes et peupliers au feuillage foisonnant, îlots vert absinthe... Falaises escarpées et boisées de plus de 50 mètres de haut... Bancs plats couverts d'arbres vert pomme, et des milliers de bouleaux amoureux, que rien ne sépare... Sur la rive droite, de nombreuses habitations, charmantes isbas couleur chocolat, construites au début du XXe siècle. Je fonds dans un rêve. Des paysages somptueux, semblables à des tranches de forêt-noire défilent devant mes yeux. Des conifères sombres, surmontés de falaises crème, où se dressent des sapins titanesques. Des milliers de cathédrales naturelles, puissantes, enracinées dans un secret impénétrable et calme. Aucun film du cinéma mondial ne peut rivaliser avec celui qui défile sous mon regard… le plus beau spectacle du monde autour de cette petite coquille, qui baigne dans un lingot d'argent fondu… l'Ienisseï !

Mes yeux se ferment, mouillés, fatigués par tant de beauté. Je m'endors d'un sommeil profond… Trois heures plus tard, je me réveille, un torrent d'eau sur la tête, dans un fleuve qui a atteint au moins 2 kilomètres de largeur. J'ai l'impression d'être sur un radeau en pleine mer. J'aborde mon voisin :

« C'est un gros orage ?

— *Niet. Dojdik.* Petite pluie. »

Nous finissons par atteindre le modeste port d'Ienisseïsk, localité de vingt mille habitants, en milieu d'après-midi. Pas d'annonce radio. Je sors sur le ponton de bois, intriguée. Première surprise : des vaches rôdent au milieu de la ville. Je remarque aussi d'emblée beaucoup de papillons, un coq qui chante et des aigles noirs qui planent dans le ciel. Presque tous les édifices sont en bois, à l'exception de quelques bâtisses en pierre blanche et en brique, qui dépassent rarement un étage ; Ienisseïsk est une ville-musée avec de nombreux édifices anciens.

La vue des coupoles bleu-vert du monastère Spasso-Préobrajenski, bâti au XVIIe siècle, perché sur une colline solitaire, est un bonheur pour l'âme.

Je réussis à dénicher une chambre à l'hôtel Ienisseïsk, construction lugubre en brique rouge récente, à deux pas du port. Lidya m'accueille avec le regard d'Elizabeth Taylor.

« Vous êtes venue seule ? C'est bien, dit-elle en me tendant la clé de la chambre n° 11. »

Ma chambre est au premier étage, petite, avec un lit simple et des rideaux rose bonbon.

« Tu dois avoir faim. Viens avec moi. »

Dans la cuisine étroite, au rez-de-chaussée, Lidya concocte sur une vieille gazinière un bouillon fait de *pelmeny* (raviolis) et de coriandre. Tania, cliente de passage, ouvre le réfrigérateur et pousse un cri aigu.

« Mon poisson a disparu ! Quelqu'un a piqué mon poisson ! Il était dans du papier journal. Vous ne l'avez pas vu ? »

Elle nous rejoint à table. Tania habite Novyi Gorodok, un village de 400 âmes à 300 kilomètres au nord d'Ienisseïsk.

« Nous vivons grâce aux champignons, aux fruits des bois, à la pêche... J'ai une vache, trois veaux, et je cuis mon pain ! dit-elle, les yeux vifs. J'ai deux enfants à élever. La journée, je cours entre mon travail à l'administration locale, ma vache à traire et les enfants... et je trouve encore le temps d'aimer mon mari, et même de sourire ! »

Je lui demande comment elle envisage l'avenir. Elle évoque des conditions de vie difficiles. Son existence n'a pas changé depuis plusieurs années, mais elle continue d'espérer.

« C'est ce qu'il nous reste, dit-elle. L'espoir de voir nos enfants grandir normalement.

— Et l'âme russe dans tout ça ?

— *Doucha*, l'âme, est toujours là, sourit-elle.

— Que fais-tu ici, Géraldinka ? demande Lidya, hésitante. Travail ou tourisme ? Tu sais, en principe je dois appeler la milice, les prévenir, dire que l'on a une étrangère. La première question qu'ils posent alors, c'est : "Comment se conduit-elle ?" Tu ne te maquilles pas ? C'est bizarre pour une Française... »

***

À Ienisseïsk, dans les yeux de la population locale, en majorité âgée, je lis la misère. Beaucoup de personnes vendent des légumes et des fruits à l'angle des rues, et des enfants au regard inquiet font du vélo. Dans les petits commerces, on trouve des pâtes, des haricots, du riz, du sucre, vendus en vrac, au kilo. On trouve aussi du poisson et de la volaille. Le salaire mensuel moyen représente ici l'équivalent de 60 à 90 euros, parfois moins. Les retraités, eux, touchent l'équivalent de 30 à 50 euros. Nous sommes loin de la vie flamboyante des milliardaires et des multimillionnaires à Moscou. Et pourtant la patte moscovite est présente : un bureau politique est ouvert rue Lénine – Russie unie.

Pendant une semaine, je me restreins à un régime similaire à celui des habitants, 100 roubles par jour. Avec cette somme, j'achète le premier jour un pain, une bouteille d'eau, 200 grammes de jambon et autant de fromage. Le deuxième jour : un pain, un kilo de pommes, un jus de fruits et un sachet de gâteaux. Pour survivre, chacun cultive son lopin de terre derrière l'isba. On vit de pêche et de chasse aussi. Cela crée un sentiment d'incompréhension dans un territoire riche en ressources naturelles – pétrole, gaz, minerai, or et bois –, mais où le peuple est privé de cette manne. Presque toutes les usines (pain, viande, mécanique) ont fermé, l'aéroport aussi, depuis dix ans. Un orphelinat, ouvert en 1995, accueille une cinquantaine d'enfants. J'essaie de me rendre utile, en apportant des produits alimentaires aux uns et aux autres, et un modeste soutien moral.

Au cours de ce séjour, je rencontre des personnes différentes, des commerçants, des marins, des chasseurs aussi, à l'instar d'Ivan, la cinquantaine, un rougeaud baraqué comme un ours, qui part seul chaque année dans la taïga pendant trois mois, pour piéger les zibelines, les renards, les visons, les hermines et autres bêtes à fourrure. Il emporte peu de vivres : pain, sel, chocolat, saucisse, un flacon de vodka près du cœur. Le reste dépend de son talent. Je lui demande s'il a peur des ours.

« *Niet*, le plus grand danger dans la taïga, c'est l'homme armé. Je n'ai jamais tiré sur un ours. Nous avons un accord tacite : tu ne me touches pas et je ne te touche pas ! Si je me blesse, je frotte la plaie avec la terre de la taïga, c'est tout. »

La pensée d'Ivan rejoint celle de certains peuples chasseurs autochtones : en Sibérie, l'ours est souvent considéré comme un être sacré, rarement désigné par son nom ; on l'appelle « le grand-père », « le maître de la taïga » ou encore « le vieil homme de la forêt ». D'autres espèces d'animaux restent sacro-saintes : c'est le cas de l'aigle, du cygne, du hibou, de la cigogne, du tigre et du loup, considérés comme totémiques. Ivan estime le loup comme son égal, car il poursuit le même gibier.

Après m'avoir montré les tristes décombres d'un élevage de bêtes à fourrure qu'il a créé et dirigé pendant dix ans, il me mène en Jigouli dans la campagne, à travers des villages déserts, Aliyan, Bielaya Malaya, où d'anciennes fermes étatiques sont dispersées alentour, abandonnées, désertées. Devant les isbas, des piles de bois. Parfum d'hiver, dès le mois de juin.

« Il y a quinze ans, il faisait -40 °C pendant trois mois, raconte Ivan. Maintenant nous avons -40 °C une semaine, -30 °C le reste du temps. Ce n'est pas un vrai hiver. Bientôt nous ferons pousser des bananes ! »

Lorsque la neige et le froid s'abattent sur la région, Ivan s'habille d'une veste en cuir, sans gants. Il a porté une seule fois dans sa vie une peau lainée, « à contrecœur », précise-t-il. Nous poursuivons notre balade sur des routes de terre, à travers des sites naturels impressionnants où règnent des milliers, des centaines de milliers, des millions de papillons ! Nous marquons une pause dans la taïga. Le silence est total. Les grives sibériennes retiennent elles aussi leur souffle.

« La patrie, tu vois, c'est ça, dit Ivan. Ce n'est pas le gouvernement. Ce sont nos papillons, la taïga, les ours, le poisson, les fruits des bois... Les milliardaires, s'ils le pouvaient, ils vendraient leur mère. Vous avez la taïga en France ?

— Non.

— Oh ! c'est triste... Vous avez des moustiques ?

— Oui, mais ils ont moins d'appétit que les moustiques russes ! » dis-je en me couvrant de crème Tornado et Super Baïkal.

Ivan improvise un pique-nique sur le capot de sa petite auto et sort un grand couteau de chasse *made in USA*, un pain, une tablette de chocolat Pobiéda (« Victoire ») et une bouteille de champagne soviétique.

« *Na zdaroviyé !* Santé !

— Santé ! Oh, tu entends ?

— *Koukouchka koukouyet.* C'est juste le coucou qui chante ! »

De retour à Ienisseïsk, les bras et le cou enflés par les piqûres des petites bêtes russes, je médite au bord du fleuve. Tout près, à l'ombre d'un grand arbre, j'aperçois des aviateurs, vêtus de vestes kaki. Originaires de Magadan, dans le Nord-Est, et formés dans les meilleures écoles de pilotage en Ukraine, ces athlètes aux larges épaules combattent le feu dans la taïga. Des héros du ciel. Je montre ma carte à Edik, Sacha, Vlad, Volodia et leurs autres compagnons.

« *Malienkaya Frantsiya !* Elle est petite la France ! »

Ils posent le pouce sur le pays gaulois.

« On aimerait tant faire un vol autour de la tour Eiffel, en dessous aussi. Quel rêve !

— Et les ours ? Est-ce que vous en voyez ?

— *Da, kaniechna !* Ils atteignent parfois 3 mètres de haut, 400 kilos, et ils courent vite, jusqu'à 60 kilomètres/heure. »

Nous prenons un bus ensemble jusqu'aux abords de la ville. À l'aéroport, délabré, sans âme qui vive, ils me montrent leur appareil. Un joli bimoteur rouge et blanc de 1972, AN-26B, 20 mètres de long, sans ordinateur à bord – tout est manuel. Sur cet avion, ils font régulièrement 4 000, voire 5 000 kilomètres d'un point à un autre de la Russie, au-dessus des forêts meurtries par les incendies répétés de ces dix dernières années. En 2003, près de 24 millions d'hectares ont été perdus, une zone presque aussi grande que le Royaume-Uni. L'équipage s'apprête à partir cette fois-ci à Vladimir, près de Moscou. « Venez avec nous ! » J'ai bien envie de voler au-dessus de la taïga. Mais leur direction est à l'opposé de mon parcours...

À bord, outre les fusées destinées à provoquer la pluie, on trouve de la saucisse, du pain, des tomates, des concombres, de la mayonnaise et du café soluble. Nous cassons la croûte, à côté du *toplivenny bak* jaune qui contient 4 tonnes de kérosène. Près de moi, Alexandre, la cinquantaine, prépare le café sur une bonbonne de gaz. Je me sens défaillir. *« Normalna ! »* sourit-il. Alexandre, dans une autre vie, a guetté les Américains à partir de sous-marins nucléaires basés dans la péninsule du Kamtchatka, à l'extrémité orientale de la Russie. Il me montre les endroits à visiter sur les côtes du Pacifique, près de Vladivostok. « Mais ce sont des bases fermées aux femmes étrangères ! » me dit-il avec un clin d'œil.

***

Il est des lieux qui vous attirent comme un aimant. Le monastère Spasso-Préobrajenski, construit en 1628, est de ceux-là. Impossible pour le voyageur d'échapper à la clarté de ses douces coupoles. Au bout de la rue Khoudzinski, je décide de franchir son portail bleu en fer au haut d'une pente. À l'intérieur, une cour, de l'herbe qui pousse à l'état sauvage, comme dans le reste de la ville. Un homme barbu au loin déplace du bois. Je contourne l'église en pierre blanche délabrée. J'enjambe l'herbe haute et les orties vers une clôture. C'est alors qu'un jeune homme s'approche de moi, en pantalon de toile kaki et en bottes noires ; sous sa casquette, des cheveux châtains bouclés et une barbe courte, indisciplinée. Un personnage de Tolstoï. Ses yeux sont verts et aimables. Je le salue timidement, et lui demande l'autorisation de m'approcher de l'édifice.

« Entrez. Vous pouvez bien sûr regarder, dit-il en s'essuyant le front. Mais l'intérieur est fermé. Il faut une autorisation.

— Bien sûr, je comprends... Vous habitez ici ?

— Oui, au monastère. Ça fait trois mois. Avant j'étais à Moscou, je travaillais là-bas, je faisais du commerce. Puis j'en ai eu assez. Le rythme, tout, je suis venu ici... »

Émue par sa démarche, je peine à parler. Une mouche volette bruyamment près de moi.

« C'est courageux... Vous êtes nombreux ?

— Nous sommes douze environ. Là, vous voyez, dit-il en tendant le bras vers un jardin, c'est notre potager. Nous avons tout ce qu'il faut pour vivre : des pommes de terre, des carottes, des choux, des radis, des oignons... Tout pousse. Et les villageois nous apportent aussi des produits. »

Des larmes, que je ne parviens pas à contrôler, brouillent ma vue. Il sourit, touché. Confuse, je finis par lui demander ce qu'il apprécie le plus ici, à Ienisseïsk.

« Le calme. Travailler la terre.

— Et votre rêve, qu'est-ce ?

— Sans doute de mieux servir Dieu, de me débarrasser de tous les péchés, des passions... »

Après une brève halte à l'église, nous nous saluons. J'ai désespérément envie de parler une heure avec lui. Je le lui avoue.

« Oui... malheureusement, ici, tout est très strict, dit-il. Reposez-vous bien, les anges sont avec vous. Et ne vous promenez pas seule la nuit. »

Je reverrai Ossip chaque jour, cinq, dix minutes tout au plus, un temps cruellement court pour parler du monde et se comprendre. Il éprouve de l'amertume. « Ils ont tout détruit en Russie, tout... » Que répondre devant une telle douleur ? Devant l'abnégation et le courage moral d'un jeune homme qui a choisi de quitter une société qu'il ne juge pas sienne ? Je bredouille, désarmée.

Je fais la rencontre aussi de frère Pavel, ancien instructeur parachutiste. Les minutes s'écoulent comme des gouttes de pluie, rapides et intenses. Le 18 juin, je passe une dernière fois les voir, avec, outre des vivres, un présent, une humble trace de mon passage chez ces êtres affables. Nous nous asseyons dans l'herbe grasse, entourés de silence. Ossip examine les petits paquets multicolores que je lui tends, trouvés au marché le matin même, aux noms poétiques : *Climatis vitalba*, *Gipsofila snejinka*, *Mirabilis jalapa*, lupins, delphiniums et pétunias.

« Des fleurs ? *Spassiba*. C'est bien. Nous allons pouvoir les faire pousser, créer un jardin français ! Devant l'église, là-bas... »

Il tend le bras vers un parterre vierge.

Nous nous quittons cinq minutes plus tard. Ce jour-là, le soleil chaud ne parviendra pas à sécher mes larmes.

***

Au port d'Ienisseïsk, l'accueil est tout aussi aimable : Igor, Sergueï et Volodia, la trentaine, m'invitent un soir à « goûter » dans leur cabane sur l'eau vert anis : il y a là 4 kilos d'esturgeon qu'ils découpent devant moi de leurs grosses mains noires.

« Tu as faim ?

— *Da, kaniechna !* »

Odeur fraîche de sel et de poisson. À l'intérieur d'un local aux couleurs cézanniennes, une cuisinière à gaz, trois chaises en bois et une petite table blanche couverte de mets : une assiette d'esturgeon cru haché en morceaux, du pain blanc coupé en grosses tranches, 3 litres de bière Koupietcheskoyé de Sibérie, deux paquets de cigarettes Troïka et des croûtons de pain *kiriechki*. Un régime des plus diététique.

« Ha ! Tu as bien fait de venir, me lance Igor, petit et sec, semblable à un coureur cycliste. C'est ici que l'on trouve de vrais hommes. En Sibérie ! Mange ! »

J'attrape un bout de poisson cru sur la table. En priant le Ciel.

Quelle est la différence entre un Sibérien et un Moscovite ? Le sang de Volodia, blond aux yeux azur, le teint hâlé, ne fait qu'un tour.

Inquiète, je m'accroche à ma chaise.

« Les *Moskvitchi*, c'est des *khapougui*, des rapaces ! Nous, notre âme, elle est comme ça ! dit-il en écartant les bras, le sourire (et ses gencives) jusqu'aux oreilles. On peut leur casser la figure, dresser une armée entière contre eux. Eux, ils ne peuvent pas !

— On a tout ici, ajoute Igor. De l'or, du minerai, du pétrole, du bois... Nous leur donnons tout, ils vivent sur notre dos. Voyez, nous pêchons pour survivre. »

Je leur demande ce qu'ils aiment le plus au monde. Le regard de Sergueï, moustachu comme un ours, s'enflamme :

« *Rybalka !* La pêche ! La chasse... Mais seulement après avoir terminé la vodka.

— Combien ?

— Quand on part à plusieurs, on prend vingt bouteilles, dit Volodia en se curant les dents. Ha ! Ha ! Ça vous fait bizarre ? Vous ne buvez pas de vodka chez vous ? *Nado !* Il faut ! Quand il fait -40 °C, -50 °C ici on n'a pas le choix, dit-il en se frottant la poitrine. Ça réchauffe.

— On compte deux ou trois bouteilles par personne, ajoute Sergueï. Chez nous, c'est la norme. Et la chanson. On chante. Car la Russie sans la chanson, ce n'est plus la Russie ! Il fait froid chez vous ?

— Parfois -5 °C, rarement -10 °C l'hiver. Il arrive que le pays soit paralysé. »

Cela déclenche des éclats de rire.

« Chez nous, -5 °C c'est bon, on se promène sans chapka ! »

Touchée par l'accueil que m'ont réservé les marins d'Ienisseïsk, je propose une recette simple et abordable en souvenir, que j'avais aussi donnée aux moines. J'attrape papier et crayon, je dessine... Un grand plat, de bons ingrédients à l'intérieur... Une couche de pommes de terre, de l'ail, de la crème, un peu de fromage, beaucoup de lait...

« Voilà. C'est notre... gratin dauphinois !

— *Gratène dofinoua !* répète Volodia... *A gdié miassa ?* Où est la viande ? Il me faut de la viande ! » s'esclaffe-t-il en scotchant le dessin au-dessus de la gazinière.

***

« Vous n'avez pas de routes comme ça chez vous, hein, Géraldinka ? Ce sont nos routes russes ! Merveilleuses, non ? »

Je suis à l'intérieur d'un minibus Gazel sur la route entre Ienisseïsk et Krasnoïarsk. Le fameux bateau qui devait arriver vers 8 heures du matin à Ienisseïsk n'est jamais venu. « Vingt-quatre heures de retard », m'avait annoncé l'ami ours, alors que la veille il m'avait demandé d'être sur le ponton dès 7 heures. Pas de regrets. Je suis assise à l'avant du bus, entre le chauffeur, Igor, la cinquantaine, visage solaire, regard bleu plein de bonté, une Russe brune à couettes de 35 ans qui a bu beaucoup de gin-tonic, et une flopée de guêpes qui dansent sur la musique populaire russe qui défie Metallica, AC/DC et Jimi Hendrix réunis. J'ai les reins, le cœur et le foie qui sautent, mais sinon tout va bien. Insolation garantie : il fait 50 °C. À l'arrière du bus est assis un jeune chimiste, Volodia, admirateur de Jean-Paul Sartre. Il me demande de lui parler de l'œuvre de « Monsieur Sartre ». Bien sûr !

Nous avons près de 400 kilomètres à parcourir, à travers de grandes forêts, des plaines fertiles et boisées, des villages solitaires et de jolis champs de pommes de terre. De quoi refaire le monde. Dans une autre vie, Igor pilotait des bateaux sur l'Ienisseï, entre Krasnoïarsk et Doudinka, dans le Grand Nord, mais il a été licencié dans les années 1990. Et le fleuve lui manque. Je lui demande à quoi il pense lorsqu'il conduit à travers ces plaines.

« À rien... Je suis habitué à la beauté.

— Et qu'aimez-vous le plus au monde ?

— La pêche. Je sors de chez moi en pyjama pour y aller. Dès 4 heures du matin ! Et le *bania*, le sauna russe, c'est si bon, je me sens un autre homme. C'est encore mieux quand il y a la neige. Tu la frottes sur le corps... C'est une telle émotion. Aaaah ! »

Après cinq heures de route et de concert russe à 75 000 watts, nous approchons de la banlieue de Krasnoïarsk. La vue est impressionnante à 180 degrés. Mille datchas ponctuent les étendues et, plus loin, des dizaines, non, des centaines de grues se dressent comme des dragons... Ici, comme à Novossibirsk et Iekaterinbourg, on assiste à un véritable boom immobilier. De nouvelles habitations, pour une nouvelle Russie.

À l'arrivée, nous faisons une pause brochettes au bord de l'Ienisseï. La musique est à nouveau présente, à plein volume, avec des paroles en français cette fois-ci : « Mon ami, Mon amour ! Bel ami, bel amour ! Bel ami, c'est la vie ! Bel ami, c'est l'amour ! » Igor sort un sachet en plastique bleu.

« Tenez, c'est pour vous protéger des mauvais esprits jusqu'à Vladivostok, dit-il. J'en ai deux, je les ai déjà fait bénir. »

C'est une icône, la Vierge de Kazan.

Étreinte.

« N'oublie pas de dire bonjour à la France ! »

Vers 17 heures, je regagne l'hôtel Sever où le matriarcat est rassemblé : Valia, Tamara, Natacha, Galina, Lioubov et toute la clique. Tamara, chignon noir toujours impeccable, lèvres roses pimpantes, me prend en charge et prépare à manger dans son bureau étroit. C'est notre dernier repas ensemble.

« *Kouchaï !* Mange ! Sinon tu deviendras maigre comme une balalaïka. Et n'oublie pas, Géraldinka, on tient un homme aussi par l'estomac. »

La table est couverte d'un simple napperon rouge.

« *Biedno, no poust' boudiet krassivo.* C'est bien pauvre, mais il faut que ce soit beau. »

Dans plusieurs coupelles sont disposés des légumes frais de son jardin, des blinis et des brioches moelleuses, fourrées au *tvorog*, fromage blanc sucré. Régulièrement, les clients de l'hôtel, principalement des hommes, passent demander qui un fer à repasser, qui une bassine pour laver le linge. La réponse semble toute prête, toujours semblable : « À côté, 10 roubles », lance aussitôt Tamara, en avalant une gorgée de thé. L'ambiance reste familiale à souhait.

Dans une autre vie, mon hôtesse a cuisiné pour cinq cents personnes dans une imprimerie, transformée depuis en centre commercial. Comme de nombreux Russes de sa génération, ses souvenirs les plus intenses sont liés à la guerre.

« En 1944, j'avais 4 ans. Un jour, de moi-même, j'ai apporté des légumes aux prisonniers japonais qui construisaient les immeubles de Krasnoïarsk. Je me souviens encore combien je me suis fait disputer ! Pourtant, ce geste, qui m'était apparu normal, m'a vraiment fait plaisir. »

Elle se souvient aussi du jour de la Victoire. À l'école, pour l'occasion, elle eut droit à un grand bol de kacha avec, au milieu, un abricot entier.

Tamara décide de me tirer les cartes. De ses mains expertes, elle confirme que mon voyage va se dérouler pour le mieux jusqu'à Vladivostok. Me voici rassurée !

Elle mélange à nouveau les cartes. En attendant de connaître d'autres facettes de mon destin, je découvre sur le mur une liste exhaustive de services de beauté dont j'avais fini par oublier jusqu'à l'existence : pédicure, 200 roubles ; manucure, 60 roubles ; manucure française, 90 roubles ; teinture des cils, 30 roubles ; épilation des sourcils, 30 roubles. À l'évidence, ce luxe ne sera pas pour cette fois.

Depuis mon départ, je suis davantage réceptive à la beauté des personnes que je croise que préoccupée par ma propre apparence : j'ai accepté de ne plus me soucier de mon visage, de mon corps ou de ma tenue, de ne plus chercher à quérir mon reflet dans un miroir, et n'en éprouve nullement le manque.

Mon amie coupe le jeu de cartes, frappe brusquement le haut de la pile et, triomphale, sort un roi de cœur.

« Géraldinka, tu vas croiser un roi sur ton parcours. »

Chapitre 6

TRAIN DE 4 HEURES 19 POUR TAÏCHET, 4 516 KM

JE QUITTE L'HÔTEL le 23 juin à 7 heures 15, heure locale. Dehors, la brume et peu de voitures. J'arrive à la gare de Krasnoïarsk après une courte marche le long de la rue Lénine. Je pense à ceux que j'ai laissés à Ienisseïsk, au personnel de l'hôtel Sever, à la crainte de mes camarades à l'égard d'une nouvelle direction – modernisation oblige. Leur vie en serait bouleversée. Lorsque j'atteins la gare, c'est le bazar, en raison des travaux de rénovation. Je pénètre dans une bâtisse blanche provisoire et m'installe sur un siège, sous des tubes de néon blancs, en attendant le train de 4 heures 19 (8 heures 19 heure locale). Beaucoup de monde se presse, des couples d'âge mûr et de jeunes militaires. Certains dorment ; d'autres font des mots croisés. J'aperçois des machines à sous « Gagnez 5 000 roubles », et déjà des clients. Bruit de talons sur le sol gris carrelé, ballet de pieds pressés, pièces de monnaie qui tintent dans les poches...

Peu après, le train n° 92 pour Taïchet entre en gare. Je suis une foule de Russes encombrés de gros sacs.

À l'entrée du wagon n° 9, Ivan Borissovitch, visage jeune et frais, m'accueille, un képi bleu vissé sur sa tête brune.

« Bienvenue, Mademoiselle. Allez-y, montez, choisissez donc la place que vous voulez. »

Cette fois, j'ai décidé de voyager en troisième classe.

Je ne suis pas déçue : à l'intérieur, c'est la colonie. Une cinquantaine de ventres à l'air et, sous les draps, un défilé de pieds de toutes les couleurs : rose cochon, blanc dindon, jaune citron, noirs... Et de toutes les formes : potelés, fins, longs, maigres, petits, dodus... Et autant d'orteils mignons ! Je m'assieds discrètement sur une banquette, au milieu du wagon. Tout le monde dort, plusieurs ronflent de toute leur âme. La musique est douce pour l'instant. Ma voisine finit par émerger lentement de son sommeil. « Installez-vous... là, il n'y a personne. Excusez-nous... Nous avons fait la fête cette nuit... Couchés tard ! » Elle se lève doucement, en beauté, les boucles de ses cheveux orange ourlées sur un maillot bleu royal, le pouce gauche dans un plâtre blanc. La cinquantaine, petite, fine, elle est originaire d'Ouzbékistan et s'appelle Olga.

« Vous venez des pays baltes ?

— Non, de plus loin...

— Pologne ? Allemagne ?

— Non.

— Je ne vois pas plus loin que l'Allemagne.

— *Frantsiya.* »

Les muscles de son visage se figent. Tout près, Micha est dans le même état, Nadejda (« Espoir » en russe), aussi, qui fond en larmes.

« Faites attention, ici c'est la loi de la taïga, l'ours règne en maître... Les lois ne marchent pas », dit-elle avec son visage de madone grave.

Elle me tend un collier en bois orné d'une tortue censée incarner sagesse et longue vie. « Ouvre ta main, dit-elle en y glissant une boule de cristal. De l'énergie positive... C'est important. »

J'ai l'impression d'être partie pour l'Angola !

« Vous serez adaptée à la vie après cette expérience... On dit en Russie que ce qui est bon pour le Russe, c'est la mort pour l'Allemand ! Notre vie a changé. Il y a des gens bons, mais il y a aussi des criminels, qui cherchent de l'argent. Il reste peu de place pour l'âme. »

Nadejda a été orthophoniste pendant vingt-cinq ans avant d'être licenciée dans les années 1990. Elle travaille dans une usine atomique à Saint-Pétersbourg depuis sept ans, à la buanderie. « Je fais travailler mes muscles maintenant. Bien sûr c'est radioactif, les arbres se meurent, mais nous avons des contrôles par des Norvégiens, des Allemands : tout va bien ! »

Micha, lui, a œuvré dix-sept années dans une centrale de production énergétique avant d'être licencié. Il est à son compte depuis quatre ans, « sans dormir », à vendre des produits alimentaires et du tabac sur le marché. Il n'a pas de rêve particulier. « À 45 ans, je n'ai plus l'âge de rêver. » Quant à Olga, elle a été infirmière pendant quatorze ans, avant de quitter son métier, en raison de revenus trop faibles. Elle travaille à présent dans une société de transport et espère épargner suffisamment d'argent pour acheter un appartement.

À 11 heures 30, le train marque une halte à Kansk-Ienisseïsk, à 4 343 km de Moscou. Les Russes sortent de leur torpeur. C'est l'heure de manger. Un bras pendouille au-dessus de ma tête. Un jeune homme descend de la banquette les yeux bouffis, en maillot et short jaune. Il sourit.

« Je ne connais que trois mots en français : "Je t'aime". Qui a vu mes pantoufles ? »

Bruit de sacs plastique, grognements, étirements... Tous sortent sur le quai en petite tenue et se ruent vers les kiosques. Une demi-heure plus tard, Micha s'écrie : « Géraldinka, viens par ici ! »

Dans le wagon n° 9, un banquet national rivalise avec le palais de l'Élysée. Sur la tablette, des noix de cèdre, du poisson rouge fumé, de la saucisse, une salade de choux huileuse, des *blintchiki* – crêpes – fourrées au *tvorog*, du chocolat, des *varenniki* à la pomme de terre, de la vodka Zima (« Hiver »), de la bière sibérienne, et aussi de ravissants bleuets dans un bocal de cornichons. Lesley Blanch avait noté dans ses récits de Sibérie les efforts des Russes en vue d'égayer l'intérieur des compartiments du train, avec fleurs, livres, bouteilles, et même des balalaïkas. Heureusement, cette coutume demeure inchangée.

De temps à autre, des vendeurs ambulants passent avec châles, livres de bien-être et de santé *(Comment prendre soin de ses mains)*, magazines pour la jeunesse aussi, comme *Barbie*, *Tom & Jerry*... Par la fenêtre, nous admirons les paysages de collines vert pomme, touffues, pures, sauvages, sans habitations. Tiens, de nouvelles fleurs ! D'un jaune éclatant, avec six branches en forme d'étoiles. Ce sont des *liliyas*, des hémérocalles. De petites étoiles sur terre. Saint Exupéry et son petit prince auraient apprécié.

Ivan Borissovitch, le jeune *provodnik* qui, depuis plusieurs heures, nettoie consciencieusement le sol, nous rejoint à table. Il a retiré son tablier vert et ses gants en latex orange. Micha lève son verre dans un geste solennel. Tous s'élancent à l'unisson : *« Za jizn' ! »* À la vie !

*
* *

Vers 15 heures 30, nous atteignons la gare de Taïchet, + 4 516 km. Jolie, restaurée, couleur jaune miel et blanche. Micha, Nadejda, Dilia, Liouba et Lena sont descendus du train pour me souhaiter bonne route. En plus du collier à tortue et de la boule de cristal, Nadejda, les yeux embués, me tend l'image d'un ange gardien, ainsi que 2 kilos de provisions – tomates, concombres, cornichons, pain, pommes de terre cuites, œufs et du sel aussi. Tous pensent que je reste chez des amis mais, en réalité, je n'ai aucune idée de l'endroit où je vais. Taïchet, ville de quarante mille habitants, est une étape en dehors des circuits touristiques. *« Nothing to see in town »*, précise mon guide de voyage. Donc pas de carte, pas de plan de la ville.

C'est ici que je dois rendre hommage à Vera, de Moscou.

Fondée en 1897, Taïchet est une ville tristement célèbre : un ancien camp de transit pour des centaines de milliers de prisonniers politiques et de détenus de droit commun durant l'ère soviétique. L'ancien prix Nobel Alexandre Soljenitsyne y fait souvent référence dans ses livres. Le nombre total de personnes qui vécurent dans des camps à l'époque soviétique est exorbitant. Entre 1929 et 1953, l'année du décès de Staline, on estime à 18 millions le nombre d'hommes et de femmes condamnés aux travaux forcés dans les goulags[13]. De fait, l'administration du Goulag était devenue, en 1941, l'employeur le plus important en Europe. Ce n'est qu'en 1987, sous Mikhaïl Gorbatchev, que fut officiellement proclamée l'abolition de ce système pénitentiaire.

À 29 ans, Vera Sergueevna Goloubiéva fut arrêtée et déportée sans avoir commis de véritable crime. Elle fut jugée « ennemie du peuple ». Née en 1919, elle avait fait des études d'histoire à l'université de Moscou avant de devenir enseignante. En 1943, Vera est arrêtée une première fois, enfermée dans les prisons de la Loubianka et de la Boutyrskaya. Sa famille est déjà touchée – le père arrêté en 1935, la mère en 1937. Enceinte de huit mois, Vera donne prématurément naissance à un garçon, qui meurt aussitôt. Son mari est lui aussi arrêté et déporté dix ans dans la Kolyma, au nord-est de la Iakoutie. Relâchée au bout de dix mois, Vera est à nouveau arrêtée en 1948. Ses parents aussi : le père écope de cinq ans à Magadan, en Tchoukotka ; sa mère, de plusieurs années à Salekhard, à des milliers de kilomètres dans le Grand Nord, au niveau du cercle polaire arctique. Vera, elle, est envoyée à l'autre bout du pays, à Taïchet, en camp de travail.

Elle construit des routes et un village entier de maisons en bois. Puis elle sera libérée en 1956, « grâce à Krouchtchev ». Sa tasse en métal gris et sa cuillère reposent au musée national de l'Histoire du Goulag à Moscou, juste ouvert depuis deux mois. C'était un honneur de la rencontrer et de lui rendre enfin hommage.

Lorsque je sors de la gare, je tombe sur un mémorial de la guerre de 1941-1945 et la mention suivante : « La terre de Taïchet a donné à la patrie sept héros de l'Union soviétique. » Autour de moi, des immeubles de trois à quatre étages, des kiosques déserts. Atmosphère glauque. Il fait chaud, 33 °C. Je ne sais où aller, où m'arrêter. Je poursuis ma route en face, où se dresse un immeuble jaune sale. C'est le seul hôtel en ville, Birioussa. En bas, un magasin d'alimentation, un café en plein air avec trois tables, désert. On entend de la musique populaire. Plusieurs hommes louches discutent en fumant, et des enfants blonds quémandent de l'argent.

Mon premier réflexe en arrivant à l'accueil de l'hôtel est de demander s'il y a des étrangers dans le coin.

« Il y avait un Anglais, mais il est reparti ce matin, lance la réceptionniste. Il traverse la Russie à bicyclette. »

Je me sens mal. Même la femme âgée à l'accueil me déprime : un visage de plomb, entouré de courts cheveux secs, aux yeux gris globuleux et à la bouche de travers. Pas un sourire. Je lui fais part de mes intentions.

« Vous ne trouverez rien ici. Je suis arrivée en 1957, il y avait plein de camps, des millions de personnes, des Japonais aussi et des Allemands… Mais ils ont tout enlevé dans les années 1960 et 1970, il n'y a plus rien. Des habitations ont été construites à la place.

— Il n'y a pas de mémorial ?

— Et qui va le leur construire ? »

Elle me tend la clé de la chambre n° 313, au deuxième étage. Je monte l'escalier, envahie par le désarroi. J'ai l'impression d'être dans un film noir. Le motel de *Psychose* semble Buckingham Palace en comparaison. Couloirs déserts et noirs, papier peint couleur urine à moitié décollé, murs sur le point de s'écrouler. Odeur de poussière sèche. Le genre d'endroit apprécié par les tueurs en série récidivistes. J'enfonce la clé dans la serrure délabrée, comme d'habitude : à l'envers, en tournant à droite pour ouvrir.

Au terme d'une nuit sans sommeil, je demande à la babouchka aux yeux globuleux où trouver une église.

« En bas de la rue, à droite, sous le tunnel. Il vaut mieux prendre un bus. »

À la vue des transports en commun, je ne veux pas courir ce risque et décide de descendre la rue Transportnaya, parallèle à la voie ferrée. Les bâtiments se suivent, tous les mêmes, gris. Des habitations de trois ou quatre étages, en brique grise et rouge, construites dans l'après-guerre. À ma droite, une école, avec une inscription en larges lettres rouges : « Étudier pour construire, étudier pour savoir ». Certaines vitres sont cassées. Plus loin, une station d'essence, déserte. Dans la rue, pas de panneaux, pas de feux, pas de publicité, à l'exception d'une ou deux affiches pour de la bière. Au rez-de-chaussée des immeubles, des petits commerces : alimentation, chaussures, fleurs. Des bus soviétiques jaunes et rouges sillonnent le pavement. Destination BAM-Sovkhoze. Le BAM est un triste écho de la ligne de chemin de fer entièrement construite par les exilés, au prix de souffrances terribles, l'hiver surtout.

Peu de monde. Principalement des femmes portant des sacs à provisions, et des demoiselles fines et coquettes malgré leurs faibles moyens. Je m'arrête dans un modeste magasin d'alimentation. Natalia Ivanovna, épaisse chevelure brune, yeux en amandes, m'accueille.

« Comment trouvez-vous notre ville ? »

Hum ! Je lui demande comment se passe la vie ici. « Nous vivons, dit-elle. C'est parfois difficile. Mais la ville a changé en mieux : en dix ans elle est devenue plus propre. »

Je n'ose imaginer « avant ». Elle me précise l'endroit où se trouve l'église. Au carrefour des rues Transportnaya et Pouchkine, j'aborde une babouchka, carré de coton blanc sur une tête ronde et rose aux yeux pâles.

« Ils ont enlevé les baraques. Je ne me souviens pas bien des camps, j'étais petite à l'époque. Mais il n'y a pas de mémorial, c'est sûr. L'église est tout droit, sous le tunnel. »

Je marche dans cette direction. Il n'y a pas de trottoirs dans le centre-ville, mais une simple bande plate, parfois à un mètre en contrebas de la chaussée. Comment donc font les gens l'hiver, sous 2 mètres de neige ? Je croise des jeunes au visage blême, au regard éteint, bouteille de bière à la main, puis un édifice en bois clair, simple, à faible hauteur : l'église Petro-Pavlovski. Toit en tôle, croix simple en métal, couleur bordeaux. Nina Mikhailovna refuse d'abord de m'ouvrir la porte. « Il faut être en jupe. »

Je m'explique. Elle finit par acquiescer, et me tend un foulard crème pour me couvrir la tête. À l'intérieur, je découvre des murs blancs et de jolies icônes en bois peint qui représentent des saints orthodoxes. Un cierge solitaire brûle. Recueillement. Je discute ensuite avec Nina, petit bout de femme maigre aux traits tirés. Elle m'apprend que l'église est ouverte depuis 1992.

« Qu'y avait-il ici avant l'ouverture de l'église ?

— Un magasin de chaussures.

— Il y a du monde ?

— Très peu. Les gens ne sortent presque pas de chez eux. Ils travaillent sinon. *Torgouyout*, du petit commerce.

— Et les gens de l'administration locale, ils viennent ?

— Non. Ils se construisent des cottages, de nouvelles datchas. »

Dans une autre vie, Nina était comptable au sein d'une entreprise alimentaire d'État.

« Tout a fermé, en dix ans ils ont tout liquidé ici, les fabriques de pain, de viande, de mécanique… tout. »

La population locale survit grâce au petit commerce et au chemin de fer. Les jeunes n'ont pas les moyens de partir vers une autre ville. Ils fument, boivent et consomment de la drogue. Je propose à Nina de l'argent. Elle le refuse.

« Vous avez un long chemin. Dieu soit avec vous. Faites attention, vous êtes dans un pays qui a faim… »

Sur le perron, elle me bénit de deux signes de croix.

Je retourne sur mes pas vers l'hôtel, attristée par ce climat de désespoir, mais soulagée néanmoins d'avoir tenu ma promesse. Je suis fatiguée. Je m'assieds un long moment sur un banc, sur une place, face à une fontaine. Régulièrement, des enfants passent et jettent un œil dans les poubelles. C'est alors qu'une femme menue, balai de brindilles à la main, me demande l'autorisation de nettoyer sous mes pieds. Elle s'appelle Anna et a travaillé vingt-sept ans pour les Chemins de fer russes.

« Cette année, je n'ai pas réussi le test médical, dit-elle, donc je fais ce travail maintenant. Bien sûr, on regrette tous l'ancienne époque, la stabilité. Le pain coûte 8,50 roubles aujourd'hui, c'est cher ! Chez vous, c'est sûrement différent.

— Qu'est-ce qui vous fait encore plaisir ?

— Je n'ai aucune joie dans la vie, sauf avec mes trois enfants, dit-elle en balayant énergiquement le sol. Mon mari est mort voilà seize ans : je les élève seule. »

Peinée, je me dirige vers la gare. Dans la salle d'attente, les Russes patientent. Une femme tenant un sac noir et argent « Chris Dior » mouche le nez de sa fillette. Un jeune homme écoute de la musique dans son baladeur. Un autre ronfle, la tête sur un cabas. Sur le quai désert, je pose mon sac et marque une pause, éblouie par le soleil. Je pense à Vera, que j'appellerai au soir. Je m'ennuie. Je jette un coup d'œil au kiosque à journaux : mots croisés, revues érotiques, romans à l'eau de rose. Pas de quotidien national. Je me retourne, dans l'espoir de rencontrer de nouvelles personnes. J'aperçois alors une tête derrière moi. Mais elle est figée, en bronze.

C'est Lénine.

Deuxième partie
DU BAÏKAL À VLADIVOSTOK

« J'étais là-bas en quelque sorte chez moi,
peut-être parce que le temps, le temporel, y est si peu visible,
parce que l'avenir y est toujours déjà présent,
et que chaque heure s'écoule plus près de l'éternité. »

Rainer Maria Rilke,
Lettre à Ellen Key, 3 février 1903

« "Le voilà, le vrai grand monde !" pensait Nekhlioudov [...].
Et il éprouvait la joie du voyageur qui a découvert
un monde nouveau, inconnu et beau. »

Léon Tolstoï, *Résurrection*, 1899

Chapitre 7

TRAIN DE 11 HEURES 35 POUR IRKOUTSK, 5 185 KM

LE 24 JUIN, à 16 heures 15 heure locale, je monte à bord du train de passagers n° 660. Destination Irkoutsk, arrivée prévue le lendemain matin à 6 heures 30. Je m'installe tranquillement dans le wagon n° 2, où il n'y a personne pour l'instant… Musique populaire russe. Je range mes affaires sous la banquette rouge et patiente en détaillant la petite gare jaune par la fenêtre.

Le train démarre vingt minutes plus tard, en grinçant de toutes parts, comme atteint de rhumatismes. Pas âme qui vive dans le wagon. Je vérifie les neuf autres compartiments… ils sont déserts. L'angoisse me saisit en pensant qu'un meurtrier est peut-être caché… Margarita Sergueevna, jeune *provodnitsa* blonde, élégante dans son fin costume blanc et noir, m'assure que cela ne va pas durer.

J'absorbe donc tranquillement l'extrême beauté du panorama, constitué de forêts ponctuées de clairières aux fleurs jaunes, bleues, éclatantes. Des clochettes russes ! Progressivement le train s'enfonce à travers le paysage de collines basses et hautes des monts Sayan, magnifiques à perte de vue. Ces derniers déterminent la frontière entre la Sibérie et la Mongolie. Tarata-taa... tarata-taa... + 4 648 km. Nous ne sommes qu'à mi-parcours entre Moscou et Vladivostok ! À la gare coquette d'Ouk, nous marquons un arrêt, en pleine nature. Des enfants blonds flânent près du train avec des brindilles. Une voix grave m'arrache soudain à mes rêveries...

« Dobryi dien ! »

Je me retourne. Devant moi se dresse un torse musclé dans un maillot noir, surmonté d'une tête carrée aux yeux bleus enfoncés sous un grand front. Est-ce lui l'assassin probable ?

« Moi, c'est Jenia, c'est-à-dire Evguéni, dit l'homme en me broyant la main.

— *Otchen' priyatna !* Enchantée !

— *Ia jelieznodarojnik*. Je suis cheminot. » (Clic-clac.)

Et ce sont tous les souvenirs de ma rencontre avec Kostia (Moscou/Iekaterinbourg) qui me reviennent en mémoire. Cher Kostia... Evguéni a travaillé treize ans comme mécanicien pour Aeroflot à Novokouznetsk, avant d'être licencié dans les années 1990. Il a 37 ans.

« J'adorais mon travail... Mais avec la crise, ils ont débauché, et maintenant je travaille sur les trains. C'est moins bien.

— Et votre avion, qu'est-il devenu ?

— C'était un AN-24 qu'ils ont démonté et vendu aux Chinois... Ils achètent tout, vous n'avez pas remarqué ?

Vous verrez, à Irkoutsk, ils sont partout. Ils épousent les jeunes filles là-bas, adoptent la nationalité russe, et c'est parti ! Géraldinka, tu aimes la musique ?

— *Da, kaniechna !*

— Ça tombe bien. J'aime la musique étrangère, lance-t-il en posant une pile de disques populaires sur la tablette. Il n'y a pas de machine ici… Ça ne va pas. »

Il me parle de son travail, de la vie sur les rails, du sport, de la politique – « Poutine ? C'est un “cheval noir” : on ne comprend pas où l'on va. »

« Tu suis l'Euro 2004 ? Nous, on soutient la France… Zidane ! Il est bien. Nos garçons, hélas, sont rentrés… »

Je lui demande comment il affronte le stress au travail.

« Vodka ! Ha ! Ha ! »

À Touloune, + 4 794 km, un nouveau passager se joint à nous, Liouda, ronde comme une matriochka. Elle s'installe sur la banquette les bras en avant sur son gros ventre, comme un chat repu. Pavel nous rejoint, jeune cheminot lui aussi. Pendant plusieurs minutes nous nous regardons sans mot dire, en souriant timidement. Je ne peux m'empêcher à cet instant de penser à *La Sonate à Kreutzer* de Tolstoï : l'histoire se déroule dans le train ; les passagers discutent dans un compartiment, s'observent mutuellement et, soudain, l'un d'eux vide son sac et raconte à ses compagnons comment il a tué son épouse par jalousie.

Thé, boissons fraîches, séance de psychanalyse collective pendant quatre heures… Personne n'a tué personne. Tout va bien.

Au milieu de la nuit, un cri soudain nous réveille : « Debout là-dedans ! » C'est Victor Nikolaïevitch, notre nouveau responsable de wagon. « Il est 5 heures 30 du matin ! » Je jette un coup d'œil sur Liouda, la poitrine à l'air sur la banquette. Par la fenêtre, les yeux encore lourds de sommeil, j'aperçois la nature, les grands fûts, fidèles au cours de ce voyage. Le jour se lève, et déjà le soleil fuse intensément.

À Irkoutsk-Sortirovka, + 5 178 km, mes amis me quittent. Evguéni me tend un mini-calendrier, qu'il garde dans son portefeuille depuis 1976. Sur la petite carte, le logo des J. O. de Moscou en 1980. « Une autre époque, dit-il avec une pointe de regret. *Boyalis', znatchit ouvajali*... On nous craignait, donc on nous respectait... Bonne chance. »

Seule une nouvelle fois, je médite en observant les trains de marchandises chargés de grumes de pins, en partance pour la Chine. Nous traversons des marécages vert chartreuse. Dans l'air ensoleillé flotte un duvet de peuplier abondant. Il est maintenant 6 heures 30. Nous arrivons tout doucement en gare. Halte. Mon cœur, lui, bat au galop. Mes yeux mi-clos sont grands ouverts. Irkoutsk... le rêve d'une vie. IRKOUTSK !

Je saute du train, émerveillée par les couleurs de la gare, vert, bleu et jaune pastel comme de la guimauve, et par les peupliers. Le chant des oiseaux est tonitruant. Des mésanges russes et des hirondelles... En vraies *Sibiriatchki*, elles hurlent leur joie.

*
* *

Irkoutsk ! Nous sommes à 5 185 kilomètres et 5 fuseaux horaires de Moscou !

Lorsque je sors de la gare, plusieurs signes m'indiquent que je suis dans une ville prospère : des taxi-bus neufs en provenance de Corée, et de nombreux panneaux célébrant les mérites du crédit. Dix ans après l'arrivée des produits de consommation étrangers, les Russes découvrent les plaisirs de ce nouvel eldorado.

Un peu plus loin, je traverse le pont au-dessus du fleuve Angara, impérial, calme, tout en courbes, bordé d'arbres foisonnants. Au soleil levant, j'aperçois la ville, silencieuse à cette heure. Sur les rives marécageuses, des mots d'amoureux en grandes lettres blanches, comme on en trouve ailleurs : « Ira, mon ange, je t'aime » ; « Vlad, j'ai aimé, j'aime et j'aimerai ».

Mes pensées se tournent vers Lesley Blanch qui, au temps de son voyage dans les années 1960, évoquait une ville riche, animée, avec de nombreuses affiches annonçant des représentations de ballet et d'opéra. Aujourd'hui, le paysage publicitaire est dominé par la consommation toute-puissante. L'auteur mentionnait aussi une ville hautement surveillée par la police. C'est dans la plus grande tranquillité que je pénètre à mon tour dans la ville endormie, au chant des oiseaux russes. Seul le bruit de mes pas est perceptible. J'aperçois un restaurant chinois, Khun-Yan, et une première église sur la droite, en pierre blanche, coiffée de coupoles bleu-vert. Il y a peu de voitures, quelques minibus, des tramways et des trolleybus rouges, semblables à des barres de chocolat avec de grands biscuits peints sur leurs flancs.

Je découvre les premières bâtisses dans des quartiers déserts. Ce sont d'adorables maisons en bois, qui remontent au XIXe siècle, affaissées dans le sol, avec leurs fenêtres au ras des trottoirs. En les contemplant, je crois reconnaître mes tentatives culinaires… mi-cuits au chocolat, gâteaux au pain d'épice affaissés et ratés ! Leur fragilité est touchante. J'aperçois aussi des immeubles à taille humaine, de deux à trois étages, construits au début du XXe siècle, aux couleurs appétissantes – rose pâle, bleu ciel, blanc, jaune pâle, ocre, terre de Sienne… Que de couleurs ! Que de jolies fenêtres ! Leurs courbes sont harmonieuses, rondes comme des coquilles. On se croirait ici au milieu de délicieuses pâtisseries. Charlotte aux abricots… Baba au rhum… Mmm ! Il ne manque plus que les cerises sur les toits.

Au bout de la rue Lénine, j'aborde la rue Karl-Marx. Il est 7 heures. Le duvet de peuplier, fécond dans la brise estivale, me pique les yeux. Il fait déjà chaud, 24 °C. Des hommes et des femmes âgés nettoient les rues avec des balais de fascines. Un marchand de journaux organise son stand. À la une de *SM-Nomer Odin*, une publication locale : « Un scientifique d'Irkoutsk prédit une catastrophe climatique. » Le réchauffement de la planète est au cœur des débats, ici aussi.

Après avoir essuyé un échec à l'hôtel Kech, proche de Picasso Pizza – « Nous n'avons pas de licence pour les étrangers. » – et passé une nuit dans un hôtel en chantier avec pour voisin de palier un Nouveau Russe au visage luisant qui répétait sans cesse «*Are you afraid?*», je trouve une chambre dans une auberge à proximité du cirque. Larissa, vêtue d'un maillot noir représentant le *Titanic*, m'accueille et me tend la clé de la chambre n° 6, au premier étage. Je suis soulagée.

Irkoutsk... Je cours au musée des Décembristes. Symbole de résistance, te voici ! C'est en décembre 1825, à Saint-Pétersbourg, qu'eut lieu le premier des grands soulèvements en Russie, la révolte des Décembristes : une centaine d'officiers, influencés par les idées de la Révolution française, se rebellent contre le tsar pour réorganiser le gouvernement. La révolte sera brutalement réprimée, les meneurs pendus, les autres déportés en Sibérie, condamnés aux chaînes et aux travaux forcés. Nombre d'épouses suivront, abandonnant titres et possessions. Jusqu'à la fin de leur vie, ces exilés joueront un rôle clé dans la vie culturelle de cette région, éloignée de tout. Sous le regard amusé de Sveta, 18 ans, et de Nelly Sergueevna, qui vouent une passion à leur « deuxième maison », je parcours dans ce havre de paix les objets d'une élite courageuse : portraits, œuvres de Florian, Bacon et Racine, lettres, extraits manuscrits de *Guerre et paix*, un pion d'échec sculpté à la main, un piano à queue entouré de Beethoven et de Mendelssohn, et, oh ! sur une table, un livre immense, en français, le *Journal des débats politiques et littéraires*. En première page, un article daté du 1er juillet 1846 : « Le gouvernement est en train d'acheter les électeurs de France ; la corruption coule à pleins bords. Jamais on n'avait rien vu de pareil dans le monde depuis Walpole. »

Je sors, enchantée. Dans la rue, des jeunes décontractés déambulent. Ils fêtent la fin de leurs études. Des jeunes filles se promènent en tenue légère et chic – robes noires, bleu turquoise, rouge bordeaux, blanches, chignons sur la tête et bouches roses, avec de frêles bouquets de fleurs dans les mains. D'anciens étudiants se réunissent également autour d'une bouteille au bord du fleuve Angara, égayé par de la musique russe et occidentale. D'autres font de la course à pied, de la bicyclette, du roller aussi… Au cybercafé proche de la rue Karl-Marx, ouvert vingt-quatre heures sur vingt-quatre, le voyageur découvre un espace étonnant, ancré dans le XXIe siècle : une cinquantaine d'ordinateurs à écrans plats, décor tendance, musique électrojazz, une salle de jeux où, dès 3 heures 30 du matin – décalage horaire oblige –, se retrouvent les jeunes Sibériens pour organiser des parties de Counter Strike en ligne avec des Finlandais, des Allemands, des Anglais. Ils me convient à prendre part au jeu.

« Les étrangers pensent que nous vivons dans la taïga parmi les ours, lance Slava, 20 ans. Mais, vous voyez, ce n'est pas le cas. »

Il rêve de voir l'Europe.

« C'est si loin ! Mais j'aimerais voir les gens, apprendre la gastronomie, revenir ici et trouver un bon travail. »

Ailleurs, au bord de l'Angara, des enfants m'abordent, un ballon de football dans les mains – Maxime, Robert,

Sergueï et Artiom. Ils arborent leur maillot et short bleu royal.

« Notre équipe s'appelle Zviezda, "Étoile" ! disent-ils fièrement. Vous venez d'où ? De France ? *Vah !* C'est beau la France ! Vous avez quoi comme monnaie ? L'euro ? C'est la monnaie la plus forte ! Plus forte que le dollar ! Vous aimez Zidane ? Barthez ? Nous, on soutient Zidane ! Bon, ils ont perdu contre la Grèce, on est tristes, mais on les soutient quand même. Zidane, c'est le meilleur ! »

Leur rêve ?

« Devenir footballeurs professionnels. Mais pas en Russie, à l'étranger – Real Madrid ou Juventus ! Ça vous dit une promenade sur l'Angara ? »

À l'entrée de l'hydroglisseur *Khivus-10*, Nikolaï Petrovitch, capitaine de la flotte maritime, essuie son front avec un mouchoir de coton usé avant de m'inviter à l'intérieur.

« Entrez, entrez ! dit l'homme à la frêle stature. Vous aimez mon bateau ? Il est beau, non ? Doté d'un moteur Volkovski 409, il passe partout, sur le lac gelé, sur la neige, jusqu'à 90 kilomètres/heure ! »

Dans un bruit de turbines, nous glissons sur l'eau brillante, accompagnés des mouettes russes. Des perles de sueur gouttent du front de Nikolaï. Ce qu'il aime le plus ?

« L'eau, le *bania*, la pêche ! À 14 ans, mon père m'a offert ma première embarcation à moteur, j'allais pêcher tout seul, au large... Et au même âge, j'ai eu ma première carabine. Je suis parti à la chasse tout seul, comme un grand !

— Qu'est-ce que vous portiez ?

— *Maskhalat.* Tu connais ? Un ensemble tout blanc, et la chapka aussi, blanche, pour être moins visible dans la neige. »

L'hydroglisseur ralentit sur des marécages.

« Vous n'avez jamais eu peur des ours ?

— Non. Seul le serpent me fait peur. Ah ! le bon vieux temps... Avec les amis, on sautait de la barque dans le lac glacial. Qu'est-ce que c'était bon ! Et je ne suis jamais tombé malade en quarante ans ! dit-il en levant l'index. On préparait aussi la soupe de poisson au bord de l'eau.

— Ils font pareil les jeunes d'aujourd'hui ?

— *Niet*, dit-il en haussant les épaules, c'est une autre génération. Jeux vidéo, Internet... C'est comme ça. »

De retour au port, Nikolaï refuse mon argent. *Podarok*, cadeau. Nous nous serrons la main avec la promesse de nous revoir. Je poursuis ma promenade dans le centre, où je découvre une usine à pain. La bâtisse est longue, toute blanche. À l'entrée, je demande à rencontrer le directeur. Deux vigiles sont présents, Dennis, crâne rasé, physique de bœuf, et un homme de petite taille, aux traits fatigués.

« Il n'y a rien à voir chez nous, c'est le bordel, *nichita*, la pauvreté. »

Dennis me passe le téléphone. En ligne, le directeur.

« Vous venez de Paris ? Je vous félicite. J'ai eu l'occasion d'y aller plusieurs fois.

— Je peux vous rencontrer ?

— Désolé, c'eût été avec plaisir, mais il vous faut un passeport sanitaire. Vous pouvez voir notre pain, si vous le souhaitez, au magasin à 50 mètres. »

Je raccroche. « Votre patron connaît Paris ? »

« C'est un homme riche, répond Dennis. Il a une maison en Allemagne aussi. Et nous, on survit.

— C'est quoi le salaire d'un ouvrier ici ?

— Pas plus de 5 000 roubles. Voilà, c'est comme ça. »

Nous nous saluons. Au-delà de la barrière automatique, près des fourgonnettes, est garé le carrosse du directeur : une BMW noire comme une aile de corbeau, aux vitres teintées, flambant neuve.

Retour à l'auberge. À l'accueil, Lena et Sveta, rondes comme des baleines, se racontent des histoires, les cils maquillés de noir, et les ongles roses et sexy. Sveta, lunettes fumées sur le nez, tire une longue bouffée de cigarette, baisse le volume du téléviseur et branche la bouilloire.

« Alors, Cocotte, ç'a été, la promenade ? *Tchaï papiom.* On va boire le thé. »

Je leur raconte mon entretien téléphonique.

« *Varouyout.* Ils volent. Tous des voleurs ! Alors que nous, on vit comme on peut. Mon rêve, tu veux que je te dise, c'est ça. »

Sveta brandit un livre et manque de s'étouffer avec sa cigarette. En couverture, un corps de femme nue. Son titre : *Sexe à midi.* « Je viens de le commencer, je ne sais pas ce que ça va donner. Mais avec ça j'oublie tout, et c'est moi l'héroïne ! *Nou, kak ?* Alors ? Le voyage se passe bien, Génietchka ? »

Elle tire une bouffée et attrape la bouilloire.

« Oui, mais je n'ai pas encore vu d'ours... les ours de Sibérie. Je ne sais comment procéder.

— Tu veux voir des ours ? Il te suffit de monter au troisième, chambre n° 28, il y a le Cirque du Kremlin », dit-elle en versant l'eau brûlante.

Le lendemain, après une soirée conviviale et arrosée, Joulia, belle Tatare de 30 ans, ancienne championne de bras de fer – ce qui se voit – me convie amicalement au cirque pour une répétition privée avec ses amis Lena, Volodia et leurs compères ursidés. Les ours... Les voici ! Deux adultes et deux petits. Mon estomac est comme écrasé par un rouleau compresseur, mes sens se relâchent.

« On va les nourrir. Viens ! » me lance Joulia, exaltée après leur numéro sur glace.

J'avance, livide. Dans les coulisses, nous assistons à une légère agitation. Les ours ont apparemment un peu faim. Volodia prépare un plat avec carottes, tomates, légumes variés de Chine – « moins chers » –, du pain, du lait et de l'huile. Boum ! Boum ! Les ours bondissent avec furie dans leur cage étroite. King Kong ! Et s'ils sortaient ?

« Tu viens, Géraldinka », dit Joulia, les yeux ronds, on va voir les petits, les grands ont besoin de tranquillité.

Un vieux rêve se réalise quelques minutes plus tard, aux côtés de Kechka et de Michka, des oursons de 4 mois. Après m'avoir jetée sur la glace pour jouer, ils s'agrippent à mes jambes avec leurs pattes câlines et lourdes en attendant leur gâterie : du lait concentré sucré. Attendrie, je me plonge dans un tête-à-tête avec ces êtres pleins de vie, patte brune dans la main, boîte de lait sur museaux noirs humides et agités, mes yeux noyés dans leurs yeux d'or, sous le regard amusé des artistes du Cirque du Kremlin. Leurs coussinets chauds réchauffent la paume de mes mains, tout comme leur souffle énergique. Leur regard, humain, me bouleverse. J'aimerais sentir leurs battements de cœur. Larissa, la directrice, a un beau *credo* : « Le plus beau dans la vie, c'est de prendre le soleil et de le donner. »

Ce fut là un moment poignant et vrai, comme un rayon d'éternité.

Chapitre 8

BUS DE 8 HEURES 10
POUR L'ÎLE D'OLKHON, 5 500 KM

GARE ROUTIÈRE d'Irkoutsk, 7 heures 45. Et 25 °C déjà. Je suis à bord d'un charmant véhicule PAZ-3205 bleu et blanc, « Angara/Lena ». À l'intérieur, une trentaine de passagers, beaucoup de sacs multicolores et des rideaux orange à fleurs qui plairaient beaucoup à la reine Élisabeth. Mikhail Nikolaïevitch, notre chauffeur, joues creuses et voix rauque, s'emballe contre Avgousta Romanovna, une Bouriate de 75 ans, installée à mes côtés avec trois sacs immenses. Elle est petite, en robe de velours noir et veste mauve, un large foulard de soie violet et or autour de la tête. Elle a un visage de lune, la peau brune épaisse et des yeux bridés rieurs. Aux pieds, des pantoufles en feutre rouge, ornées d'une inscription en or : « OK ». Elle sent bon la vodka.

« Eh ! *Babka !* C'est quoi ce souk ? Enlève tes sacs d'ici !

— Quoi ! Je ne dérange personne !

— Si, tu déranges ! »

Les vingt-six autres passagers, en majorité russes et bouriates, sont amusés par ce spectacle. Après plusieurs minutes de vacarme – « Il n'y a plus de place ! » ; « Qui a de la monnaie sur 1 000 roubles ? » ; « Peut-on fumer ? » –, Micha distribue ses derniers tickets, soigneusement remplis à la main : Irkoutsk/Khoujir. Il retourne à son siège, vérifie minutieusement son parcours sur un bout de papier jaune et retire ses grosses lunettes. Après trente-six ans de métier, il est toujours aussi méticuleux. Son visage est creusé par des rides longues et profondes comme l'Ienisseï. Ses habits sont usés, mais de couleurs gaies : une chemise orange vif, les manches retroussées sur des bras solides, et un ample pantalon gris anthracite.

« Il est fou ce chauffeur ! Qui l'a embauché ? lance Avgousta.

— Essayez de lui parler en bouriate ! » suggère un jeune, suscitant des éclats de rire.

Il est 8 heures 10. Micha enroule ses mains fortes autour du grand volant en cuir fatigué, met la clé dans le contact, pousse au maximum le volume de la radio et entame son premier paquet de cigarettes brésiliennes Yava. Vroum... vroum... vroum... Ses ongles sont noirs comme ses yeux cernés. Un travailleur ! Je suis serrée entre lui, Avgousta et une Russe avec une fillette de 5 ans sur les genoux, face aux autres passagers. Où mettre mes pieds ? C'est le cirque. Les têtes, les épaules, les bras des uns et des autres sautent dans tous les sens, les rideaux aussi. Régulièrement, Avgousta sort sa bouteille de vodka, et décide finalement de faire le voyage sur les sacs, « plus confortables que les sièges ». Debout dans le couloir, de jeunes Bouriates sourient, baladeur au côté et bandana noué sur la tête.

À la sortie de la ville, nous traversons des collines tachetées d'arbres élancés, de jeunes bouleaux et de résineux. La nature resplendit – des verts purs, vifs, et des fleurs sauvages d'un jaune piquant. Autant de piqûres de gaieté et de bien-être. Puis ce sont de nouveaux paysages, jamais traversés… des steppes. De vraies steppes, en Russie !

Que d'espace, que de liberté !

Vers 10 heures, nous marquons notre premier arrêt à Oust-Orda, humble gare routière en bois bleu-vert. Autour de moi, partout, de beaux visages bouriates. C'est un ravissement. L'Asie, enfin. Le village autour est composé d'isbas en bois noir ou marron. Comme ailleurs, la situation économique se fait durement sentir : les usines – viande et produits laitiers – ont fermé, les kolkhozes, larges bâtisses fermières, sont en ruines, abandonnés.

« *Vsio razvalilos'*, raconte Micha, tout s'est cassé la figure. Il n'y a plus rien à faire ici pour les jeunes. Ils boivent, tentent de partir. Il ne reste que les vieux. »

Nous remontons dans le car une demi-heure plus tard. Vroum… vroum…

« Camarade chauffeur ! lance Avgousta. Tu as un verre à vodka ?

— *Niet*, ma puce. Pas de chance. »

Nous poursuivons notre traversée à travers des steppes sèches démesurées. Aucune habitation alentour : nous sommes seuls sur la chaussée.

Sur la route ou sur les rails, quelle joie, que de découvertes !

Nous pénétrons dans la région de Bayandaï, caractérisée par des montagnes basses à perte de vue, couvertes de conifères géants et innombrables.

« C'est ici que je suis né, sourit fièrement Micha. Toute ma famille, mes parents, mes grands-parents, sont nés ici. J'y ai passé la totalité de mon enfance.

— Vous avez beaucoup de bons souvenirs ?

— Et comment ! Que des bons souvenirs... Mais tout s'est cassé la figure ici aussi. Le pain, le lait, le blé. Les jeunes partent. J'ai quatre enfants et quatre petits-enfants... je ne sais pas quels seront leurs souvenirs plus tard, dans cette misère. »

Nous nous arrêtons en pleine nature. Micha hurle de toute la puissance de ses poumons :

« Alors, les enfants, *kourim ili nié kourim ?* On fume ou quoi ?

— *Da !* »

Lorsque nous repartons, je reste auprès de Micha, fascinée. « Qu'est-ce que vous aimez le plus au monde ? »

Il me regarde, lève les bras et laisse retomber ses mains lourdes sur le volant.

« Ça ! Je ne sais rien faire d'autre et ne peux rien imaginer d'autre !

— Vous êtes chauffeur depuis longtemps ?

— Depuis 1968. J'ai été routier pendant trente-trois ans. Puis, à la retraite, j'ai trouvé ce poste dans un bus.

Avant, j'avais traversé toute l'URSS, l'Europe de l'Est aussi, ajoute-t-il en enclenchant la troisième.

— Combien de kilomètres en tout ?

— J'ai fait au moins deux fois le tour de la planète », achève-t-il en saluant amicalement de la main le chauffeur du bus qui nous croise dans l'autre sens.

Vers 13 heures, nous marquons une pause au milieu des collines, dans un local en bois clair, qui annonce *bouriatskaya koukhniya* (« cuisine bouriate »). Borchtch, *pirojki*, salade de tomates et concombres. Je déjeune seule avec Micha. Les autres se promènent alentour. Affalés derrière une table en sapin, nous partageons le pain blanc et les beignets chauds.

« Y a-t-il un endroit au monde que tu aimerais voir ? »

Micha avale une bouchée de pain et goûte la soupe.

« Avant, je voulais voir les États-Unis, mais, aujourd'hui, c'est ouvert seulement aux bandits et fermé aux travailleurs. Comme autrefois. Demande aux jeunes qui sont là où ils rêvent d'aller. Hein, les jeunes !

— L'Égypte, répond timidement l'un des garçons.

— Tu vas y aller en Égypte ! crie Micha. Ensuite aux États-Unis ! Tu vois, Géraldinka, pour l'instant ils voyagent en bus mais, dans quelques années, ce sera fini tout ça. Hein, pas vrai, les enfants ? »

Le jeune homme rougit, sur fond de rires nerveux.

Sur un mini-calendrier posé sur la table, j'aperçois la date : 2 juillet 2004. Hier expirait officiellement le passeport soviétique. Une amende de 100 roubles est désormais prévue pour qui ne l'aurait pas restitué.

Je lui demande s'il est triste de rendre son ancien passeport.

« Bien sûr, c'est triste », répond-il, nostalgique.

Il n'en dira pas plus. Le pays dans lequel il est né et dans lequel il a travaillé, l'Union soviétique, n'a plus aucune valeur.

C'est le *black-out*.

Nous reprenons la route peu après. Sous nos yeux défilent les mêmes paysages riches, des kilomètres et des kilomètres de montagnes basses, sans âme qui vive. Plusieurs fois je m'endors, bercée par le rythme lent et sonore du moteur de Micha. Nous finissons par traverser des endroits plus arides, que je n'imaginais pas en Russie. Nous sommes à présent dans la région du Baïkalski Khrebet, des « monts Baïkal ». J'ai du mal à garder les yeux ouverts. Une nouvelle fois, je m'endors.

« *Smotri !* Regarde ! s'écrie Micha.

— De la neige ! En haut des montagnes... en juillet ! »

Je me rendors d'un sommeil profond. La beauté sauve le monde, mais elle fatigue aussi les yeux. Vers 15 heures, Micha me réveille une nouvelle fois, en me tapotant l'épaule.

« *Smotri !* »

Le lac Baïkal... Le plus ancien, avec 25 millions d'années, et le plus profond lac du monde, jusqu'à 1700 mètres. Pur comme une larme versée de l'univers. Mythique « mer Baïkal » ! Comme tu es belle ! Vingt pour cent des réserves d'eau douce de la planète reposent ici, dans « l'œil bleu », « la perle de la Sibérie ». L'un des rares endroits au monde à abriter un phoque d'eau douce, le petit *nerpa*.

Nous descendons du bus, sur une route de gravier blanc, à proximité d'un ponton en bois, dans l'attente du bateau qui nous portera jusqu'à l'île d'Olkhon, la plus grande des îles du lac Baïkal, qui s'étend sur 720 kilomètres carrés. Là, pas d'électricité, pas d'eau courante, juste une nature sauvage et splendide – des coteaux, des dunes de sable, des forêts, des montagnes. Voilà ce qui nous attend. Le temps est beau, ensoleillé et chaud. Une brise légère effleure nos épaules. Avgousta nous rejoint, ivre et éberluée. Micha fait la paix avec elle et l'embrasse.

« Géraldinka, je ne t'ai pas dit, me lance Micha, troublé et hésitant. J'ai parcouru toute l'URSS, mais je n'étais encore jamais allé sur l'île d'Olkhon. Tu te rends compte ?

— C'est merveilleux. Je suis ravie de vivre cette traversée avec vous ! »

Nous nous serrons la main. Avgousta me tend des pièces blanches, légères et froides. Je les accepte, ébahie.

« Génietchka, quand nous traverserons le lac, tu feras un vœu, tu jetteras les pièces et tu remercieras Baïkal.

— *Obiéschayou...* »

C'est promis, dis-je, le regard perdu dans la mer Baïkal, enivrée par tant de beauté, tant de majesté.

* * *

Île d'Olkhon, comme tu es splendide, comme tu es magique !

À Khoujir, village en bois de mille cinq cents âmes, seules trois voitures et quelques side-cars sont là pour nous rappeler que nous sommes au XXIe siècle – et non au XIXe. Nous croisons beaucoup de vaches paisibles sur les chemins de terre et, surtout, des hommes et des femmes d'une gentillesse incomparable. À mon arrivée, Nikita Bentcharov, la quarantaine, m'accueille. Depuis quelques années, cet ancien champion de tennis de table reçoit des voyageurs en provenance des quatre coins du monde. La plupart font une courte escale avant de partir pour la Mongolie et la Chine. D'emblée, je demande à rester, si possible, dans une famille.

C'est alors que je fais la connaissance d'Andreï, de Macha et de leurs deux enfants. Andreï et Macha sont tombés amoureux dès leur première rencontre en 1990. Elle a quitté Irkoutsk pour vivre auprès de lui, tour à tour pêcheur, mécanicien et capitaine sur un bateau de pêche. Depuis 1998, il travaille au port, dans une usine à poisson ; il regrette son premier travail, son bateau, vendu, et ses équipiers ; ces derniers se sont reconvertis dans la pêche privée, le bâtiment ou le tourisme. La souffrance de cet homme aux mains fortes est manifeste.

Je découvre leur maison, construite par Andreï en 1986. Depuis, il en a construit trois autres sur le même terrain, ainsi qu'un *bania*. Tout est réalisé avec amour : des frises sur le rebord des toits et des fenêtres, un soleil sculpté sur la façade, des marguerites multicolores plantées dans le sol et un cheval de bois dans la cour, qu'il a fabriqué pour son fils.

« Certains ont choisi de boire de la vodka, moi je travaille le bois, dit-il. Je ne pense plus à rien, ça me repose... Mon rêve serait d'avoir un jour mon propre atelier. »

Le plus important dans la vie ?

« Que les enfants grandissent bien. J'essaie de leur inculquer la bonté. Quand il y a la bonté, tout le reste suit : l'honnêteté, la responsabilité... L'amour ! la tendresse ! la compassion ! » renchérit Macha, amusée.

Dans ma chambre en pin clair, je trouve un bouquet de fleurs sauvages : des *sayanki* rouge vif, des marguerites, des violettes et d'autres fleurs odorantes dans un bocal à tomates qui porte encore son étiquette de 20 roubles. De la fenêtre, j'aperçois le champ de pommes de terre, avec deux mille plants. Il y a aussi des légumes – choux, carottes, salades, tomates, concombres – et des animaux domestiques – la vache Marta et Mila, son jeune veau, un mouton, un cochon qui répond au prénom de Fritz, des lapins et des poules bavardes. Tout ce petit monde est nécessaire à la survie sur cette île éloignée de tout.

Il n'y a pas d'électricité, sauf de 20 heures à minuit, quatre heures par jour, grâce à un générateur. L'eau est distribuée par camion-citerne deux fois par semaine. Un jeune homme déroule un tuyau à travers un orifice ménagé dans la clôture et l'enfonce dans chacun des quatre barils. Nous apprenons à utiliser l'eau avec parcimonie, pour le linge, la vaisselle et la toilette au *bania*. Ils ne s'en plaignent pas. « Nous vivons ! » Le plus important est fait : « Construire une maison, planter un arbre et faire un fils. » Pour Andreï, comme pour la plupart des insulaires, la vie n'a pas changé en mieux depuis des années. Il n'a pas d'illusions sur le pouvoir.

« *Khapougui*, des rapaces, dit-il d'un ton courroucé. Tôt ou tard leur maison s'écroulera, car elle a été construite avec de l'argent volé, peste-t-il en tirant une bouffée de cigarette.

— Que ressens-tu en "mer Baïkal" ? »

Son visage s'illumine.

« J'ai l'impression qu'elle respire, qu'elle est vivante ! »

Vers minuit, la nuit noire nous enveloppe. Je me retire. Je peine à trouver le sommeil. Je sors dans le jardin silencieux, avance à petits pas parmi les plants de pommes de terre, caressés par une lumière pâle. Je lève lentement la tête. Au-dessus de moi brillent des milliards d'étoiles, serrées les unes contre les autres, de tous les côtés de la voûte céleste. Jamais je n'avais assisté à un spectacle aussi poétique : les constellations de l'univers, réunies dans un éclat éblouissant et intouchable.

À Olkhon, terre natale des Bouriates, parfumée au thym et au romarin, aux rochers majestueux, aux milliers de rares edelweiss, le voyageur découvre une énergie surprenante, liée d'après les riverains à l'esprit du Baïkal – *Doukh Baïkala*. Le calme est saisissant, pas un seul bruit de moteur n'est perceptible et, sur des kilomètres et des kilomètres, il n'y a aucune habitation. Les oiseaux sont les seigneurs : mouettes, mésanges, hirondelles... Ici, on vénère les quatre éléments – l'eau, la terre, le feu, l'air. La lune et le soleil aussi. Tout incite à une communion totale et absolue avec la nature. Noués aux troncs des arbres, des bouts de tissu multicolores portent les souhaits, les espoirs et les prières de la population locale.

Cet endroit secret a marqué l'esprit de nombreux voyageurs, dont l'écrivain anglais Charles Wenyon, qui y fit une halte en 1893 : « Une caractéristique saisissante du lac Baïkal est sa solitude, une solitude que presque rien ne vient interrompre ni à sa surface ni sur ses rives. [...] Les premiers colons russes, en contemplant la surface de ce lac depuis les sombres forêts qui recouvrent les montagnes avoisinantes, furent tellement impressionnés par le silence mystique de cette immense solitude qu'ils l'appelèrent "la mer Sainte"[14]. » L'aura existe toujours, cent dix ans après. « Paix » est le terme qui convient le mieux, me semble-t-il, pour décrire le lieu. Le lac Baïkal fait corps avec le ciel, la flore, la faune, aquatique et terrestre, dans toute sa beauté, et dans une pleine tranquillité ; c'est un royaume paisible. La solitude n'existe pas. La vie dans cette quiétude millénaire se poursuit et rassérène. Elle invite le voyageur à se pencher sur les origines, le mystère de la Création, et le rôle qui incombe à l'homme sur cette terre.

Chez Nikita, je rencontre des gens qui ont décidé de marquer une pause pour voyager quelques mois et s'imprégner de cette beauté primitive : Alain, paysagiste originaire de Montpellier ; Roman, banquier suisse, qui réalise son premier tour du monde ; Magdalena, une Allemande qui a choisi de célébrer ses 85 ans en Sibérie – « Je sais que c'est mon dernier grand voyage », dit-elle ; Wilfrid est un jeune Français d'origine russe, libre et vaillant comme un Cosaque – un authentique aventurier. Nous parlerons des heures entières sur les rives du lac Baïkal, un bonheur après deux mois de solitude. L'Aventurier m'enseigne l'art de la pêche à la ligne. C'est un échec : les poissons russes *omoul* savent que je les aime trop fort. Il me fait vivre aussi des promenades en 4x4 qui donnent presque envie d'être propulsé sur Mars avec le robot Spirit.

Sur Olkhon, je rencontre également Harry, un Américain. Il effectue son second tour du monde. Ancien pêcheur à la retraite originaire de Californie, Harry a connu son heure de gloire.

« Tu connais *La Guerre des étoiles, Le Retour du Jedi* ? Eh bien voilà, j'étais un des méchants, j'ai joué face à Harrison Ford, mais je me suis vite fait tuer ! »

Les cheveux en bataille, les yeux couleur océan, la barbe d'Ernest Hemingway et la voix de John Wayne. Comme tous les hommes de la mer, il a le visage entaillé de nombreuses rides. À 8 000 kilomètres de l'Europe et des États-Unis, alors que nous sommes perdus au milieu de nulle part, je pose la question qui me brûle les lèvres :

« Alors, que penses-tu de George W. Bush ?

— Je préfère ne pas répondre, dit-il en riant. Tu sais, je me souviens des années 1960-1970, nous voulions vraiment rendre le monde meilleur. Et regarde où nous en sommes... »

Harry aime aussi les blagues.

« Tu connais celle de Churchill à une soirée mondaine ? Une femme s'approche de lui et lui dit : "Winston, vous êtes ivre !" Il répond : "Oui, M'dame, je suis ivre, et vous, vous êtes moche ! Mais demain, moi je serai sobre ! Ha ! Ha !" »

Mais plus que tout, Harry aime la nature : « Je ne me dis pas que je suis en Sibérie. Je me dis que je suis dans un coin magnifique sur terre. Extraordinaire, non ? »

Nikita nous propose des excursions, mais l'arrivée d'une famille de nouveaux riches moscovites effraie Harry : le père, trois caméras pendues au cou, et sa fille, une femme ingrate qui se plaint en américain, sont effectivement intimidants. J'hésite un moment, polie comme les Anglais. Harry, lui, est catégorique : « Entre la peine de mort et elle, je choisis la peine de mort ! »

Nous décidons de faire une promenade à cheval, une journée entière, avec Iouri, notre guide bouriate originaire d'Irkoutsk. Ma première question, en arrivant à l'écurie, est la suivante :

« Ils sont calmes, les chevaux ?

— *Da, spakoïny* », répond-il, laconique.

Nous montons, remplis de l'habituelle appréhension qui accompagne les propos sereins des habitants de ce cher pays. Mon petit cheval russe s'appelle Bismarck, celui de mon guide, Krassavchik (« Beauté »), et celui de Harry, un étalon noir de Mongolie... je ne m'en souviens plus ! Nous chevauchons en silence à travers les champs d'un kolkhoze abandonné, avant de rejoindre la forêt, les paisibles dunes de sable blanc, parsemées de fleurs sauvages roses et mauves. Un enchantement pour l'âme. Les conifères touffus dégagent des senteurs exquises.

« Tu connais Pouchkine ? me demande Iouri en déclamant des vers. Pouchkine, c'est un poète génial. »

À mon tour, je lui demande :

« Et toi, Iouri, tu aimes la littérature étrangère ? Tu connais la France ?

— *Da, kaniechna !* La tour Eiffel... Honoré de Balzac... Alexandre Dumas – *Les Trois Mousquetaires, Le Comte de Monte-Cristo* –, Victor Hugo ; j'ai adoré *Les Misérables*. J'aime aussi Jean-Jacques Rousseau – *bolchoï pedagog*, un grand pédagogue. Kant... Ah, non ! Kant est allemand ! Quand j'étais plus jeune, j'aimais lire *Les Fleurs du mal* de Baudelaire... »

Je le regarde. Un jeune homme honnête et intrigant. Yeux noirs rieurs, petit nez droit et pommettes saillantes toutes roses. Son sourire est blanc comme le fond de son œil. Habillé d'un jean usé, chaussé de cuir noir souple, il est à l'aise sur son cheval.

« Comment as-tu fait pour découvrir tous ces livres ? (Clip-clop des sabots.)

— Ma mère était professeur de littérature et bibliothécaire. Nous possédons beaucoup de livres, du XIXe siècle aussi. La télévision, je ne la regarde jamais, dit-il en clignant des yeux. Ce sont des informations superflues qui fatiguent l'esprit. Est-ce que vous avez soif ? »

Vers midi, nous approchons de Khoujir, notre village désert. Semblable à un village de western, il transpire sous le soleil de plomb. C'en est trop pour Harry, qui déborde d'imagination.

« Tu ne trouves pas que je ressemble à Clint Eastwood ou Robert Redford ? *We're riding into town ! Pull out six guns ! Shoot out all the lights ! Grab one woman, one bottle of whisky... Out of town in a cloud of dust, riding into the sunset !*[15] » hurle-t-il gaiement.

Je pleure de rire sur Bismarck. Iouri s'arrête pour acheter à boire au magasin Liouba. Dans la rue, des jeunes en Lada ou en side-car nous saluent. La chaleur est torride. Lorsque Iouri sort, je lui demande si l'hiver ici est vraiment rude.

« À -25 °C, on mange des crèmes glacées. À -40 °C, on boit de la vodka. *Normalna !* »

À la sortie du village, nous découvrons des dunes, des collines et des steppes sans âme qui vive. Juste des millions de fleurs sauvages multicolores et des plantes épanouies. Pas d'habitations. Rien. Nous parcourons une vingtaine de kilomètres dans le silence absolu. Une heure plus tard, Iouri descend et sort son couteau. Va-t-il couper une fleur ? Il s'accroupit et tranche la terre autour d'une fleur *sayanka* rouge vif avec des pétales bouclés, joliment courbés en arrière. Il sort la racine, semblable à une gousse d'ail, la nettoie et me la tend : *« Kouchaï ! »*

Je croque, sans hésiter.

« Mmm... C'est bon et frais, comme une endive.

— On les mange à la poêle d'habitude, avec de la crème. C'est délicieux ! affirme-t-il en se frottant le ventre.

— Iouri, tu connais *Le Petit Prince* ?

— On est pour toujours responsable de ce que l'on a apprivoisé. »

Nous constatons que nous sommes nés la même année, à une semaine de différence ; deux vies dans deux pays jadis rivaux. Cette folie nous fait rire.

« Qu'aimes-tu le plus au monde ?

— Être à cheval, me sentir libre, répond-il. Tout lâcher, les mains, tout. *Kaïf !* C'est *cool* !

— Que ressens-tu alors ?

— *Svabodou !* La liberté !

— Et quand tu es dans la forêt, à cheval ? »

Sa réponse est universelle : « Je fais un avec la nature, je ressens de l'amour pour la terre, les autres éléments, dit-il d'un ton pénétré. Chez nous, c'est très important. Nous nous inclinons devant leur esprit. Je ressens de l'amour pour mon cheval. Il n'y a rien de plus beau, c'est l'animal le plus intelligent sur terre. Quand je serai vieux, si l'île devient la cour de récréation des riches avec des hôtels, des bars et des casinos, je me retirerai ailleurs sur le lac Baïkal. »

Je lui demande si l'île va réellement changer.

« D'ici vingt ans, tout aura changé, tout. »

Iouri dissimule sa réelle inquiétude. Non seulement l'île est menacée par le développement, mais un événement important risque de troubler son calme sacré : à l'initiative de la compagnie pétrolière Transneft, un oléoduc long de 4 188 kilomètres, le plus long au monde, est en cours d'étude, de la Sibérie centrale à l'Extrême-Orient russe et à la mer du Japon. Si le projet est lancé[16], l'oléoduc sera construit non loin des rives, dans le bassin nord du lac Baïkal, à travers des régions montagneuses à risque sismique. En cas d'accident, les répercussions sur l'environnement seraient irréversibles.

Plusieurs heures plus tard, nous gagnons le lac Chara Nour, tiède, paisible, minuscule oasis perdue au milieu de la nature. Nous faisons une pause et savourons chaque seconde qui passe. Chacune d'entre elles est un élixir de bonheur et de liberté pure. Unique et ô combien précieuse. Harry arrache ses vêtements et s'immerge tout nu dans le lac.

« It's great ! »

Autour de nous, des bois nous protègent ; les chevaux s'y ressourcent tranquillement. Allongés dans l'herbe, nous contemplons le ciel tendre, et subissons son pouvoir hypnotique. Iouri me parle de sa famille, touchée par les exactions des bolcheviks, de l'histoire – « Celui qui ne connaît pas son passé n'a pas d'avenir » –, de la Russie – « Ce qu'il faudrait, c'est un bon tsar et pas toute cette mafia... » –, de la culture bouriate. Il m'enseigne mes premiers mots dans son dialecte : *amar*, « merci » ; *san*, « salut ».

« Tu as déjà essayé du *tarassoun* ? demande-t-il. C'est notre vodka bouriate au lait. Tout va bien dans la tête, mais c'est les jambes qui ne peuvent plus marcher ! »

Nous reprenons la route, tantôt au pas, tantôt au petit trot, à travers la forêt. Les chevaux sont calmes, leurs oreilles à l'écoute de l'univers, comme nous. C'est un moment solennel, où les mots, échos de l'âme, ne parviennent pas à sortir. Parfois, en bordure de chemin, nous tombons sur des pièces de monnaie, du tabac aussi. « Vieille tradition, sourit Iouri. Ce sont des offrandes pour les voyageurs. »

Au bout de deux heures, nous réapercevons le lac Baïkal.

« Que ressens-tu, Iouri ?

— Le Baïkal, c'est beau, puissant et terrifiant dans sa splendeur. »

Il se met à chanter un air bouriate. Il est difficile de décrire l'état de bien-être dans lequel le voyageur se trouve alors avec, pour seul accompagnement, sa voix, le son des fosses nasales du cheval qui frétillent simultanément et la nature qui murmure son accord. Laissons un espace, pour mieux respirer...

Après une pause sur le lac, qui scintille sous un soleil ardent, les chevaux s'agitent.

« Ils savent que nous rentrons », s'enthousiasme Iouri.

Je serre les dents, prête à mourir. C'est alors que Bismarck enchaîne sur un galop effréné. Tagadaa... tagadaa... tagadaa... Imprévisible, le petit cheval russe ! L'air est délicieux et frais, il fouette nos tempes. *Doukh Baïkala*... Les chevaux se déchaînent, tels des dragons. Rage de vivre ! Je jette un regard sur Iouri, qui dresse les bras en l'air comme des sabres, le visage radieux. *Kaïf !* Ses petites chaussures flottent, talons tournés vers le bas, les orteils vers le ciel.

« Génia, alors, qu'as tu ressenti ? me lance Iouri, exalté à l'approche du port.

— *Svabodou !* La liberté !

— *Kharacho !* C'est bien ! »

Le soleil est sur le point de s'éclipser derrière les montagnes. Nous mettons pied à terre. Je ne sens plus mes jambes. Harry, lui, est aux anges :

« Hourra ! Tu n'as pas l'impression d'être dans *Le Bon, la Brute et le Truand* ? »

Je regarde le trou béant dans mon jean, considère la purée de banane qui a coulé dans mon dos, songe à mes reins détruits, à mes jambes arquées qui seront paralysées le lendemain :

« Oui, tu as raison. Mais il faut changer le titre du film : "L'Américain, le Bouriate et la demoiselle excentrique" ! »

Chapitre 9

TRAIN DE 16 HEURES 56 POUR OULAN-OUDÉ, 5 642 KM

IRKOUTSK, 16 JUILLET, 19 heures 30, heure locale. Mon train pour Oulan-Oudé partira dans plus de deux heures. Je quitte tranquillement l'auberge proche du cirque.

« *Poka !* Salut, Larissa !

— *Stchastlivovo pouti !* Bon voyage ! »

Mes adieux à Nikolaï Petrovitch, le petit capitaine avec qui j'ai fait du bateau sur l'Angara, ont été difficiles.

« *Poka*, Géraldinka ! Bon vent et, comme disent les marins, que ton bateau navigue toujours... sans arrêt. »

Il me propose une rencontre sur le quai de la gare au retour mais, à ce stade du voyage, je ne sais pas quand ni comment je vais rentrer de Vladivostok. Je l'embrasse en lui promettant de garder le contact. La seule pensée qui me console en cet instant est ma rencontre prévue avec l'Aventurier, que je dois retrouver à Oulan-Oudé le lendemain à 19 heures, près de la plus grosse tête sculptée au monde... Lénine. À l'heure actuelle, il se trouve à Severobaïkalsk, au nord du lac Baïkal, avec notre Américain préféré vedette de *Star Wars*, Harry.

Il fait 40 °C. Je suis accablée par la chaleur et, pour la première fois, décide de ne pas me rendre à la gare à pied, mais en taxi. J'arrête une vieille Jigouli blanche. Au volant, Sergueï, cheveux en bataille, mine rustre.

« *Na vokzal*, à la gare !

— *Kharacho !* Nous allons juste emprunter un autre pont, car ici c'est le *bordak*. Embouteillages... »

Ex-ingénieur dans l'aviation, Sergueï s'est reconverti comme chauffeur de taxi et il ne le regrette pas : « C'est mieux payé. J'ai aussi cousu des chapkas pendant cinq ans, mais avec la crise... Il fait chaud comme ça aussi chez vous ? »

Au moment où Sergueï aborde le pont, le vent se lève soudain et se met à siffler. Je tente vainement de relever les vitres de la voiture. En bas, le fleuve Angara bouillonne déjà. Des vagues de plus en plus hautes, ourlées d'écume blanche, bondissent avec furie.

« *Stranno*, bizarre », dit Sergueï.

Les bouleaux se mettent à vaciller autour de nous dans tous les sens. Tout à coup, c'est le Sahara qui nous tombe sur la tête. Une poussière lourde s'abat sur nous, comme une pluie de cannelle moulue ; plus rien n'est visible. Tout devient marron alentour. Mes yeux me piquent. J'ai chaud. Je tourne spontanément la tête.

« Sergueï ! *Na prava !* À droite ! Le 4x4 ne nous voit pas, il nous fonce dessus !

— *Stranno*, c'est la première fois que je vois ça à Irkoutsk... répond-il, laconique.

— Sergueï, c'est un ou-ra-gan ! À droite !

— Ça va être difficile, un arbre risque de nous tomber dessus.

— *Na prava !* »

En toute tranquillité, Sergueï effectue un virage à 90 degrés, le véhicule tout-terrain nous passe devant. Les arbres, eux, sont déjà tombés, cassés net comme des allumettes.

« Attention aux câbles électriques !

— *Da.* C'est notre climat rigoureusement continental. »

Les câbles électriques des trolleybus et des trams sont à terre. Nous restons immobiles et solitaires sur la chaussée. « Ça y est, mon voyage s'arrête ici », me dis-je. J'immortalise le moment avec l'appareil photo, et lâche pour la première fois :

« Sergueï, *ia boyous'*. J'ai peur.

— N'aie pas peur, Géraldinka. »

Le temps est terriblement long. Nous attendons plusieurs minutes, témoins des éléments déchaînés. La voiture tremble. Comme la nature est imprévisible, et sa colère spectaculaire... Et si j'étais partie à pied ?

Nous reprenons notre route dix minutes plus tard, en slalomant entre les bouleaux abattus et les câbles abîmés. Virage à droite, virage à gauche, à grande vitesse. Je ferme les yeux et prie le ciel. Sergueï tourne la tête :

« Regarde ! La coupole de l'église... Elle n'est plus là !

— Sergueï... La route ! »

À la gare, je sors de la voiture en état de choc, couverte de poussière, mais néanmoins prête à accomplir le prochain Paris/Dakar. Devant moi, des ouvriers bouriates ont déjà repris le travail : ils posent calmement des pavés roses devant la bâtisse. À quelques mètres, près des portes, une trentaine de Russes fument nerveusement.

La nuit sera longue. Tous les trains ont plusieurs heures de retard. Je me console en achetant des *pirojki* aux œufs et au riz. Infects. Je m'assieds sur mon sac dans un coin de la gare. Il y a beaucoup de touristes chinois et russes. Les tournées de bière commencent, des bouteilles jonchent le sol. Dehors, le tonnerre gronde et les éclairs fulminent.

Je relativise la situation en songeant à mon retour, la veille, de l'île d'Olkhon à Irkoutsk, dans des conditions normales, à bord d'un minibus coréen en compagnie de Dennis, 26 ans, gentil chauffeur aux yeux clairs, de Sacha, beau gosse bouriate au torse nu tatoué, vêtu d'un jean noir retroussé jusqu'aux genoux, cheveux noirs en brosse et lèvres charnues. Léonid, aussi, Bouriate au crâne rasé et aux pieds nus.

« Tu es d'où ? Je connais la France. Paris, Nantes, Bordeaux, Lyon ! J'aime Maupassant, Victor Hugo, les classiques… Et, bien sûr, le football français, c'est encore mieux. Zidane, Blanc, Dugarry… *Krassavchiki*, des beautés ! Géraldinka, tu es mariée ? Ça te dit, avec moi ?

— *Da, kaniechna !* »

À ma gauche était assis Bernard, un Français qui s'était cassé le genou en faisant du trekking. Il me parla de son travail : « J'élève des truies dans le sud de la Russie. On en a près de trois mille. Partenariat franco-russe. C'est du travail… deux portées par an, vingt-cinq porcelets chacune... Moi je m'occupe du programme de reproduction génétique. Nous effectuons des croisements entre les meilleures races françaises et belges... »

Il tendit le bras triomphalement. « Cela donne d'excellents cochons charcutiers !

— Ah oui ? Il n'y a pas de mâle dans la ferme ?

— Si, un seul.

— Il ne peut pas s'accoupler ?

— Non. On le promène le matin devant les femelles et, si l'une d'elles est en chaleur, on la marque d'une croix sur le dos. Elle sera inséminée artificiellement. Sinon c'est le bazar, c'est comme si un homme devait choisir entre une femme et une poupée gonflable – tu comprends ? »

À bord également : Sergueï, ventre à l'air ; deux tourtereaux de 16 ans qui s'embrassaient beaucoup, et deux jolies Sud-Africaines, Sacha et Jenny. « Nous étions avec le *play-boy* à l'aller vers Olkhon, tu vas voir, ça va bouger ! » En bref, cela fut un enfer de sept heures par 40 °C avec bières et vodka dans une boîte à musique enragée – *« Enjoy the spirit, free your mind ! »* Boum-Boum-Boum-Boum ! –, odeurs d'aisselles et de pieds fatigués en prime, ainsi qu'un concerto pour raclements de gorge, crachats et orchestre. Mozart aurait aimé. De grands moments : un pneu crevé au milieu du désert, une vache morte sur la route, un convoi de fusées nucléaires SS20 qui nous dépassa avec arrogance, et la descente d'une bouteille de vodka au bord de la route pour fêter la prise de la Bastille. Bernard aussi, qui me fit part de ses soucis existentiels :

« Nous avons des problèmes avec la gestion des chaleurs chez nos truies… 20 % d'infertilité. Mais bon, il faut garder espoir.

— Et tu en fais quoi de toutes tes truies ?

— Quelque 70 % sont tuées pour la viande, 30 % sont vendues à d'autres fermes et, bien sûr, on en tue deux ou trois chaque semaine pour la cantine. »

Revenons à la gare d'Irkoutsk. Il est maintenant 2 heures du matin ; j'attends depuis cinq heures le train pour Oulan-Oudé. La gare s'est vidée. Je finis par m'endormir sur mon sac, parmi les canettes de bière. La scène est romantique. Je dors néanmoins profondément. Soudain, une voix déclare dans un haut-parleur : « Les passagers des wagons n° 11 et 12 du train n° 126 sont priés de s'adresser à la *diéjournaya* de la gare. » Victoire ! Je me lève péniblement. Marina Vassilievna me sourit. « Passez, *Diévouchka*. » Sur le quai, il fait nuit noire. Pas âme qui vive. Il pleut fort, mais j'aperçois à une dizaine de mètres la lueur chaleureuse du train vert bouteille qui m'attend. Mon refuge.

Comment le rejoindre ? En traversant la voie ferrée. Pieds mouillés, tête encrassée, encombrée par les sacs, j'ai belle allure. Chlik-chlak… Il ne manquerait plus que je reçoive une décharge électrique de 50 000 volts. Ma compagnie d'assurance serait ravie. Chlik-chlak. Grand écart sur les marches de ma chenille. Maxim Pavlovitch, jeune *provodnik* bouriate et secouriste aux urgences de l'hôpital d'Oulan-Oudé – ça tombe bien ! –, me prend aussitôt en charge.

« *Plokha !* Pas bon ! Vous allez rentrer chez vous déçue par notre accueil. »

Sa collègue, Janna, cheveux orange et ongles mauves, me tend le linge de lit frais. J'attrape les draps avec impatience.

Dans le compartiment n° 2, Andreï, jeune entrepreneur élégant, m'aide à ranger les sacs et à préparer mon lit sur la couchette supérieure.

« Je devais prendre l'avion mais, avec l'ouragan, j'ai dû prendre le train comme vous, dit-il en déroulant le matelas. Pourquoi êtes-vous venue ici ? C'est mieux chez vous, c'est plus propre. Les Russes sont si compliqués, si difficiles. Vous avez un oreiller ? »

Andreï fait partie d'une jeune élite raffinée, un peu désespérée car minoritaire : il a poursuivi ses études à l'étranger, un MBA à Philadelphie ; il est amateur de vignes, des Alpes, de Paris, mais en décalage total avec l'environnement du travail en Sibérie. Je suis troublée par sa galanterie et son air mélancolique. Un vrai Russe, malgré tout. Je m'écroule, fébrile.

À 6 heures 37, des secousses retentissent. Le train vient enfin de se mettre en branle. Nous longeons le lac Baïkal pendant des kilomètres et des kilomètres. Quelques barques de pêcheurs solitaires nous saluent. Près de moi, je sens alors une âme, fougueuse et vaillante, celle qui naquit à bord du train qui longeait le lac un jour de mars 1938... Nouréev. Cher Rudolf Nouréev ! Puisais-tu ici ta force, ton courage ? Je songe aussi à Iouri, dont le murmure me berce encore : « Baïkal... Beau, puissant et terrifiant dans sa splendeur ». Et à l'Aventurier, qu'il me tarde de retrouver. Comment réussira-t-il à me rejoindre, après l'ouragan ? Je vogue dans mes pensées, mains croisées sur les genoux, le regard tourné vers les montagnes, les plaines onduleuses et touffues, les isbas, les fleurs blanches, bleues, jaunes, orange, et les forêts de bouleaux. Éprouvée, je me rendors.

À 14 heures 30, nous entrons en gare d'Oulan-Oudé, avec un retard de huit heures sur l'horaire prévu. Sur le quai inanimé, un homme patiente. Lui ? Pas lui ? Il tourne sa tête bouclée, l'air inquiet, un livre dans la main. Victor Hugo. Lui. Je me mets à frapper sur la vitre, froide et encrassée. Si nous étions dans une histoire de Tolstoï, cet homme n'aurait rien entendu. Katioucha, dans un de ses romans, hurle en pleine nuit sur une voie ferrée le nom de Nekhlioudov qu'elle aperçoit dans le train, jouant aux cartes avec ses camarades. Il ne l'entend pas, et le convoi repart. Ils ne se reverront que dix ans plus tard. Ce roman, intitulé *Résurrection*, m'avait assommée. Mais voilà : après m'être cassé toutes les phalanges contre la fenêtre, l'Aventurier se retourne. Je descends du train en pleine forme, sale et en sueur.

Jamais Anna Karénine ne se serait présentée ainsi.

« Surprise ! » dit-il.

***

Oulan-Oudé ! Olé-Olé !

Nous voici donc dans la capitale de la république de Bouriatie, à 5 642 kilomètres et 5 fuseaux horaires de Moscou. Quel dépaysement ! À moins de 200 kilomètres de la Mongolie, c'est l'Asie pour de vrai. De belles têtes rondes aux yeux sombres, et une atmosphère décontractée, dans une ville de taille modeste, trois cent soixante-dix mille habitants, qui rappelle le sud de la France. Des bâtisses à deux ou trois étages, dans des tons doux – jaune, pêche et rose. Beaucoup d'arbres, une ville qui respire. Une place de la Révolution, où flânent des jeunes qui chantent les Beatles en karaoké, des couples qui se promènent avec beaucoup d'enfants et, à quelques pas, un joyeux marché de fruits et de légumes en provenance d'Asie, d'Amérique du Sud et d'Europe aussi. « Ça te dit, un coup de tête ? » me lance l'Aventurier. La tête géante de Lénine, la voici, inscrite dans le *Guinness des records*. « On dirait une énorme bulle de chewing-gum ! » dit-il, amusé. Les Bouriates et les Russes en sont fiers. Pas de photo de mariage sans le grand-père Lénine dans le décor. Tiens, de nouvelles fleurs ! Des clochettes rouge sang, partout.

Les Mercedes ne sont pas visibles ici de prime abord, mais de nombreuses banques sont en cours de construction. On voit aussi beaucoup de bus soviétiques jaunes et rouges, des minibus coréens, des automobiles de fabrication soviétique et des véhicules tout-terrain japonais.

Dans le centre-ville, une grande partie de la rue Lénine vient d'être aménagée en zone piétonne, très agréable, avec de nombreux commerces et un musée d'Histoire, ancienne maison d'un riche marchand, fréquentée par le tsar Nicolas II en 1891. Cent quinze ans plus tard, des jeunes jouent de la guitare et font de la *breakdance* sur de la musique rap près de son entrée. Au musée, je demande à Lydia, Bouriate rayonnante, ce dont elle est le plus fière ici.

« Nous vivons tous en harmonie, les Bouriates, les Évenks, les Russes, les Tatars... Ici, on ressent du bonheur, dit-elle. J'aime aussi le Baïkal, son énergie... Il suffit de se baigner une fois pour être bien toute l'année. »

J'ai déjà envie de nature. Mais il faut régler auparavant une petite urgence. Ce matin du 19 juillet, un courriel m'est parvenu :

« Hello, Géraldine,

Chérie, je suis un peu surprise de ne pas te lire ce matin : j'espère que tout va bien et que tu es arrivée à Ouda-Oube. Veux-tu vite faire un petit signe, STP. Merci.

Je t'embrasse.

Maman. »

Ce qui, en clair, signifie : « Donne des nouvelles avant que je n'appelle le président de la République, la Patrouille de France, l'armée de terre et les escadrilles de l'armée de l'air ». Je contacte donc ma mère pour lui dire que tout va bien à « Ouda-Oube ».

Je quitte la ville avec l'Aventurier, pour une quarantaine de kilomètres en bus. Nous éprouvons le besoin d'explorer les steppes, sauvages et sereines sous un soleil aveuglant. Nous marchons de longues heures sur fond d'une symphonie de grillons, criquets, sauterelles, abeilles et libellules. Au loin, les montagnes boisées dorment tranquilles comme de gros mammifères. Derrière, c'est la Mongolie, un univers caché et mystérieux...

Le calme saisissant qui règne ici nous rappelle que tout est vie, tout est amour, tout est beauté.

« Tu as vu comme c'est beau, murmure l'Aventurier. On est si bien. Il suffit de marcher pour se sentir libres. »

Nous sommes si comblés que nous chantons. Ivres de liberté, seuls au monde dans cette contrée lumineuse, nous respirons la terre, comme des enfants, allongés, les mains croisées sur le ventre, et la tête dans le ciel ; nous échangeons des paroles de vie, d'espoir, de crainte aussi sur l'évolution du monde.

« J'ai peur que ça pète, dit l'Aventurier, main sur le front. Et je n'ai vraiment pas envie de me battre. Il n'y a rien à faire, l'histoire se répète. »

Soudain surgit une vision étrange : un groupe de huit Russes d'âge mûr, invalides appuyés sur leurs cannes, s'approche de nous, accompagnés de leurs épouses. Ils s'arrêtent dans la cabane, où ils nous convient. Vodka ! L'un d'entre eux attrape une tasse en émail blanc remplie de la « petite eau » et répand trois gouttes au sol. Un autre prend du pain blanc, l'émiette, bénit à son tour l'air, le ciel et la terre. Saucisse, fromage, tartines, toasts par dizaines : nos hôtes nous gâtent dans des éclats de rire. Un ange finit par passer, une longue minute de silence s'écoule, où chacun mesure le bonheur qui nous inonde à cet instant, et son caractère inconstant. Volodia, le torse nu hâlé, se lance alors dans une chanson : *Lioubliou tibia, Bou-ra-tia !* (« Je t'aime, Bouriatie ! »). De toute son âme. La nature s'immobilise au son de sa voix. L'instant est de pure poésie.

Ils repartent comme ils sont venus, l'âme folâtre, rajeunie, malgré leur handicap. Je ne sais pas s'ils se souviennent de nous. Je pense que oui. Comme la plupart des Russes croisés jusqu'à présent, ce sont des êtres sensibles qui ont osé dévoiler leur cœur.

Trois jours plus tard, l'Aventurier me quitte pour effectuer 2 000 kilomètres à l'ouest du pays, dans la région de Novossibirsk. Son train part à minuit, sous une pluie battante. Une quête émouvante l'attend, à la recherche de ses origines ; un grand-père russe, Fiodor, qui aurait vécu à Biisk, non loin de l'Altaï, une maison, un quartier où aurait grandi Vladimir, son père, avant de conquérir la liberté. En 1975, celui-ci avait en effet réussi l'impossible : un passage dans le « monde libre » au volant de sa Volga blanche. Un rêve inaccessible, mélancolique, pour l'ensemble des Russes de l'époque. La rage de vivre forge les grands destins. Son fils avait hérité tout naturellement de cet amour pour l'action. La séparation d'avec l'Aventurier fut difficile.

« On a tous les deux une mission, me dit-il. Toi, ton voyage jusqu'à Vladivostok ! Moi, retrouver l'endroit où a vécu mon grand-père. Et encore, je ne suis pas sûr de trouver quelque chose... »

Je décide de poursuivre mon avancée vers l'est, déterminée, malgré la solitude et un certain spleen. Il me reste encore 4 000 kilomètres à parcourir, en direction des navires de la Flotte russe du Pacifique. Avant, je décide de me rendre à Ivolginski Datsan, un monastère bouddhiste situé à 35 kilomètres d'Oulan-Oudé, réputé magnifique et plusieurs fois visité par le dalaï-lama. Je me suis préparée à ce rendez-vous spirituel. La veille, j'ai succombé à la fièvre du samedi soir en me rendant seule au cinéma rue Lénine. À l'affiche, deux *blockbusters* hollywoodiens et une production russe, *Notchnoï dozor* (« Veille de nuit »), « intéressante » d'après la demoiselle du guichet. Adjugé. La salle de projection, salle Rouge, était comble. Moyenne d'âge, 18 ans. Installée dans un fauteuil velours entre deux adolescents, je fus livrée à un spectacle des plus reposant : deux heures de scènes sanglantes et assourdissantes, une histoire moderne de vampires assoiffés de sang avec, en prime, un charter de l'Aeroflot qui perd un boulon en plein vol et s'écrase, des images truffées de corbeaux noirs géants, de cafards luisants et de criminels pas très aimables. Mes camarades étaient comblés – « Ha ! Ha ! *Zoubov niet !* Il n'a plus de dents ! » – et moi, traumatisée. Je n'ai pas fermé l'œil de la nuit.

Le matin suivant, je me rends au *datsan* en bus puis en Jigouli. Nous sommes six passagers dans une petite auto cabossée, conduite par un vieux monsieur muet. À côté de moi est assis un jeune Bouriate de 15 ans, élégant dans sa chemise blanche et son costume noir. Sa mère semble anxieuse. Le silence règne jusqu'au monastère. Dès sa sortie, l'adolescent se dirige calmement vers l'enceinte sacrée. Je suis fascinée par son air droit et son visage d'enfant, doux et grave à la fois. Bayorma, sa mère, me confie :

« Il s'appelle Ayour. J'ai essayé de le convaincre de devenir cheminot, mais il n'y a rien à faire. "Je veux devenir lama. Je veux aider les autres et faire le bien", me dit-il.

— Il passe un examen ?

— Oui, c'est le dernier... dit-elle, main sur la gorge.

— Il va réussir, j'en suis sûre ! dis-je en lui prenant la main.

— *Spassiba*. Je ne sais pas. Il y a beaucoup de demandes, peu de place. Le concours d'entrée est ardu. »

Sept ans d'études attendent Ayour s'il réussit. Il devra apprendre trois langues : le tibétain, le mongol et l'anglais. Je tenterai plus tard de retrouver Bayorma. En vain. Mais je suis sûre, en mon for intérieur, que son fils est parmi les siens au temple. Et qu'il édifie le Bien.

Après avoir assisté à une cérémonie religieuse, je pénètre dans une *zakousotchnaya* – un troquet – en face du *datsan*. Les minutes qui précèdent le partage sont souvent extraordinaires. Devant moi au comptoir se trouve un homme de taille moyenne, d'âge mûr, vêtu d'une toge bordeaux, un long bracelet de prière en bois enroulé autour du poignet gauche. Nous nous saluons par un sourire, car j'ignore hélas comment on salue un bonze. Il commande deux *posy* – viande farcie avec de l'oignon enrobé d'une pâte blanche, semblable à une gousse d'ail –, un thé au lait et une boule de pain. Je fais de même. Nous nous installons derrière une lourde table en bois. Je me sens tendue. C'est émouvant de partager un repas avec un être qui irradie le Bien. Nous mangeons en silence, jusqu'au moment où un jet de sauce rouge, brûlante et épaisse, jaillit sur ma chemise ivoire. Le lama me tend une serviette en papier rose, amusé.

« Il faut boire le jus d'abord, et ensuite manger la viande ! Regarde, tu fais un trou dans la pâte et tu aspires. Tu viens d'où ? »

Lorsque je réponds, il sourit mais ne dit rien. Il continue de manger avec appétit. Son visage est harmonieux, yeux en amandes, nez très fin et de belles dents de porcelaine. Il me regarde, il m'étudie.

« Tu t'appelles comment ? demande-t-il en mâchant la viande.

— Génia, enfin Géraldine, dis-je, maladroite, mais c'est long et compliqué ! »

Son prénom à lui est beau, chargé de sens, mais je l'appelle ici le Sage, simplement. Dans une vie antérieure, le Sage a été mécanicien dans une ferme d'État.

« Qu'aimez-vous le plus au monde ? lui demandé-je.

— Les femmes ! répond-il en riant. Aider les autres...

— Quel est votre rêve ?

— Atteindre la perfection. Es-tu familière du bouddhisme ?

— Non, je dois l'étudier davantage ! Comment dit-on donc “bonheur” en bouriate ? »

Il sourit et écrit : *jargal*. Il m'apprend aussi *khaïn* – « c'est bien » – et d'autres mots, que je répète lentement. Je lui apprends à mon tour des mots simples en français et en anglais, paroles d'amitié et de reconnaissance.

« Venez avec moi », dit-il.

Il vérifie son téléphone portable, et nous repartons ensemble vers le monastère. Pendant le trajet, j'ai du mal à parler, la vue de son mobile ayant déclenché une crise profonde en moi. Je finis par découvrir son univers : une maisonnette en bois au plafond bas et aux murs blancs couverts de divinités. Elle fleure bon l'encens. Sur son bureau étroit, une plume de paon, une coupelle de riz, des tissus or, des livres de prières et des mantras couchés sur des feuillets blancs épars. Un rayon de soleil ténu s'épanche sur ses trésors. Il s'enquiert de ma date de naissance et de savoir si je sens une présence qui m'accompagne au cours de mon voyage.

« Ta grand-mère, ton grand-père, étaient guérisseurs ?

— Non... Mais je sens effectivement une présence, des anges peut-être. »

Il tend le cou, tire sur ses articulations, puis consulte un livre.

« Il ne faut pas acheter ni porter du noir jusqu'en février 2005. Aussi, il ne faut pas nager loin... Ton chiffre, c'est le 7. Viens me voir vers 18 heures, nous rentrerons ensemble à la ville. »

Pensive, je le laisse et entame une longue marche dans les alentours. Quelle rencontre intrigante... C'est alors qu'une dizaine de sauvageons, âgés de 9 à 11 ans, et deux cents vaches croisent mon chemin. L'apprivoisement est laborieux. Ni le jus de fruits ni les oranges tirées de mon sac n'aident à établir un contact. Les chansons non plus. Au bout de plusieurs minutes de désespoir, c'est le déclic :

« Est-ce que vous aimez Zidane ?

— *Da!* » hurlent-ils.

Marik, Baïr, Ayour, Bimbé, Slava, Rintchin, Serioja, Dima, Danil. À l'aide de la carte du monde, je dispense un petit cours de géographie à ces garçons et leur apprends leurs premiers mots étrangers. Le reste sera conté une autre fois. J'ignore s'ils réussirent ce jour-là à prononcer « je t'aime » à leur mère, en anglais et en français. Mais je retins de cette rencontre, advenue par le plus grand des hasards, un moment attendrissant, de ceux qui rendent la vie vraiment belle.

Vers 18 heures, je retourne chez le Sage. La porte est ouverte. Scène saugrenue : il est en train de prier. Je recule. De la main droite, il me fait signe d'avancer, tout en continuant à prononcer son mantra à voix haute, les perles de bois dans la main, assis derrière son pupitre, sur lequel sont posées de nouvelles offrandes : trois bouteilles de vodka, des sachets de bonbons et des gâteaux... Je m'installe en face de lui, au bord d'un lit simple, et l'écoute les yeux fermés, gênée. Sa voix monocorde est apaisante. Régulièrement, ses doigts caressent les perles. Une lumière chaude, orangée, traverse la vitre et se pose sur le vieux plancher. Tout en priant, le Sage sort une mallette de cuir noir *made in Japan*, range ses affaires et vérifie son téléphone portable... Soudain, la fermeture Éclair de sa mallette se coince. Il marque une pause dans sa prière, puis force le mécanisme. Et il reprend. Je pose une bouteille de jus de pomme sur son bureau. Il remercie d'un hochement de tête, la prend, marque à nouveau une pause dans son mantra pour sortir une paille et se remet à prier avec un geste de la main gauche vers l'arrière, peut-être pour remercier Bouddha.

J'avais remarqué ce geste au temple auparavant, lorsque des lamas assis derrière leurs pupitres accueillaient des visiteurs russes et bouriates qui portaient des offrandes. Chacun de leurs mouvements était aérien : la manière de réciter à l'unisson, d'allumer un cierge, de faire tinter une cloche, ou encore de bénir les mantras avec ce qui ressemblait à du gros sel. De temps à autre, un lama agitait une plume de paon, ou déplaçait un soleil en bronze pour l'entourer de foulards chatoyants. Sur fond de voix graves, de tambours et de cymbales légères, j'avais fini par m'assoupir sur la banquette et par gagner, en définitive, le royaume mystique du Tibet.

« Géraldinka, je peux me changer ? demande soudain le Sage.

— *Da, kaniechna !* » dis-je en rougissant.

Peu après, le Sage réapparaît, métamorphosé dans une tenue de ville, un polo blanc sur un pantalon de coton crème. Ses chaussures de cuir beige sont impeccables. Dans le minibus qui nous ramène à Oulan-Oudé, il consulte les messages sur son portable, répond à un appel qui déclenche une sonnerie de french cancan, puis range l'appareil dans sa mallette. Éberluée, je m'efforce de ne pas y penser. Par candeur, je souhaite croire qu'il est un être parfait, détaché du monde matériel, comme le prône sa religion. Tout naturellement, il déroule à nouveau son chapelet et prie à voix haute. De loin en loin, il regarde ma main droite, l'ouvre et prie en me palpant l'auriculaire.

De même avec la main gauche. Je le regarde et joins les mains, reconnaissante.

« Pas comme ça, dit-il. Comme ça... »

Il prend mes mains dans les siennes, forme une sorte de coupelle, comme un coquillage, les pouces légèrement repliés.

« Vas-y ! »

Au-dessus de la tête, devant le front, la gorge, le buste... je m'incline.

« *Vot, tak !* Voilà, c'est ça ! » dit-il en riant.

Chapitre 10

TRAIN DE 10 HEURES 26 POUR KHABAROVSK, 8 521 KM

POUR REJOINDRE Khabarovsk, capitale de l'Extrême-Orient russe située à quelque 3 000 kilomètres à l'est d'Oulan-Oudé, je décide de voyager à nouveau en *platskartnyi* (troisième classe), durant trois jours et deux nuits. Train n° 8. Départ le 26 juillet. J'ai fait des provisions au magasin le matin même – deux bananes, deux pommes, deux jus de fruits, deux brioches, des chips, une tablette de chocolat et des bonbons pour tout le monde.

J'arrive en avance à la gare, comme toujours. J'aime l'atmosphère délicieuse de l'attente et des départs. Première nouveauté : un téléviseur est allumé dans une grande salle comble. Les Russes sont absorbés par un film américain des années 1980, *Ghostbusters*. Certains font des mots croisés, d'autres la queue devant les kiosques de la pharmacie, des livres et du tabac Victoria. Autour, des enfants se promènent en faisant glisser leurs pieds sur le sol. Dans cette atmosphère décontractée, personne ne prête attention à une grande affiche que j'ai déjà aperçue plusieurs fois au cours de mon voyage à travers la Russie : « LE TERRORISME – UNE MENACE POUR LA SOCIÉTÉ ».

Illustrations à l'appui, l'affiche gouvernementale expose les précautions à prendre dans des situations diverses, en cas de soupçons d'activité terroriste ou de prise d'otages. « La guerre c'est la paix, la liberté c'est l'esclavage, l'ignorance c'est la force », écrit George Orwell dans *1984*. Les slogans du « ministère de la Vérité » trouvent un écho singulier aujourd'hui. Je tourne la tête. Une voix féminine annonce l'arrivée du train de 10 heures 26 (heure de Moscou) sur la voie 3. Une musique euphorique accompagne toutes les annonces en gare, le refrain d'un célèbre chant de Noël, en plein été : *« We wish you a merry Christmas. »*

This is Russia !

« Il est interdit de traverser les voies à pied », annonce le message enregistré. Je sors sur le quai avec les Russes, encombrés de ballots et de provisions. Le temps est lourd et nuageux. Nous repérons l'escalier qui doit nous mener à la voie 3, à plus de 50 mètres de distance. Que faire ? Nous désobéissons, bien sûr ! Les Russes en font toujours à leur tête. C'est là que réside leur force, leur salut aussi. Nous traversons la voie ferrée à pied, dans un éclat de rire. Comme à chaque fois, je rejoins euphorique mon wagon vert bouteille. Peut-être ai-je développé une dépendance excessive envers le train, devenu aussi vital, aussi cher que son jouet favori pour un enfant. J'y trouve chaleur, protection, réconfort. Peut-être le train nous aide-t-il à affronter la vie. Les heures passées à méditer devant des campagnes paisibles mènent à une connaissance de soi et de l'environnement que l'homme a souvent oubliée, faute de temps, l'appât du gain étant devenu le principal moteur d'un prétendu développement. Je ne compte plus les heures, leur cruauté s'est évanouie… c'est là un accomplissement qui me rend sereine.

Mais où donc est-elle, ma nouvelle *provodnitsa* préférée ? La voici ! Petite, la cinquantaine, vêtue d'un costume bleu usé, avec sur le cœur un badge des Chemins de fer russes. Elle regarde mon passeport, mon billet… Quelle sera sa réaction ? Je l'attends avec impatience ! Moment exquis…

« *Frantsiya ?* Camarade ! Bien ! » s'exclame Natalia Ivanovna.

Je suis ses jambes blanches, courtes et dynamiques. Elle m'indique la place n° 20 dans le dortoir de cinquante banquettes, mais celle-ci semble occupée par une jeune Tsigane, mère de six enfants ; le petit dernier est enveloppé dans un drap blanc. C'est un nourrisson, il a un mois à peine. Où me mettre ? Macha, la seconde *provodnitsa*, 19 ans, étudiante à Novossibirsk, la bouche en cœur, m'indique une autre place, proche de l'entrée, banquette supérieure. Je songe déjà à mes reins.

« *Maya diévotchka !* Ma petite fille ! Tu vas être comme à la maison ! » me lance Natalia en déroulant le matelas avec la force d'un moujik.

Ma *provodnitsa* a passé vingt ans à parcourir l'ex-URSS en train et elle ne s'en lasse pas.

« Il vaut mieux me demander où je ne suis pas allée, dit-elle, amusée. Le train, c'est ma deuxième maison, mon autre famille ; j'aime mon métier, je fais tout le temps des rencontres ! »

Elle se dirige vers le chauffe-eau qui n'est pas électrique, mais chauffé au charbon. Avec la force de trois bûcherons, Natalia gave l'estomac en zinc noir de lattes de bois et de papier journal. C'est un appareil de suprême importance dans le train : c'est lui qui nous fournit le précieux thé brûlant.

« Tu n'es pas partie toute seule comme ça tout de même ? demande-t-elle en buvant une gorgée de thé dans sa tasse rouge *“Be my Valentine”*.

— Si.

— Tu es partie toute seule à travers la Russie ? »

Elle fond en larmes.

« Je suis sous le choc, dit-elle en posant sa main sur le cœur. C'est très risqué par les temps qui courent, notre pays est si instable. Mais c'est bien, je suis contente. Nous, on n'a pas les moyens de venir vous voir en France, donc ça fait plaisir... Tu comprends ? »

Le train a entamé sa course depuis plusieurs minutes. Les *konfetty* (bonbons russes) étalés sur la tablette, je fais connaissance avec mes compagnons de voyage, notamment Galina, d'origine ouzbèke, ancienne ouvrière dans une usine textile d'Irkoutsk.

« J'ai travaillé douze ans, puis tout s'est cassé la figure il y a dix ans. Maintenant, je fais du petit commerce, j'achète et je vends des manteaux au marché, importés de Chine. Ils ne sont certes pas de la même qualité que chez nous. Tu connais la Chine ? »

Son fils Guéorgui, âgé de 9 ans, se blottit contre elle.

« Moi, je rêve de devenir chirurgien ! »

Son père est mort dans un accident de voiture en 1999.

« *My jiviom*, nous vivons », dit Galina sans amertume.

Sergueï, étudiant à l'Institut des Chemins de fer de Tchita, nous accompagne aussi. Charmant, les yeux vert Véronèse, il me parle des heures durant de sa passion pour le rap russe.

« Des chansons avec de l'idée. Ça te dit d'écouter ? »

Par la fenêtre, nous jouissons de la vue du vaste bassin et des chaînes de montagnes branchues, denses, ondulantes, immobiles comme un boa endormi. Les pins, les cèdres, les sapins et les épicéas s'approchent de nous, leur feuillage vacille dans un geste de fraternité. J'ai le sentiment d'être dans un conte fantastique, entourée de milliers d'âmes aimantes. Je voudrais avoir la main grande comme celle de Gulliver au pays des Lilliputiens pour caresser tous ces êtres. Pendant ce long trajet, Natalia Ivanovna prépare dans sa cabine une petite surprise dans une casserole frémissante. De la soupe *oukha* : poisson, pommes de terre, oignons, et beaucoup d'amour pour tous. Galina, de son côté, pèle les plus belles tomates de la terre, énormes et gorgées de soleil : « *Kouchaï !* Elles sont de Tachkent, on les appelle des “cœurs de bœuf” ! »

Régulièrement, Natalia nous rejoint sur la banquette. Nous parlons de la vie, du travail, de la famille tout en savourant la soupe, parfumée au poivre et à la coriandre. Nous jouons aux cartes, aux jeux du « crétin » *(dourak)* et de « l'ivrogne » *(pianitsa)*. Elle pose parfois un front complice contre la tête de Galina, la main gauche sur son genou, lui sourit, la félicite pour son courage.

Au cours de ce périple de 3 000 kilomètres en classe *platskartnyi*, je finis par m'oublier, rassérénée dans ce cocon, absorbée par le spectacle de la nature. Nous traversons aussi beaucoup de villages en bois sombres et solitaires, où la souffrance des êtres semble se réduire à un simple soupir caché derrière les murs.

« *Rossiya biedna, no narod vissioly*. La Russie est pauvre, mais le peuple joyeux », lance Volodia.

Je songe à Sacha, rencontré dans les rues de Krasnoïarsk, qui m'avait confié ne pas avoir d'autre choix, au terme de quatre ans de prison pour vol, que le crime pour nourrir sa femme et sa fille. Et ce, malgré des études de gestion et de comptabilité. Le bagnard, légèrement ivre, m'avait saluée dans la rue d'un baisemain, les yeux mouillés par la joie de cette brève et inhabituelle rencontre. Où est-il, maintenant ?

« Il était une fois une petite fille que tout le monde aimait bien, surtout sa grand-mère, qui ne savait qu'entreprendre pour lui faire plaisir. Un jour, elle lui offrit un petit bonnet de velours rouge... » Près de moi, une jeune mère, Lena, lit doucement le célèbre conte à sa fillette, *Krasnaya Chapotchka* (« Le Petit Chaperon rouge »). Son livre est grand et usé.

« C'est une anthologie offerte par ma grand-mère quand j'avais 5 ans, dit-elle. On ne trouve plus ces livres aujourd'hui… Je l'emporte partout avec moi. »

La fillette écoute sa mère, jouant tel un chaton avec sa main blanche couverte d'anneaux discrets. Je cligne des yeux, attendrie. Et c'est tout le wagon qui dort, bercé par la voix douce de Lena, et le rythme envoûtant des roues sur les rails. Éternel, inoubliable et beau. Tarata-taaa… Tarata-taaa… Tarata-taa…

*
* *

Trois jours plus tard, notre train approche de Khabarovsk. Distance de Moscou : 8 521 kilomètres et 7 fuseaux horaires. La végétation qui nous entoure est luxuriante et dense. Des datchas se rapprochent, aux jardins plantés de tournesols et de glaïeuls versicolores.

Il n'y a plus d'eau depuis cinq heures, ni dans les petits coins parfumés, ni dans le chauffe-eau. Mais, point positif, la musique populaire russe est présente dans tout le wagon, et je maîtrise désormais comme les autochtones l'art de grimper sur la banquette supérieure à une vitesse record, non sans dégâts, après m'être brisé le pied droit contre la tablette blanche. Voici que nous traversons le fleuve… Amour ! À la charge ! Je cogne ma tête contre la banquette et me meurtris les deux pieds par terre. Depuis le fumoir du wagon, où règne un taux de nicotine de 100 %, j'aperçois mieux les eaux immenses et mythiques… Un cordon ombilical long de 4 300 kilomètres qui sépare la Russie et la Chine, et qui compte une centaine d'espèces de poissons, nécessaires à la survie des petits peuples de la région. Salmonidés, esturgeons, carpes diverses et variées... Ils constituent une base alimentaire primordiale et leur peau est précieuse : une fois séchée et travaillée, elle est utilisée par les chasseurs-pêcheurs, notamment par les Nanaïs[17], pour créer des vêtements, des chaussures souples l'été, pour assembler des voiles aussi pour les embarcations de pêche...

L'eau a perdu sa couleur bleue d'origine, elle est devenue terreuse. J'aperçois des barges... Qu'elles sont longues ! Sur leur dos, des tonnes de grumes de pins de Sibérie en partance pour la Chine. Nous sommes en effet à une trentaine de kilomètres de la frontière avec le Céleste Empire. Les secondes passent lentement, les impressions neuves se gravent en douceur dans l'âme du voyageur. Le pont que nous traversons fait 2,6 kilomètres de long. Comme tout est vaste ! Ta-raaa, Ta-raaa, Ta-raaa... Le petit train russe ralentit, essoufflé, et finit par s'arrêter. Je descends, soulagée.

« *Do svidaniya !* Au revoir, Géraldinka ! crie Roman, au beau torse nu et velu. Je fais le trajet Vladivostok/Novossibirsk en voiture dans quelques semaines... Voici mon numéro de téléphone, si jamais ça te dit. »

Plus de 5 000 kilomètres sur les routes russes en compagnie d'un torse velu ? *Spassiba*, je vais réfléchir.

***

Il fait nuit, déjà. La foule est nombreuse sur le quai, encombrée de gros paquets. Pas de visages bouriates ici, mais des Russes de type européen… en Extrême-Orient. Je force le passage. J'ai chaud : il fait au moins 30 °C, et l'air est très humide. Il me faut maintenant trouver un hôtel, mais le centre-ville est loin. J'aborde un taxi, une vieille Volga grise, qui me conduit à l'hôtel Lioudmila, immeuble avenant, en béton armé gris. Je tire la porte. Un jeune vigile potelé en tenue de combat me fusille du regard.

« *Niet miesta*, pas de place », dit-il.

Une femme en robe jaune évasée, style années 1950, très maquillée, me lance : « Vous ne trouverez pas de chambre ici à Khabarovsk, à moins de payer 200 dollars chez Intourist, dit-elle, hilare. Vous voyagez seule ? Quelle idée ! C'est risqué vous savez. »

Démoralisée, je repars. Il faut faire vite. Je découvre une ville riche et propre. Le contraste avec Oulan-Oudé est saisissant. Beaucoup de rues sont en pente, la ville étant construite sur des collines. C'est un endroit idéal pour passer son permis de conduire et rater les démarrages en côte. Partout des pétunias et des lampadaires de style montmartrois, zinc noir et boules blanches. De nombreux jeunes déambulent dans la rue, bronzés, téléphones portables pendus autour du cou… Il règne ici une agréable atmosphère de station balnéaire. Quelques hommes sont vêtus de chemises hawaïennes, et les femmes, semblables à des berlingots, se promènent dans des robes légères aux couleurs acidulées. De vrais modèles, belles et fines.

Je traverse la place Lénine. Il me fatigue, Lénine. Des œillets sont déposés au pied de la statue de l'ancien dirigeant soviétique, face à une grande banque. L'inscription en lettres majuscules dit : « Le communisme, c'est le niveau supérieur de développement du socialisme, lorsque les hommes travaillent avec la conscience de la nécessité d'œuvrer pour le bien général. »

Il est 22 heures quand je pénètre dans l'hôtel Tsentralnaya. Elena, la réceptionniste, est au bord de la crise de nerfs. Trois cars de touristes sont arrivés, dont les occupants, originaires de Kharbin, en Mandchourie, encombrent le hall. De petite taille, ils parlent fort, comme s'ils avaient des morceaux de bœuf Strogonoff brûlants sur la langue.

« Vous avez de la place ?

— Mm… *da*.

— Vous avez beaucoup de touristes de Chine, c'est bien. *Ekzotitchna !*

— Pour vous, c'est exotique, dit-elle, deux combinés plaqués sur les oreilles. Vous verrez quand ils débarqueront chez vous. Votre passeport… Vous êtes venue toute seule ? dit-elle sans lever les yeux. Ttt-ttt… C'est très risqué dans notre pays, ces temps-ci. »

À nouveau démoralisée, je monte au premier étage, prête à m'effondrer. Olga Vladimirovna, *diéjournaya*, me sourit d'un regard attendri, assise comme un gros chat derrière une table, un samovar en métal argenté à ses côtés. « *Dobryi vietcher !* Bonsoir ! »

Quarante mètres de couloir, et la langue chinoise audible partout. Comment communiquer ? J'ai l'impression d'être Charlotte dans le film *Lost in Translation* de

Sofia Coppola, seule et désemparée dans un environnement qui m'est étranger. Je découvre la chambre n° 241, propre et confortable. Les rideaux sont tissés, le dessus-de-lit aussi. Sur le bureau, un téléphone rouge à cadran me permettra, en cas de besoin, de contacter Vladimir au Kremlin. Sur la porte, on peut lire des instructions claires en cas d'incendie :

- Restez calme ;
- Prévenez votre responsable d'étage ;
- Gagnez le rez-de-chaussée ;
- Prévenez la direction et vérifiez que l'information passe aux pompiers.

En cas d'incendie hors de votre chambre :

- Appelez à l'aide depuis votre fenêtre.

Me voilà rassurée. Je décide de faire des provisions rue Karl-Marx chez Rousskaya Vodka, une épicerie étroite qui ne comprend pas moins de sept étagères de bouteilles de vodka et autant de caméras de surveillance, puis je retourne à l'hôtel pour m'affaler dans le lit aux oreillers les plus moelleux de la terre, recouverts de linge aux motifs de papillons. Le summum du confort après trois jours de banquette dure qui ont fracassé mon squelette. Dire qu'au XIXe siècle les Russes traversaient le pays en tarantass et à cheval. Ils sont fous, ces Russes !

Je me recroqueville. Mon voyage tout entier défile dans mon esprit, les joues chaudes enfouies dans l'oreiller parfumé. Déjà 8 500 kilomètres, Irkoutsk passé, mais je n'ai toujours pas gagné le bout du pays… Je me sens différente, libérée et régénérée. Je pense à Lesley Blanch. Accompagnée et étroitement surveillée, la romancière avait fait d'Irkoutsk son terminus. Chère Lesley... Tous les jours je me demande si ma missive lui est parvenue. Une humble pensée expédiée avant mon départ. Qui sait ? La grande voyageuse vient de fêter ses 100 ans. Il n'est guère coutume de perturber une âme de cristal. Je poursuis mon voyage sans relâche, en pensant à elle.

*
* *

Après quelques jours de repos au bord du fleuve Amour, le moment est venu d'acheter le billet de train pour mon ultime étape, Vladivostok. Je repère une billetterie dans l'artère principale de Khabarovsk, dont le nom est facile à retenir : Mouravieva-Amourskovo. C'est un hommage à l'ancien gouverneur de la Sibérie orientale, le comte Nikolaï Mouraviev-Amourski, celui qui fut le premier à soutenir l'idée de la construction d'un chemin de fer reliant la Russie d'Europe à l'Orient, en 1857. Un moyen de transport jugé fondamental pour acheminer efficacement les matières premières exploitées, les ressources minières et agricoles. Le gouvernement russe ignora sa requête pendant vingt ans, et le comte ne vit pas l'aboutissement de son rêve ; le pauvre homme est mort dix ans avant le début des travaux, en 1881. Je pousse deux lourdes portes et déboule dans le bureau de Natacha, blonde au sourire parme. Une femme passe énergiquement la serpillière, ses gants roses assortis à ses belles joues saines.

« *Zdravstvouïtiyé !* Bonjour ! lancent-elles en chœur.

— Je voudrais un billet pour… Vladivostok, dis-je la gorge serrée.

— *Niet* problème. Asseyez-vous. C'est pour demain ?

— Oui ! »

Mon cœur tambourine dans ma poitrine.

Clic-Clic. Toc-Toc-Toc. Elle tape quelques lettres sur le clavier de son ordinateur à écran plat.

« Notre ville vous a plu ?

— Oui, c'est une belle ville, très propre !

— Cela fait cinq ans que c'est ainsi. Avant c'était différent, il n'y avait pas autant de fleurs.

— Moscou doit vous paraître bien loin…

— Moscou ? Ha ! C'est un autre pays !

— C'est une autre république ! lance Raïssa, hilare, les mains fermement enroulées sur le manche du balai. Ils pensent que les ours et les tigres parcourent les rues ici. Ils ne sauraient même pas situer Khabarovsk sur une carte.

— *Tak… Tak…* Ça y est. J'ai une place pour vous dans le train n° 6, « Océan ». Il part pour Vladivostok demain, à 12 heures 20, heure de Moscou + 7 fuseaux horaires ; ça fait un départ à 19 heures 20. Ça vous va ? »

Les joues en feu, le cœur prêt à éclater, je réponds : « *Da, da !* Vous pouvez répéter s'il vous plaît ? »

Quelques minutes plus tard, sous un soleil éblouissant, je contemple mon billet couleur champagne. Comme à chaque fois, j'admire sa simplicité, le médaillon doré des Chemins de fers russes en haut à gauche. J'éprouve la même joie que lors de l'achat, à Moscou, du premier titre de transport pour Iekaterinbourg. Dans le creux de ma main, je tiens un document plus précieux que mille billets de loterie.

Cœur, petit cœur, calme-toi, tu t'apprêtes seulement à voir… le bout du monde !

Chapitre 11

TRAIN DE 12 HEURES 20 POUR VLADIVOSTOK, 9 288 KM

LE 3 AOÛT, vers 17 heures, je quitte l'hôtel Tsentralnaya. Elena, la belle réceptionniste qui m'avait accueillie un peu sévèrement le premier jour, est tout agitée. Dans le hall, de nombreux Chinois assistent à nos adieux mouvementés.

« Tu pars déjà ? Attends ! J'ai un ami à Vladivostok, il tient une agence de voyages, il pourra t'aider. Tu ne vas pas rester là-bas toute seule. Ne bouge pas, j'appelle ma mère. »

Je rassure Elena et la salue une dernière fois. Dehors, il fait à nouveau 40 °C. Avec mon pantalon épais, ma chemise, mon pull et mon blouson, je vais arriver à nouveau fraîche à la gare ! J'arrête un taxi. Sergueï m'emmène, dans sa voiture blanche Super Saloon, musique russe à 75 000 watts, fenêtres ouvertes et accélérateur calé sur 80 kilomètres/heure. J'ai de l'espoir en découvrant un autocollant sur le pare-brise : « Croyez en Jésus-Christ et accordez-vous le salut. » Je songe à mes rencontres, à Fei (ce qui signifie « envol » en chinois) qui m'a appris, avec 15 grammes de vodka dans le sang, à célébrer dans sa langue natale l'amitié entre les peuples ; à Lidia Alexandrovna, une babouchka petite et discrète, rencontrée au Musée historique dans la salle des Cosaques. Difficile de prime abord : plongée dans un profond sommeil sur sa chaise, la tête penchée en arrière, la grand-mère ronflait comme une moissonneuse-batteuse, en dépit de la présence énergique des officiers et de leurs armes. Je dus la réveiller. Ressuscitée, elle me conta l'intégralité de l'histoire militaire de la Russie, comme si elle y avait participé – de la conquête de l'Extrême-Orient par les Cosaques au XVIIe siècle jusqu'à la percée des bolcheviks en 1917-1922, en passant par les relations tendues avec la Mandchourie et nos amis du pays du Soleil-Levant.

Je me rappelle aussi les deux chatons entraperçus au musée d'Histoire naturelle – les tigres de l'Amour, qui habitent le massif Sikhote-Aline sur l'océan Pacifique. Ce sont les plus puissants du monde, 4 mètres de long, 380 kilos. Le seigneur de la forêt sibérienne est aujourd'hui menacé d'extinction, en raison du braconnage et de l'exploitation forestière continue. Ces animaux ont déjà disparu en Chine, en Corée et en Mongolie ; il n'en resterait plus que trois cents dans l'Extrême-Orient russe. On trouve aussi dans cette « jungle du Nord » le léopard des neiges, l'ours noir de l'Himalaya, l'immense hibou-pêcheur dit « kétoupa de Blakiston », des grues et, le long du Pacifique, la baleine grise, en voie de disparition elle aussi. Dans ce territoire vaste comme mille mers vivent également de nombreux petits peuples silencieux, nomades ou sédentaires, aux noms exotiques : Nanaïs, Évenks, Évènes, Iakoutes, Koriaks, Ioukaguirs, Tchouktches, Orotches, Oultches, Oudègues… Plus de vingt-cinq ethnies habitent l'Extrême-Orient russe, présentes bien avant les premiers colons slaves. J'aimerais dire bonjour à tout ce petit monde, mais ce sera pour une autre fois.

Nous voici à la gare couleur pêche ; mon train russe ne va pas tarder. Je reste peu de temps à l'intérieur de la gare, en raison de l'odeur pénible qui se dégage des travaux de restauration en cours. Les plafonds en béton noir ne paraissent pas très solides. De nombreux Russes, sagement assis, font des mots croisés, ou lisent la dernière édition de *Komsomolskaya Pravda*, l'ancien quotidien des Jeunesses communistes, qui réalise le plus gros tirage en Russie. Les murs sont étroits, couverts de céramique bleue ou de brique rouge. Des hommes et des femmes en tenue légère font la queue devant un troquet, *zakousotchnaya*. En vitrine, une variété de mets appréciés des voyageurs gourmands : nouilles, chips coréennes, saucisses, lard, *pelmeny*, algues en conserve, boîtes de maïs, sardines, graines de tournesol, olives et bière russe.

Après avoir traversé un tunnel sombre au sous-sol, je découvre l'animal en haut des marches : il est bleu et long, avec de jolis dauphins gris peints sur ses flancs. Il porte un nom : « Okean : Khabarovsk/Vladivostok ». Peu de monde sur le quai. Il est 19 heures. Encore vingt minutes avant le départ. Je suis accablée par la chaleur. Voilà la *provodnitsa*. Soignée, lèvres fines habillées de rouge, elle contrôle mes papiers.

« *Prokhaditiyé*. Passez. »

Je grimpe les quatre marches en émoi. Plus que 800 kilomètres, et Vladivostok m'ouvrira son âme. J'arpente, fébrile, le long couloir du wagon décoré de rideaux bordeaux ornés de fleurs de lys. Ah ! mon compartiment ! place n° 25. Tout est propre, frais, la climatisation en plus. Je vais arriver au bout du monde en parfaite santé. À quatre pattes par terre, je pousse maladroitement mon sac sous la banquette, lorsque soudain...

« *Zdravstvouïtiyé, Diévouchka !* Bien le bonjour, Mademoiselle ! »

Je lève la tête brusquement. Un objet blanc vole au-dessus de moi. Un képi brodé d'or... Je me retourne. Un bel homme me regarde, vêtu d'une chemise jaune pâle ornée d'épaulettes aux étoiles dorées. Mon coude me gratte, mais je n'ose pas bouger. Un officier de la Marine, capitaine de deuxième rang, devant la France, à terre. Qu'aurait dit Napoléon ? Debout !

« *Otchen' priyatna ! Frantsiya !*

— *Frantsiya ?* Alexeï ! *Ou nas gost' iz Frantsii !* Sacha, *idi siouda !* »

Me voici entourée quelques secondes plus tard par trois autres officiers flamboyants, deux lieutenants-colonels de l'armée de terre et un jeune sergent, dans un compartiment de 6 mètres carrés. Je n'ai guère envie qu'ils aient des ennuis avec le FSB, ex-KGB, ex-NKVD, donc nous les appellerons Micha, Alexeï, Stepan, Vassili.

« Bone-jouur ! lancent-ils en retirant leurs képis. *Rossiya i Frantsiya drouzia !* La Russie et la France sont amies !

— Bon, on a eu quelques petits problèmes avec vous pendant la guerre de Crimée... et celle de 1812. Tu t'en souviens ? rétorque Micha, en posant délicatement sur la tablette deux bouteilles de vodka Baron Korff et une bouteille de bière d'un litre et demi. Votre Napo-lié-one ! Ha ! Il a fait *malienkouyou ochibkou*, une "petite erreur". Mais c'est du passé tout ça.

— *Da, daliko !* C'est loin, renchérit Alexeï, en laissant tomber sur la tablette un énorme poulet fumé jaune. On a bien bossé lors de la "Grande Guerre". On a combattu le fascisme ensemble. Votre escadrille Normandie-Niemen nous a bien aidés, tous s'en souviennent. Pas vrai, Mich ? Stepan, tu as les tomates ?

— Mon père a fait Stalingrad, raconte Micha, un gros pain dans la main. Il avait 17 ans. Tu sais ce que ce fut, un carnage terrible. Il m'a transmis certaines valeurs : la loyauté, l'honnêteté, le patriotisme. Et voilà, je suis devenu officier.

— Ce sont nos valeurs à tous, ajoute Alexeï, en sortant un sachet de langue de bœuf. Mon grand-père a survécu au siège de Leningrad. Jamais nous ne l'oublierons... Stepan, sors les verres ! »

Je redoute le pire devant la quantité d'alcool qui m'attend, mais la vodka ne se refuse pas, surtout avec des militaires. Question d'honneur. Il est 19 heures 15. Le train ne s'est pas encore mis en branle et, déjà, nous voici en train d'engloutir goulûment la « petite eau ». *Za droujbou !* À l'amitié ! La bouteille terminée est posée religieusement par terre. Une bouteille vide ne doit jamais rester sur la table, c'est de mauvais augure. Mes compagnons parcourent avec plaisir la carte du monde, qui a pris la place du poulet jaune sur la tablette. Ils ne sont jamais sortis de l'ex-Union soviétique, car leur solde ne leur permet pas de partir à la découverte ; pourtant, ils situent en un clin d'œil Soweto sur la carte et savent dresser une synthèse de toutes les zones de conflit sur notre planète bleue. Ils s'attardent sur le plus grand pays du monde.

« Tu as fait toute cette distance seule ? Maintenant tu as compris combien le pays est immense. Mais tu sais ce que l'on dit en Russie : "Vladivostok, c'est loin, mais toujours proche !" »

La gentillesse, la spontanéité de ces hommes me touchent. Le plus jeune, Stepan, au regard bienveillant, retire un objet lourd et brillant de son cou. Il me le tend. Ses collègues assistent à la scène, médusés.

« *Spassiba*, je ne peux pas accepter. Ce n'est pas possible. »

Il s'agit d'un médaillon offert par ses camarades lorsqu'il est entré à l'Académie militaire, à l'âge de 17 ans. Son nom et son adresse y sont inscrits. Au cas où.

« *Pajalousta*, s'il te plaît, dit-il en fermant mon poignet d'une main douce. Ça me ferait plaisir. Vraiment. »

Plus tard, Alexeï, son supérieur hiérarchique, m'expliquera que Stepan est susceptible d'être envoyé un jour en Tchétchénie, comme beaucoup d'autres jeunes gens. Il n'a que 24 ans.

« Tout peut arriver. Mon rêve ? C'est que cette sale guerre s'arrête. Je l'ai vécue, je sais ce que c'est, et je ne veux plus jamais voir ça. »

J'éprouve de la peine. En Europe, on entend peu parler de l'accablement des militaires en Russie. Que peut-on offrir à un homme sincère, qui vous offre d'emblée son bien le plus précieux ? Des paroles d'espoir et une montre pendue à ma taille. Plus besoin de connaître l'heure, je marcherai avec le soleil. Tarata-taa… Tarata-taa… Deux bouteilles de vodka et une *Marseillaise* plus tard, une jeune femme brune au sourire magnifique, militaire elle aussi, se joint à nous pour chanter jusqu'au bout de la nuit, jusqu'au bout du monde. Elle s'appelle Lara, comme l'héroïne du *Docteur Jivago*… Elle me confie qu'elle peine à trouver un mari, car il n'y aurait pas d'hommes dans le pays.

« Tu connais *Cherbourgskiyé zontiki* ? *Les Parapluies de Cherbourg* ? demande-t-elle les yeux ronds. *Davaï*, chantons ! »

La voilà, l'âme russe. Lorsqu'elle se réveille, elle est infatigable et indomptable. L'âme russe est insouciante : la nuit entière sera rythmée par des chants, des rêves d'évasion – « Tu connais le proverbe : “Voir Paris et mourir.” » –, des toasts, la recette du gratin dauphinois et des messages d'amitié dans les carnets des uns et des autres. Chacun aime et souhaite être aimé. Comme partout ailleurs. Une certitude qui rassure dans un monde incertain.

Le train ralentit. Il est 6 heures 30 du matin, l'heure de retenir son souffle. Les freins mettent un terme cruel au mouvement des roues. Nous voici au terminus du Transsibérien, Vladivostok, à 9 288 kilomètres et 7 fuseaux horaires de la place Rouge. Ma promenade au point « zéro » m'apparaît lointaine, quatre-vingt-dix jours plus tard. Nous n'avons dormi que deux heures, et mes quatre compagnons chantent déjà, avec une énergie décuplée par le chœur de l'armée Rouge. Le toit métallique tremble. Dehors, il fait encore nuit. Brouillard. Pluie fine sur les vitres. Crépitement. Un ange passe. Il est temps de sortir, de se séparer, de se préparer à ne plus jamais se revoir.

« *Poka*, Géraldinka ! Tout est simple ! me lance Micha en enfonçant son képi blanc aux belles dorures sur la tête. Ne l'oublie pas, tout est simple. »

Nous nous embrassons sans mot dire. Je voudrais m'exprimer, mais je n'y arrive pas. La moindre parole ferait jaillir des sanglots. Je le laisse partir. Je revois le capitaine et ses camarades, ivres, chantant les yeux fermés, avec toute leur âme. Que vont-ils devenir ? Où seront-ils ? Quelle vie les attend ?

Tout est simple... Le train se vide progressivement. Je me dirige lentement vers la sortie. D'emblée, je suis frappée par le parfum iodé de la mer, à travers un brouillard noir, dense et humide. Ce dernier me rappelle brusquement le Londres de mon enfance. Je frémis à l'idée de voir jaillir des ténèbres la silhouette de Jack l'Éventreur, mais ma première image du bout du monde est finalement toute de poésie : un jeune couple qui s'embrasse sur le quai devant une ancienne locomotive à vapeur noire. Je tourne la tête. À droite. À gauche. Il n'y a plus personne. Le couple s'embrasse toujours, sous des lueurs blafardes. C'est *Quai des brumes*. Tout est simple. Oui, tout est simple.

***

Vladivostok ! Le « Seigneur de l'Orient », en russe. Longtemps cachée aux yeux et aux cœurs des hommes, cette ville de six cent mille habitants, située dans le même fuseau horaire que le Japon, était interdite il y a encore quinze ans aux étrangers et aux Russes non-résidants. Elle flotte dans l'imaginaire collectif comme un vague souvenir, lointain mais mythique : Vladivostok, c'est d'abord une base navale puissante qui a tenu le monde en haleine pendant des décennies de guerre froide, par le biais d'un arsenal militaire lourd, composé de dizaines de sous-marins nucléaires et non-nucléaires, et de nombreux vaisseaux de guerre. Ici, le voyageur trouve une liberté nouvelle, celle de côtoyer à nouveau des hommes et des femmes ordinaires, qu'une sombre politique avait trop longtemps coupés du monde.

Je sors de la gare de « Vlad » et entame une longue marche dans l'obscurité chaude et humide, en direction des hôtels situés en pente, rue Naberejnaya. Je croise Lénine, en forme, le bras droit tendu avec détermination vers le bâtiment de la poste. Je me redresse. C'est la première fois que je marche seule la nuit, et je ne suis pas du tout rassurée. Devant quelques jeunes badauds, je baisse le regard, en me disant qu'il serait tout de même dommage de me faire étriper et étrangler avant d'avoir vu le célèbre port.

À l'hôtel Ekvator, envahi de touristes chinois, tout est complet, et les chambres sont chères. Je monte donc à bord du véhicule japonais de Sergueï, aux vitres teintées, en compagnie de lapins roses et de dauphins en peluche. Une chanson des Bee Gees hurle dans les enceintes, et nous fonçons à 100 kilomètres/heure. Tout va bien. Il est 7 heures du matin. Notre objectif : trouver l'hôtel Oasis, prétendument « bon » et « pas cher », au centre-ville. Une dizaine de kilomètres plus tard, nous découvrons l'Oasis en question : un immeuble décrépi qui ressemble plutôt à un squat, à l'autre bout de la ville. Durant cette quête, Sergueï, âgé de 24 ans, me parle brièvement de sa vie :

« J'ai servi l'armée pendant deux ans à Tchita, puis j'ai travaillé dans un atelier de réparation de bateaux, avant de me faire virer.

— Que penses-tu des changements en Russie ?

— La Russie ? Rien n'a changé, il n'y a pas d'amélioration, les prix augmentent, le pain ici coûte 12 roubles, à Khabarovsk, 6 roubles. C'est deux fois plus, vous vous rendez compte ? »

Nous finissons par trouver une chambre à l'hôtel Amourski Zaliv (« le détroit de l'Amour », en russe), prisé des Chinois, amassés en grand nombre, grâce à une femme extraordinaire : « De France ? Quelle belle nouvelle, je suis Tatiana Gorbatchev ! »

Gorbatchev estime qu'un repos est plutôt mérité après ma partie de campagne sibérienne. Mon cadeau : une chambre avec vue sur la mer.

Après une coupe de cheveux réparatrice dans un salon discret, je marche longtemps au soleil, sans compter les heures, engourdie, seule avec moi-même, parmi des Russes au teint hâlé, décontractés, et des Chinois. Au bout de plusieurs semaines d'errance à la rencontre des Russes, mon ardeur à connaître les autres s'est accrue. La ville grouille de vie. Je me sens loin de l'Europe, entourée de publicités coréennes pour des appareils de télécommunication. Le Japon n'est qu'à un jour et demi de bateau. Je me demande si les Russes qui vivent ici, à la frontière de la Corée du Nord et de la Chine, se sentent en Europe ou en Asie. Je me remémore un commentaire de l'Aventurier : « Les Russes sont comme des œufs : blancs à l'extérieur, jaunes à l'intérieur. Les Japonais sont comme des bananes, jaunes à l'extérieur et blancs à l'intérieur. Quant aux Chinois, c'est les Chinois ! Ils sont jaunes à l'extérieur et jaunes à l'intérieur. »

Le nombre de visiteurs chinois à Vladivostok est frappant. Ils viennent en masse depuis cinq à six ans, paraît-il, leur voyage étant pris en charge par les syndicats. D'après les Russes, ils seraient 10 millions à la frontière. Cette présence les rend nerveux. Dans un troquet animé au bord de la mer, deux anciens marins m'abordent en brandissant un crabe géant et de la bière japonaise.

« Les Russes boivent au travail, quand ils se reposent, et quand il n'y a rien à faire ! Bienvenue ! s'exclame Mikhaïl, en trinquant. Vous venez de France ? Comment peut-on travailler là-bas, on peut seulement s'y reposer ! Ha ! Ha !

— Vous êtes blanche, on se ressemble, dit Vitali. Vous venez, et vous repartez, pas comme les Chinois qui s'en viennent et qui restent, eux.

— Le gouvernement leur donne de l'argent pour faire du *bizness* en Russie, ajoute Mikhaïl. Ils connaissent la langue russe, ils épousent nos filles et ils sont nombreux. D'ici dix à quinze ans, nous serons envahis... *Nadoyélo.* Ras le bol.

— *Boudyet voïna*, ce sera la guerre, rétorque son camarade, en arrachant une longue pince luisante. Vous avez vu la mer du Japon ? C'est la mer la plus salée au monde, vous le saviez ? »

Alentour, les libellules voltigent, nombreuses, et les orchidées rouges, jaunes et orange rayonnent dans un cadre luxuriant. Vladivostok était une ville interdite. Ces hommes simples autour de toi étaient ennemis, et tu es là, comme un oiseau rare sur une terre méconnue, au bout de ton périple. Au bout de toi-même.

Ivre de bonheur et de fatigue, je désire fêter mon arrivée. Mais avec qui ? Une bouteille de champagne sous le bras, je me rends au port, où se trouvent les légendaires navires de la Flotte russe du Pacifique. L'envie de mettre le pied à bord de l'un d'eux me démange. Mais les officiers rencontrés dans le train m'ont mise en garde : *Loutchché niet*, « Il ne vaut mieux pas ». Si je voulais éviter un incident diplomatique majeur, voire une bataille navale avec la France, je devais me tenir loin. À bord du navire *Krasnyi Vympel*, inauguré en 1923, un jeune marin décline mon invitation – « Pas possible, mais merci d'être venue ». Les vaisseaux de la flotte du Pacifique sont à quelques mètres de là : des bâtiments de guerre en acier, équipés de tours radars noires d'une ingénierie remarquable, semblables à des forteresses indomptables et impénétrables. Des matelots en costume blanc et noir, et des officiers en chemise jaune pâle vaquent à leurs occupations : ils scrutent l'horizon avec des jumelles, ils conversent, ils courent sur le pont. Je me rends compte que je ne peux pas les approcher. Finalement c'est Andreï, officier et guide à bord du sous-marin de guerre S-56 transformé en musée, qui a l'honneur de goûter aux bulles euphorisantes en compagnie de ses matelots.

Des visites touristiques du port sont possibles en bateau. C'est donc à bord du *Chtorm* que je me laisse transporter, face à de nombreux navires élancés, de véritables colosses en fer et en acier, immobiles, fatigués par des années de labeur et de glace. Ils sont solitaires, et ils sont muets. Le silence dans ce port est non-naturel, comme la mouette qui perdrait son cri. Il n'y a plus de travail, paraît-il, beaucoup de Russes ont été licenciés. Tamara Ivanovna, à la caisse, me confie qu'elle a travaillé quatorze ans ici. Son époux, marin, est mort de dépression. Elle élève seule ses deux enfants. « *My jiviom !* Nous vivons ! » Selon elle, le plus important à retenir de Vladivostok, ce sont ses mers ses montagnes, son âme, aussi : « *Doucha payot !* L'âme chante. »

Je peine à m'imaginer dans un territoire antagoniste il y a encore quinze ans. Point de surveillance particulière dans les rues de cette ville stratégique qui fut longtemps considérée une « cité de soldats ». La police n'est pas visible. Charles Wenyon, qui s'arrêta ici en 1893, avait relevé à l'époque l'obsession des autorités militaires pour le contrôle, qui devait se renforcer au cours du XXe siècle :

« En été, il leur faut toujours être sur le pied de guerre. Étant donné qu'ils considèrent tout étranger à la ville comme un espion ou un rebelle, ou un scélérat d'un genre ou d'un autre, à moins qu'ils ne puissent prouver le contraire, leurs soupçons les tiennent constamment en haleine. Si aucun étranger n'est en vue, il faut continuer à guetter avec vigilance ceux qui risquent de venir et, comme si le monde entier avait l'œil sur Vladivostok, ses courageux défenseurs restent là, le doigt sur la gâchette, prêts à se battre[18]. »

C'est dans le plus grand calme que je parcours les rues de Vladivostok à pied, fourmillantes de vendeurs proposant fruits, légumes, produits laitiers, et de commerces russes et étrangers. À l'angle du café Montmartre, je me demande si je suis au bout du monde... ou au début ? Pour Nina, âgée de 50 ans, il n'y a pas de doute : « Le bout du monde, c'est Vladivostok. Tout débute ici ! »

Pendant des années, cette petite femme a été médecin à bord d'un navire de guerre. « Je suis allée partout, raconte-t-elle, au Japon, aux États-Unis, en Grèce. J'ai été tour à tour docteur, chirurgien, gynécologue. Puis la crise est arrivée en 1998. Ils ont licencié tout le monde. Ils m'ont proposé de faire des ménages, de cuisiner, mais je ne voulais pas. Après deux ans d'inactivité, j'ai réussi à trouver un nouveau travail, par piston : je surveille les ascenseurs, dans un hôtel. » Comme de nombreuses autres employées, Nina craint l'arrivée d'une nouvelle direction moscovite, jeune, riche, et ses répercussions sur l'emploi.

Pour Victor, ancien marin, à présent chauffeur pour les Chinois, c'est la même chose : « Tout commence ici, à Vladivostok ! Celui qui a été au moins cinq ans en mer reste marin toute sa vie. Mais il n'y a plus de travail, plus d'argent, *usié vpioutsya*, tous boivent. Avant il n'y avait pas de capitalistes, on percevait la solde, les prix étaient fixes. Maintenant on a l'oligarchie. Vous connaissez ? Ce sont les plus riches. La mer me manque, si vous saviez… » Quant à Valéria, 35 ans, musicien de rock : « Le bout du monde n'est pas ici, c'est en Amérique. Tu ne veux pas travailler avec moi ? Je cherche à lancer un disque, mais ici, ce n'est pas possible. Tu seras ma productrice, on établit un contrat, je te donne 30 %, et voilà… » Mon oreille ne s'habitue pas à entendre un Russe parler de prime abord d'argent et de profit.

Plus loin, sur la promenade qui longe le golfe Amourski, je suis saisie par une banale scène de tendresse : un vétéran, âgé de 80 ans environ, les cheveux blancs épais sur une tête digne et carrée, robuste dans un costume gris orné d'une médaille en argent, tend à son épouse un sac qui contient un crabe géant du Kamtchatka. Elle sourit en arrachant une grosse pince froide. C'est alors que son mari, dans un élan fougueux, la prend par la taille et pose un baiser sur sa bouche corail. Ses petits talons blancs tremblent, et moi aussi. Je n'avais plus remarqué ces hommes depuis le rassemblement des anciens combattants à Moscou, presque quatre mois plus tôt. La chaleur sans doute. Ils sont de moins en moins nombreux, entourés par les souvenirs de leur jeunesse soviétique éloignée, bientôt effacée des esprits, emportée par le tumulte de « l'ère moderne ». Chère Russie...

Je songe à mon camarade Guéorgui, de Moscou. Le temps est venu de le retrouver. Mon tour dans ce coin de jardin de notre planète Terre est achevé. Ce qu'il y a de beau avec notre Terre, c'est qu'elle est ronde. La promesse d'en venir à bout est à jamais irréaliste. Un peu comme la balade sans fin de la Voie lactée dans l'océan noir de l'univers.

Troisième partie
LE RETOUR

« Et mes mains s'envolaient aussi,
avec des bruissements d'albatros »

Blaise Cendrars, *Prose du Transsibérien*
et de la petite Jehanne de France, 1913

« Plus loin le chemin, plus riches ses promesses. »

Joseph Kessel, *Les Temps sauvages*, 1975

Chapitre 12

TRAIN DE 20 HEURES 11 POUR MOSCOU, 9 288 KM BIS

MON RETOUR du bout du monde fut, comme toutes les grandes aventures, chargé d'émotions fortes et de moments rocambolesques. Sept jours et six nuits à bord d'un train qui ne se lassait pas de courir, courir, courir... Heureux à chaque coin de terre, perfide à chaque pont, et dans les montagnes paisibles, si fier ! Et à l'intérieur de cette longue chenille de vie assoiffée de beauté, des centaines d'âmes – hommes, femmes et enfants. Le monde fut créé en sept jours. L'amitié transsibérienne aussi.

*
* *

Lundi 16 août. J1. Gare de Vladivostok. Il est 19 heures 30. J'attends le train « Rossiya » n° 1 à destination de Moscou. De nombreux Russes patientent dans une salle lumineuse, fraîchement restaurée. Mes yeux en parcourent les détails comme ceux d'un oiseau curieux. Le sol mosaïque, les dalles aux teintes bordeaux, noires, blanches. Au-dessus de nos têtes, deux lustres géants, des moulures blanches, délicates, et une fresque immense. Que de couleurs ! Ma mémoire reconnaît Moscou, le théâtre Bolchoï, le Kremlin, la cathédrale du Christ-Sauveur, détruite par Staline dans les années 1930-1940 et consacrée en 2000, des hommes en habit du XIXe siècle... Images d'ouvriers qui œuvrent sur les rails, des locomotives à vapeur, des bateaux à voiles... Vladivostok ! Au centre de la fresque rayonne un symbole familier : un soleil radieux. Mais ce n'est plus celui qui annonce le paradis communiste. Le marteau et la faucille, habituellement présents sur les monuments, ont disparu. Comme si l'Union soviétique n'avait jamais existé. Le soleil radieux, c'est désormais celui de la Nouvelle Russie, représentée par un aigle à deux têtes, symbole ambivalent de la Russie impériale.

Vers 20 heures, je descends sur la voie 1. La bête est là, au repos pendant encore quelques minutes. Elle porte sa belle robe bleu blanc rouge. Elle est calme, prête à réaliser sa grande traversée de 10 000 kilomètres. Sur le quai se trouve une autre bête, plus petite, noire et luisante. Il s'agit de la locomotive E3306 aperçue lors de mon arrivée. Les amoureux enlacés ne sont plus là. Sur les flancs de la machine, un hommage aux cheminots qui participèrent à l'effort de guerre en 1941-1945 invite au recueillement. À quelques pas se dresse un monument de 5 mètres de haut, gravé d'une inscription qui frappe d'emblée : « Ici se termine la grande voie ferrée transsibérienne. Distance de Moscou, 9 288 km. » Les cheminots russes procèdent à d'ultimes vérifications sur les roues du train, et se retirent. Il est temps de partir.

À l'entrée du wagon n° 1, je tends mon titre de transport à Larissa Andreevna, vêtue d'un tailleur noir et blanc à cravate rouge vermillon. Je gravis les trois marches. Mes pieds quittent la terre de Vladivostok. Et d'un coup je vacille. J'avance sans me retourner dans le couloir du train. Tapis vert, murs ivoire, rideaux bordeaux. Je repère ma petite maison pour les sept prochains jours : compartiment n° 7, place n° 25. Personne sur les trois autres couchettes. Mais la musique russe me tient déjà compagnie. Il fait chaud et lourd. Après avoir rangé mes sacs et suspendu mon blouson à un cintre, je m'installe sur la banquette rouge. J'attends le moment fatidique du départ, les coudes appuyés sur la tablette, l'âme en suspens entre les collines boisées de Vladivostok et les rives de la mer du Japon… Mon voyage touche-t-il à sa fin, ou recommence-t-il ? Dans le couloir, j'entends des voix d'enfants, de leurs parents, qui saluent une dernière fois leurs familles.

« *Davaï ! Poka !* On s'appelle ! »

À 20 heures 11, le train démarre silencieusement. C'est parti : 9 288 kilomètres à travers les montagnes, les vallées et les steppes verdoyantes de Russie. Que se passe-t-il en moi à cet instant ? J'ai de l'appréhension – sept jours dans un compartiment exigu avec des inconnus ; une vague crainte à l'idée de retrouver la « civilisation », mais je ressens aussi l'euphorie de me laisser aller au cliquetis des roues sur les rails, le regard perdu dans l'immensité de la campagne sibérienne, l'esprit imprégné de beauté, l'âme en paix. Soudain, le programme musical change, comme pour nous consoler de ce départ hâtif. Les Scorpions, Lou Reed et Led Zeppelin, célébrités du rock en proie au spleen elles aussi... Leur voix est de plus en plus forte, le DJ du Transsibérien nous dévoile sa rancœur. Tiens, de la compagnie...

« *Zdravstvouïtiyé !* »

Devant moi se tient un homme costaud de 50 ans, aux dents en or. Il balance un lourd sac noir sur la banquette en face et me tend la main fièrement.

« Je suis Piétia ! Voici mon fils, Volodia. »

L'adolescent maigre me salue en rougissant.

« *Otchen' priyatna !* Géraldine. *Frantsiya.*

— *Frantsiya ?* Sérieux ?

— C'est bon ?

— *Da !* lance-t-il en riant. Avant, la France c'était "ouille-ouille !" Maintenant, dit-il en levant le pouce, c'est bien ! Heureusement, vous êtes allée à l'est, et non dans le sud. Le Daghestan, c'est un peu chaud. »

Piétia et Volodia ne le savent pas encore, mais ils sont les heureux élus. Avant mon départ, l'Aventurier m'a aimablement remis une bouteille de champagne français et des tablettes de chocolat, afin de célébrer mon périple avec des autochtones à bord du train.

« *Siourpriz !*

— *Champanskoyé ? Frantsouzskoyé ?* (Clic-clac, cahot du train.)

— Vous avez déjà goûté du champagne français ?

— *Niet !* On n'est pas habitués, tu sais, nous, c'est plutôt bière ou vodka ! »

Je leur tends la bouteille à l'étiquette dorée et bleue. Piétia réagit avec la joie et l'excitation d'un enfant qui fait quelque chose de rigoureusement interdit.

« Pas tout de suite, murmure-t-il, les yeux ronds. La *provodnitsa.* »

Dans pareil cas, la force stratégique des Russes est sans égal. Trente secondes plus tard, Larissa fait une apparition, les lèvres pincées, et de mauvaise humeur.

« Les billets ! Et 53 roubles pour le linge. »

Tintement de pièces. « L'ordre, c'est l'ordre ! » dit Piétia amusé. Une fois Larissa partie, *prazdnik*, la fête ! Je laisse à Piétia l'honneur d'ouvrir la bouteille. Il décide, pour l'occasion, de troquer sa chemise de travail pour un maillot de coton, arborant un slogan en italien. Pop ! Bulles en ébullition...

« *Vaah !* Ils sont ainsi les bouchons chez vous, en liège ? C'est du vrai *champanskoyé* ! Volodia, regarde. Sens la bouteille ! Va chercher les verres chez Larissa ! Mmm, *vkousna*, c'est bon ! Combien de degrés ?

— 12°.

— Comme la bière ? »

Il vérifie l'étiquette. « *Normalna !* Hum... *Golova kroujit !* La tête me tourne ! Ha ! Ha ! »

Nous passons une soirée agréable, au rythme de Barbara Streisand, Joe Dassin, des musiques des films *Top Gun* et *Les Parapluies de Cherbourg*. Mes deux compagnons parlent de la Sibérie, de la famille et du travail. Piétia est cheminot depuis vingt-cinq ans, père de trois enfants et grand-père. Volodia, son fils cadet, est étudiant en deuxième année à l'Institut des Chemins de fer.

« Il ne boit pas, ne fume pas ; il gagne son argent de poche en coupant du bois pour le voisinage, dit fièrement son père. Dès l'âge de 15 ans, il allait seul dans la taïga. Mais bientôt, il n'y aura plus de taïga. Tout part en Chine...

— Et vous vivez comment ?

— *Normalna*, il me suffirait juste de 10 000 roubles en plus pour mieux nourrir ma famille, l'habiller chaudement l'hiver, l'emmener plus souvent à la pêche – l'essence est chère –, et je serais le plus heureux des hommes. »

Tous les deux sont originaires de Magdagatchi, une bourgade de douze mille habitants située à quelque 7 500 kilomètres de Moscou, sur l'axe du Transsibérien. Ils sont venus rendre visite au frère aîné de Volodia, matelot sur un navire à Vladivostok.

« Ça faisait trente ans que je n'y étais pas allé. Depuis mon service militaire dans la marine.

— Alors, Vladivostok ?

— C'est terrible, je n'ai pas reconnu la ville. Les gens ne communiquent plus. Toutes ces grosses voitures...

— Que pensez-vous d'"eux" ?

— *Varouyout*. Ils volent.

— Et toi, Volodia ?

— Le plus important, c'est qu'ils ne me touchent pas. Qu'ils fassent ce qu'ils veulent, mais qu'ils ne me touchent pas.

— Ce sont des êtres tout autres que nous, ajoute le père. As-tu un *bloknot*, Géraldinka ? »

Il se met à écrire. « Je ne me souviens pas du début... » Deux lignes, trois lignes, puis : « Non, non, il faut que je recommence. » Il appuie la bille bien fort sur le papier, en mordant sa joue droite. « Ça y est ! ça me revient ! tiens ! » Je tente de déchiffrer les paroles, les lettres rondes et généreuses : « Ô ! *Jenchina*, femme... *Lioubimaya*, aimée... *Podrouga*, amie... *Sestra*, sœur... Quel bon augure ! Comme tu es aimable, gentille, sublime et tendre... »

« Vous êtes poète... cheminot et poète ?

— J'aime les beaux vers », dit-il en rougissant.

Tarata-taa. Tarata-taa... De l'autre côté de la vitre, il fait nuit noire, le train poursuit sa course dans l'univers, dense et silencieux, de l'Extrême-Orient. Nous nous couchons. Je me sens sereine ici.

Le lendemain marque le début de plusieurs jours de confusion mentale. Comment déterminer l'heure dans un véhicule qui traverse sans interruption sept fuseaux horaires pendant sept jours et six nuits ?

J2. Réveil. Musique rock anglaise. Où suis-je ? Ouf ! ce n'était qu'un rêve. J'ai rêvé que je m'étais trompée de direction, que j'avais pris le train pour le Daghestan. Piétia et Volodia dorment encore. Quelle heure est-il ? Je me lève, les yeux lourds de sommeil, et me dirige vers l'horloge numérique pendue dans le couloir ensoleillé et calme : 04 heures 10 heure de Moscou. Je calcule : + 6 fuseaux horaires ; il est donc 10 heures 10 heure locale. Je me recouche. Au réveil, mes compagnons sont debout, les paupières gonflées comme des noix de Saint-Jacques.

Sur la tablette sont posées trois tasses de thé brûlant et des gâteaux secs.

« *Dobryi dien !* dis-je. Quelle heure est-il ?

— *Nié paniatna*, aucun moyen de le savoir. »

Nous prenons notre premier thé ensemble, sur fond de rap russe, et déjà un léger mal de tête. Comment tenir une semaine avec la musique aussi forte ? Comment font les Russes ?

« On a passé Khabarovsk, lance Piétia. Regarde le temps. Gris, de la pluie. C'est mauvais, il doit faire froid à Novossibirsk. Mais bientôt, dit-il les yeux brillants, pousseront les *griby*. Aimes-tu les champignons ? C'est bon mariné, salé... En as-tu déjà goûté ?

— Oui. Tu aimes cuisiner ?

— Cuisiner ? J'adore ça ! La viande, le poulet, les *pelmeny* faits maison aussi. Mmm... ! Les *varenniki* au fromage blanc sucré et à la crème, les pommes de terre... le plus important, tu sais, c'est d'ajouter des oignons !

— Donnez-moi votre cahier, je vais vous dessiner une surprise.

— *Gratène dofinoua ?* Avec des pommes de terre ? Nous, on aime la patate ! On la fait pousser chez nous. C'est si bon ! Nos voisins eux, ils ne s'en donnent pas la peine, ils sont paresseux. Avec quatre enfants, je ne sais pas comment ils font l'hiver. »

Je lui demande quel est son plus beau souvenir.

« Mon plus beau souvenir ? Quand je suis rentré de mon service militaire, dit-il en hochant la tête. C'était la fête ! Certains jeunes évitent d'aller à l'armée, mais moi j'en ai gardé un bon souvenir. On devient responsable, on apprend la loyauté. Volodia aussi il ira, hein, fiston ! » dit-il en lui posant la main sur l'épaule.

08 heures 48, 14 heures 48 heure locale. Le train ralentit. Nous marquons notre premier arrêt au milieu de nulle part, à Obloutchiyé, 11 300 habitants, + 8 198 km, + 6 fuseaux horaires. Dehors, de nombreuses femmes s'agitent derrière des stands garnis de mets : poulet fumé, salade de concombres, blinis fourrés au *tvorog* et des kilos de framboises, blottis attractivement dans de grands bocaux en verre. N'ayant pas mangé la veille, je me laisse tenter par l'ensemble et finis même par acheter des *lapchi*, nouilles coréennes aromatisées au bœuf rôti, très populaires en Russie. Banquet de roi dans la chenille russe ! Le ventre plein, Piétia me montre des photos :

« Tiens, regarde, c'est lui, mon autre fils, dit-il en me tendant les photographies d'un jeune homme brun, en chemise à manches courtes, avec short et képi bleu royal assortis. Il portait son uniforme des tropiques, en route pour les Hawaii. Il est beau, non ? Ailleurs, le voici torse nu avec ses camarades sur le pont, en train de boire un grand bol d'eau de mer. C'est le jour de son "baptême". Là, c'est au cours du bizutage, tu vois, ils sont couverts de cirage noir de la tête aux pieds, en short et avec des cornes. Quand ils reviennent de mer, un orchestre joue et on leur sert un porcelet, tu le savais ?

— Elles sont belles ces photos, ils ont l'air si heureux.

— Ils sont heureux. »

Vers 16 heures, mes compagnons se préparent à descendre du train, à Arkhara, + 8 088 km, + 6 fuseaux horaires. J'ai l'impression étrange que nous les larguons quelque part dans le cosmos. Les précieuses minutes qui nous restent à passer ensemble sont faites de recueillement.

« Piétia, n'oubliez pas la bouteille de champagne, en souvenir. Et le bouchon aussi, ça porte chance. »

Il le contemple fixement entre le pouce et l'index. « *Spassiba*, ce sera utile pour la pêche ! » dit-il, après un silence.

Halte.

« *Do svidaniya*, Géraldinka, dit-il en m'embrassant. Passez le bonjour à Jacques Chirac ! On ne se reverra malheureusement plus. *Troudna*, c'est compliqué, si loin. Pas vrai ? »

J'ai mal. Il boucle ses sacs sans me regarder. Il lève la main, sans dire un mot, le sourire léger, le même depuis cinquante ans, empreint de tristesse, passagère peut-être.

Après le départ de mes amis, je me retrouve seule dans mon compartiment, mélancolique. Mais cet état ne dure qu'un instant.

« Dobryi dien ! »

Je lève la tête. Une forte femme aux yeux aigue-marine pénètre dans le compartiment, suivie d'une grosse valise en toile et de sa fille. « Cela vous ennuie si je m'installe avec vous ? À côté, c'est un peu bruyant. »

Je lui fais signe d'entrer.

« Pfff ! C'est lourd, j'ai cassé les roulettes de la valise, je ne sais pas comment je vais faire à Kirov. »

Je l'aide à réparer les roulettes de son bagage. Assommée par la fatigue, je m'endors peu après. À mon réveil, je n'ai aucune notion de l'heure. Absolument aucune. Comme si j'avais dormi plusieurs jours.

« Tout le wagon s'est endormi, me dit Liouba, attendrie.

— Où sommes-nous ?

— Nous arrivons à Biélogorsk. Regardez, on va marquer trente minutes d'arrêt. Ça va nous faire du bien, on va pouvoir marcher. »

Dans le petit couloir crème du train, l'horloge affiche les chiffres 01 h 00 ; je me frotte les paupières : une heure du matin ? Non, 13 heures, heure de Moscou. Le soleil, en nous regardant, doit bien rire. Car saisir le temps présent est aussi aisé que de réaliser mille casse-tête chinois à partir de cinq triangles, un carré et un parallélogramme. Comme les fuseaux horaires traversés de jour en jour, les chiffres affichés par l'horloge numérique sont des chiffres simples, de 0 à 9. Pas de dizaines. À la gare, couleur menthe à l'eau, Lénine nous salue depuis son piédestal. L'horloge qui coiffe la bâtisse affiche le même horaire en rouge, 13 heures, à 7873 kilomètres de Moscou. Alors que le soleil est en train de se coucher. Cette gymnastique mentale ne fait que commencer, et elle doit durer six jours encore.

Dehors, il fait chaud à nouveau, 27 °C. Sur le quai, les Russes font de nouvelles provisions dans les kiosques

– crèmes glacées, boissons, nouilles et brochettes aussi. Des babouchkas vendent des petits bouquets de fleurs et des cigarettes. À mon retour dans le train, Liouba a déjà préparé le dîner : une salade de crudités, avec du pain frais arménien, du *lavach*.

« Ce sont des tomates du jardin, dit-elle en me tendant le bol de sa fille. Mes amis de Khabarovsk me les ont données. Tenez, prenez, la petite mangera dans la casserole. Ça vous va, une sauce à la mayonnaise ? »

Je pose mes provisions sur la tablette, des *pirojki* au chou et à la pomme de terre et deux œufs durs.

« On a tout ce qu'il faut. Enlève-moi ça, tu es notre invitée ! Katia, va laver les verres.

— D'où venez-vous ?

— Nous rentrons de Dalian, en Chine. Ma fille est malade. Nous sommes toutes les deux invalides, dit mon hôtesse calmement. Moi, je souffre d'hypertension artérielle. »

Stupeur. Sa fille paraissait normale, joyeuse et en pleine santé. Sa mère aussi. Le vocabulaire employé par Liouba est difficile, mais je finis par comprendre que Katia connaît des troubles psychomoteurs ; elle ne marche pas droit, souffre d'une carence en calcium et a des problèmes d'élocution. Sa mère, déçue par les traitements prodigués dans les hôpitaux russes, a choisi d'effectuer 13 000 kilomètres pour faire soigner Katia dans un sanatorium du nord-est de la Chine : 10 000 kilomètres en train, du Grand Nord jusqu'à Khabarovsk, puis trois heures d'avion jusqu'à Dalian.

« Nous y avons passé quinze jours, dit-elle en coupant les tomates. Le professeur qui nous a reçues a vérifié la langue de Katia, pris son pouls, observé comment elle marchait et il a dressé un diagnostic en quelques minutes. C'était incroyable. Depuis, ma vision de la Chine et des Chinois a radicalement changé : je crois en la médecine traditionnelle, et n'ai qu'un seul objectif, c'est de retourner là-bas l'année prochaine. »

En guise de traitement, les Chinois ont donné à Liouba de petits paquets qui contiennent des mélanges de plantes infusées. Elle en a un an de réserve. Sa fille doit ingurgiter deux doses par jour, matin et soir.

« Et puis je dois beaucoup la masser, les pieds, les jambes, la tête... ajoute Liouba, en touillant une cuillerée de mayonnaise dans la salade. J'ai bien regardé comment ils faisaient là-bas.

— Vous sentez qu'elle va un peu mieux ?

— Oui, surtout sur le plan de la parole. Elle parle mieux ! L'idéal, affirme-t-elle en léchant son pouce, serait que je l'emmène une seconde fois en Chine cette année, mais je n'en ai pas les moyens. »

Je demande si elle reçoit de l'aide de son ancien époux.

« Non. Je l'ai appelé de Chine : "1 000 roubles serait bien !" Il a refusé, je n'aurais jamais dû le joindre. Le pire est qu'il est commercial, et gagne bien sa vie. Mais ce n'est pas grave. »

Dans mon sac, j'ai un tube de crème aux huiles essentielles, au camphre et à la résine de cyprès. Je le tends à Liouba. Son large sourire me fait comprendre que nos rapports ont changé. Nous sommes devenues amies. Je la regarde plus tard, à la nuit tombée, masser le dos de sa fille dans la lumière diffuse du compartiment ; elle travaille ensuite les pieds, les jambes fines posées avec confiance sur ses genoux. Et je me dis qu'elle est extraordinaire. Cette nuit-là, je peine à trouver le sommeil. Pendant de longues heures, allongée sur la banquette, la tête appuyée à la vitre, je regarde les poteaux électriques défiler les uns après les autres, en songeant à Liouba, bercée par le rythme infatigable du train. Tarata-taa... tarata-taa... Dans la nuit de velours noir, les étoiles, immuables, scintillent comme un bouquet de diamants polis dans le ciel de Sibérie. Nous regardent-elles ? Et les cosmonautes ? Nous voient-ils dans notre grande traversée ? Ici la Terre est paisible. De là-haut, elle est certainement éclatante.

J3. 04 heures 14 heure de Moscou, 10 heures 14 heure locale. Soleil. Où sommes-nous ? Je n'en ai aucune idée. J'aperçois des bouleaux délicats qui saluent notre train. J'ai les paupières lourdes. Je dis bonjour à Sacha, le *provodnik* qui remplace Larissa. L'heure affichée sur son four à micro-ondes est aussi celle de Moscou, 04:14. Cela m'embrouille.

« *Priviet*, Sacha ! As-tu du thé ?

— Oui, prends deux sachets, cela fera 16 roubles. »

Les portes des autres compartiments sont fermées. Des refrains dynamiques montent déjà de tout le wagon : *« Hands up ! Baby hands up ! Give me your love, give me give me your love »*, suivi d'autres chansons anglo-saxonnes, *Sunny* de Boney-M et *I will survive* de Gloria Gaynor. Mais la musique disco ne semble guère troubler le sommeil de mes compagnons. J'imagine des enceintes acoustiques de 700 watts dans chaque compartiment. Et les Russes en train de dormir aussi paisiblement et aussi profondément qu'un gros ours en hiver.

Clic. Vrrrt. Retour au compartiment n° 7.

« *Dobroyé outra,* Liouba ! Bonjour ! »

Elle a déjà nourri sa fille avec de la kacha, du thé et un sachet aux plantes. Elle lui masse à présent la tête. Je rêve de voir cette fillette guérie.

« Ils m'ont dit que c'était important de masser tous les nerfs. J'ai dû apprendre. Là-bas ils posent des aiguilles sur le crâne, mais ça, je ne sais pas faire ! Tu veux du thé ?

— J'ai rapporté des sachets.

— Pickwick ? Pas bon. Prends le mien, dit-elle en sortant un énorme sac rempli de thés divers. Au jasmin, de Chine ! »

Derrière la vitre, au loin, nous apercevons des babouchkas, courbées en deux au milieu de leurs jardins, en train d'arracher les herbes, parmi des glaïeuls roses, orange, rouges.

« Tu sais ce que je regrette, lance Liouba en trempant les sachets dans les tasses fumantes. *Stariki*... Les petits vieux. »

Son regard flotte par la fenêtre. Lorsque les Russes dévoilent un sentiment enfoui, ils le font souvent en se tournant vers les paysages. « Ce ne sont pas les changements dans ce pays qui me surprennent. Mais la vitesse à laquelle tout cela s'est produit. Ça s'est passé à une telle vitesse. »

Silence.

« Tu as de bons souvenirs, "d'avant" ?

— Oui, parfois j'évoque avec mon amie notre vie à cette époque-là. J'ai 40 ans maintenant, j'avais 26 ans quand tout s'est écroulé. Parfois on se remémore *stchastiya* – le bonheur – que l'on connaissait avant. C'est vrai, on n'avait pas beaucoup de produits à l'époque, mais le peu qui existait c'étaient des produits naturels. On dépensait notre rouble pour un bonbon qui nous plaisait. C'était un tel bonheur ! Tu sais, c'est bête, je ne peux pas en parler sans avoir les larmes aux yeux. Les gens étaient bons à l'époque. *Nié zliyé.* Pas méchants comme maintenant.

— Et ces bonbons, on peut encore les trouver ?

— Non, ce ne sont plus les mêmes. »

À 05 heures 15, 11 heures 15 heure locale, le train marque une halte dans une région montagneuse, à Amazar, + 7 010 km, + 6 fuseaux horaires. Vingt minutes d'arrêt. Les Russes font des provisions. Poc ! Pic ! Ting ! J'observe longuement les cheminots vêtus de noir et d'orange qui vérifient les roues du train. Cher Kostia... De gros tuyaux noirs sont abouchés à chacun des wagons. La bête a soif !

06 heures 49 (12 heures 49). Mogotcha, 17 500 habitants, + 6 906 km, + 6 fuseaux horaires. Arrêt de quinze minutes.

Il fait beau et très chaud. Les Russes traversent à nouveau les voies ferrées pour s'approvisionner dans les kiosques de la gare rose. *Napitki !* Boissons ! *Marojnoyé !* Glaces ! Des hommes aux cheveux ras, blonds, au teint hâve, en reviennent avec plusieurs litres de bière Koupietcheskoyé et des cigarettes Bond Street. Sacha patiente à l'entrée du wagon n° 1. Plusieurs personnes, encombrées de gros bagages, montent à bord, sur la musique de *Pretty Woman*. Bien loin des luxueuses collines d'Hollywood.

09 heures 00 (15 heures) : je déjeune avec Liouba et Katia, d'une soupe *lapcha* au bœuf rôti et au poulet fumé, accompagnée d'une salade de tomates et de concombres. Liouba attrape son sac noir et en sort des photos prises en Chine l'été précédent. Elle parle en termes élogieux du personnel médical des sanatoriums, jeune, attentionné et travailleur.

Les heures passent ainsi, à évoquer inlassablement la vie, la santé, les souvenirs, la famille. On dort aussi beaucoup, surtout après les nombreuses pauses casse-croûte. Le rythme du train paraît plus lent pendant la journée ; régulier et rassurant, il me rappelle souvent le son de la machine à coudre de ma grand-mère : ta-raaa... ta-raaa... ta-raaa...

Trois heures plus tard, ayant développé une sensibilité aux changements de rythme du train, je suis brusquement réveillée. Le Transsibérien freine bruyamment, à l'approche d'une gare. Arrêt de vingt minutes.

« Irkoutsk ? m'enquiers-je.

— Quel Irkoutsk ? dit Liouba. Irkoutsk, c'est demain matin ! On est à Tchernichevsk Zabaïkalski ! »

Par la fenêtre, j'aperçois de longues chenilles de pétrole brut Youkos et de grands arbres. Le soleil se couche, lentement. Je vérifie la carte. Irkoutsk est en effet encore loin, à 1 000 kilomètres de là. Les Russes prennent leur mal en patience en fumant une cigarette au-dehors. Sur une colonne en béton gris, je remarque un graffiti en hommage au LDPR, le parti d'extrême droite de Vladimir Jirinovski. À quelques pas se tiennent des vendeurs de prunes et de nectarines. Et, au loin, se déroule un paysage de monts verts couverts de forêts. Ta-raaa... ta-raaa... ta-raaa... Doucement, le train reprend sa course. Nous traversons des plaines vierges, où reposent des bottes de foin dans des champs d'or. Je souris en pensant à Claude Monet. Nul doute qu'il aurait été ému devant cette nature infinie, caressée par les lueurs orangées du soleil couchant.

De nouveaux passagers se joignent à nous : Victor, 40 ans, cheminot, et ses deux fils, Gleb, 4 ans, et Danil, 15 ans. Ils voyagent légers, avec 40 kilos de bagages.

« *Maliny*. Des framboises de chez la grand-mère ! »

Nous sommes maintenant pas moins de six personnes dans un compartiment de 6 mètres carrés – trois adultes et trois enfants. Je suis ravie. Mon regard croise celui de l'enfant.

« Je vais te casser les doigts ! » lance Gleb en m'attrapant la main.

Le garçonnet malicieux vient de rencontrer sa grand-mère pour la première fois. En raison de la crise, son père n'a pas vu sa mère depuis sept ans, qui habite à 7000 kilomètres de leur domicile moscovite. Je regarde longuement Victor. Avec son grand crâne chauve et ses yeux noisette expressifs, il est tout le portrait de John Malkovitch, le vicomte de Valmont des *Liaisons dangereuses* de Stephen Frears : « Mon amie, je suis joué, trahi, perdu ; je suis au désespoir : madame de Tourvel est partie... Ô femmes, femmes ! plaignez-vous donc, si l'on vous trompe ! »

« Vous suivez les jeux Olympiques ? me dit-il, en levant discrètement le nez de son journal.

— Non. Quoi de neuf ?

— Tous les Chinois sont devant. Normal, ils ont tous des compagnies privées qui les soutiennent. Pas comme chez nous : tout dans la poche ; ou chez vous, par milliards !

— Chez nous, vous croyez ?

— *Da, kaniechna !* Et, comme d'habitude, le peuple se débrouille en cueillant moult fruits des bois et en cultivant moult patates... »

Le train traverse à présent des étendues de plus en plus désertes. Sur des kilomètres et des kilomètres, impossible de déceler une trace humaine. Nous avons pour compagnie des ruisseaux pittoresques et des chemins de terre étroits comme des ridules, qui serpentent au milieu de vastes espaces jamais touchés. La terre ridée. Des milliers de bouleaux secs défilent sous nos yeux, certains endoloris, cassés net par la tempête qui a frappé la région d'Irkoutsk un mois auparavant.

14 heures 00, soit 20 heures heure locale. C'est le moment du repas. Ta-raaa... ta-raaa... ta-raaa... Liouba plonge la main dans son sac prodigieux, qui ne désemplit pas, et sort de nouvelles tomates. Odeur de jus.

« Gleb, tu veux quelque chose ?

— *Khlieb*, du pain !

— Tiens, mon p'tit, prends ! *Sviéjinki*, il est tout frais. »

Liouba est généreuse avec tous ceux qui l'entourent.

« Que fais-tu dans la vie, Liouba ?

— Je travaille dans une prison, dit-elle en ouvrant le pot de mayonnaise.

— ...

— Eh oui, mille cinq cents hommes en tout. Ce n'est pas facile tous les jours, mais tu sais quoi, en vingt ans, je n'ai pas connu une seule situation de conflit. Je leur dis : "Vous vous dégradez, et nous avec vous." Je leur parle. »

Je lui demande si les détenus ont changé en vingt ans.

« Ils sont pires qu'avant, dit-elle en brassant la sauce dans la casserole. Il y a beaucoup de toxicomanes, et aussi des gens intelligents qui sont arrivés là pour des histoires d'argent ou de meurtre.

— Tu en souffres ?

— *Niet*, je suis habituée. Nous ne sommes pourtant pas très nombreuses, mais je ne me plains pas. »

Liouba gagne 6 000 roubles par mois, dont un quart est reversé à l'école de Katia. « Il faut aussi habiller Katia l'hiver, bien la nourrir car il fait froid, ajoute-t-elle.

L'appartement est payé, ce qui est une bonne chose. J'aurais aimé prendre ma retraite, mais avec la suppression des avantages sociaux, je vais devoir travailler pour envoyer ma fille en Chine. Mais je suis *silna*, forte. »

15 heures 00, soit 21 heures heure locale. Tarata-taa, tarata-taa... Nous traversons Chilka, + 6 446 km. Il fait presque nuit. Je me brosse les dents. À mon retour, j'aperçois de petits bras qui entourent affectueusement la tête d'une mère heureuse. Liouba câline sa fille et lui glisse des mots doux, puis elle se redresse en lui massant les pieds.

Le 18 août, je note dans mon journal : « Liouba est héroïque. Une sainte anonyme. J'ai beaucoup de chance. »

J4. Réveil au milieu d'une musique de variétés russes. Ma compagne me regarde avec un grand sourire.

« C'est bien, vous avez tous dormi longtemps.

— Quelle heure est-il ?

— Cinq heures.

— C'est-à-dire 11 heures ? Du matin ?

— Oui. Nous allons arriver à Oulan-Oudé. Tu veux du thé ? »

Je porte machinalement mes yeux vers la fenêtre et le soleil blanc. Les étendues vertes sont toujours aussi spectaculaires, les monts touffus, fidèles. Gleb penche sa tête au-dessus de moi.

« Je vais te faire caca dessus. »

Nous prenons le petit-déjeuner ensemble, à six : thé et *pirojki* au *tvorog*.

« J'veux du lait ! lance Gleb.

— Y'a pas de lait, répond son frère. Tu vas boire ton thé comme ça.

— J'veux des bonbons !

— Gleb, arrête ton cirque ! »

Des chenilles processionnaires de pétrole défilent à nouveau sous nos regards, rapides et interminables. Au bord de la voie, des cheminots transpirent au soleil, sans les remarquer. Et au-delà, dans les jardins des innombrables datchas entourées de hauts tournesols, des hommes, des femmes, des enfants portent de lourds seaux d'eau. Tout est très clair. Le pétrole, les ouvriers, les villages en bois et, derrière leurs murs épais, une masse silencieuse qui survit, livrée à elle-même. Rien n'a changé depuis Tolstoï. Le peuple est dépouillé. La Russie me fait parfois penser à une jument à terre, blessée par sa chute ; quelques hommes avides tirent sur ses brides avec force, lui coupent sa précieuse crinière pour leur seul profit… ils voudraient la faire courir, sans la panser, mais elle est essoufflée. Ces hommes seraient d'ailleurs prêts à l'étriper, à s'y tenir au chaud, le temps d'un hiver, au péril des générations futures ; mais ne courent-ils pas le risque de rouler dans la poussière, d'un seul coup de sabot ? Le décalage entre les pauvres que j'aperçois et la nouvelle élite riche, « européenne », m'inspire de la crainte. Je songe ensuite aux mots de Volodia, rencontré sur le trajet Oulan-Oudé/Khabarovsk, en troisième classe : « *Rossiya biedna, no narod vissiolyi.* La Russie est pauvre mais le peuple est joyeux. » Je songe à Iouri, sur son cheval Krassavchik à Olkhon : une vie conforme à son être – simple, honnête, en symbiose avec une nature qu'il vénère.

04 heures 30 (9 heures 30). Oulan-Oudé, + 5 642 km, + 5 fuseaux horaires. Le temps est beau et chaud. Arrêt de trente minutes. Les moments heureux vécus ici avec l'Aventurier me reviennent en mémoire avec nostalgie. Poc… Ting… Pong… À nouveau les cheminots ! La bête se réapprovisionne ; de gros tuyaux noirs gisent sur le quai. Sacha en profite pour donner un coup de torchon sur la plaque extérieure « Moskva/Vladivostok ».

Lorsque nous remontons à bord du train, les enfants se déchaînent. Gleb, du haut de ses 4 ans, menace Katia : « Je vais te tuer ! » Deux minutes plus tard, ils s'embrassent : « *Ia tibia lioubliou !* Je t'aime ! » De temps à autre, il se jette sur moi, hurle, tire la langue, donne des coups de poing.

« Tu seras président un jour, Gleb ?

— Non, je ne veux pas être Poutine », dit-il en me tordant le bras.

Après avoir longé un océan de montagnes à perte de vue, voilà que nous approchons du lac Baïkal. Merveilleuse « mer Baïkal », te revoilà, mon amie ! Déesse, comme tu es belle ! Il est 7 heures, soit midi heure locale. En face de moi, Liouba frétille, captivée par le spectacle. La nature sait éblouir. Tout est splendide. Le bleu profond, pur, du lac le plus ancien du monde, le cri des mouettes, les bouleaux imperturbables, les bottes de foin au repos et le soleil, présent comme un ami, brillant et chaud.

« Je n'avais pas revu le Baïkal depuis douze ans ! dit Liouba en attrapant son vieil appareil photo. J'en reçois une telle énergie ! Regarde, c'est comme une mer. Sans limites. »

Ses yeux finissent par lâcher des larmes de joie. C'est la première fois qu'il règne dans le compartiment un silence quasi religieux. Danil, Gleb et Katia sont ébahis. Personne ne semble prêter attention à Joe Dassin, qui entonne à présent : « Et si tu n'existais pas, dis-moi pourquoi j'existerais. »

« Nous allons longer le lac pendant plus de trois heures, ajoute le vicomte de Valmont, enthousiaste, en secouant sa montre.

— Maman, vite, prends des photos !

— La vitre est sale, mais tant pis, je ne peux pas me retenir ! lance Liouba, exaltée. Clic ! Clic ! Clic ! Je veux prendre la couleur de l'eau, Katia, arrête de bouger !

— Papa ! lance Gleb en sautant partout, monte le son, c'est *Fabrika Zviozda* ! »

Des maisons sibériennes aux fenêtres gaies, des champs vert pomme, des fleurs jaune éclatant défilent derrière la vitre.

« Regarde, dit Victor, ces villages jetés, abandonnés. Il n'y a plus d'école, tu te rends compte ?

— *Vyjivaniyé*, c'est la survie, répond Liouba, triste.

— Avant, ils produisaient du bois, maintenant ils s'y promènent, il n'y a rien d'autre à faire.

— Si au moins un Nouveau Russe pouvait racheter, construire.

— J'ai un ami qui habite dans un village près d'ici ; un Nouveau Russe a construit une maison, mais il n'y séjourne que l'été et l'hiver. »

Vers 13 heures, mon ventre commence à me tenailler. Je refuse de me diriger vers le wagon-restaurant, par scrupule vis-à-vis de mes compagnons qui n'ont pas les moyens d'y manger. Aussi décidé-je d'aller voir Larissa pour demander un snack, en attendant notre prochaine halte à Sloudianka.

« Regarde ! J'ai du *plov* ! me dit-elle, épanouie dans sa robe de chambre mauve, les cheveux en bigoudis. Tu vas voir comment mon mari cuisine ! »

Elle verse le contenu de la casserole fumante dans un récipient. Du riz, beaucoup de viande, de l'huile, des épices : ça sent divinement bon. Dans le compartiment, nous partageons cette assiettée à six.

8 heures 40 (13 heures 40). Sacha passe l'aspirateur dans le couloir.

« Attention ! lance avec le sourire l'homme dégingandé. L'engin fume ! »

Larissa apparaît, le teint naturel, les bigoudis imperturbables. « Bientôt Sloudianka, épidémie, personne ne sort, n'achetez pas de poisson », dit-elle, laconique.

Le vicomte de Valmont me fixe au-dessus de son journal : « Quel plaisir j'aurai à me venger ! Je la retrouverai cette femme perfide ; je reprendrai mon empire sur elle. Je la verrai encore à mes genoux, tremblante et baignée de pleurs, me criant merci de sa trompeuse voix ; et moi je serai sans pitié. »

« Si tu ne veux pas passer le reste du voyage aux toilettes, ne sors pas », lance-t-il.

Une épidémie ? Quelle aventure ! Sur le quai de Sloudianka, la vie semble parfaitement normale : des hommes et des femmes mangent des glaces, s'arrêtent devant les stands de souvenirs ou les kiosques bleus et blancs. Assister à cela de l'intérieur de notre compartiment hermétique procure un sentiment bizarre, à la fois de gêne et de puissance ridicule.

Liouba me change les idées en préparant une soupe aux nouilles, agrémentée de morceaux de saucisse rouge. Efficace. Puis, à 15 heures 33 précises, Larissa réapparaît, qui vient annoncer une nouvelle extraordinaire :

« La douche est disponible. Qui en veut une ?

— Une douche ? C'est possible ?

— *Da, kaniechna*, 40 roubles. »

Une douche ! Une douche ! Victoire ! Je suis Larissa jusqu'aux petits coins, avec la détermination de Lara Croft.

« L'eau chaude est à gauche, l'eau froide à droite. Tu vois, l'eau sort par là, fait Larissa en pointant le doigt vers un trou qui offre une vue imprenable sur les rails. *Ty poniéla ?* Tu as compris, Géraldinka ?

— *Chto ?* Comment ? »

Larissa empoigne un tuyau dans le mur, face à la cuvette des toilettes, avec une force surprenante ; je l'imagine bien gaver des oies dans le sud-ouest de la France. Elle retrousse ses manches, puis me tend énergiquement le pommeau blanc en plastique.

« *Moïssiya*. Lave-toi ! »

L'efficacité d'une douche dans le Transsibérien est comme celle d'une entreprise. Elle dépend essentiellement du degré de motivation et d'engagement des troupes. Nu dans une cabine sismique d'un mètre carré, les talons mouillés, le voyageur prend agréablement conscience de sa mortalité. Le moment est venu de se casser d'abord les deux jambes, puis de mourir d'une crise cardiaque, quelque part entre Sloudianka et Irkoutsk. Je respire un grand coup, me déshabille, tout en songeant à la maîtrise de soi des héros légendaires de mon enfance. Première règle : évaluer le danger. Les parois grincent dans tous les sens, et à intervalles réguliers ; la bête est prise de contractions spasmodiques, appelées plus volontiers convulsions. Ce phénomène donne l'impression distincte de se laver dans le ventre d'un tyrannosaure géant, affamé et guère content. Conclusion : il faut réagir à la Russe.

Niet problème.

Psschhh ! Clic-clac ! Phhh-Rrrr... L'air frais qui remonte du trou noir au-dessus des rails est aussi efficace que l'option séchage à la station-service de l'arc de Triomphe. Lorsque je sors, victorieuse, mine rose et cheveux en bataille, Larissa est assise dans sa cabine, fichu rouge sur la tête, l'œil tourné vers un miroir rond niché dans le creux de sa main... Hop ! Un petit trait de crayon bleu sous les yeux noisette. Je viens de risquer ma peau ; Larissa, elle, sort d'un opéra de Bizet.

« *Spassiba*, Carmen !

— À ta santé ! » dit-elle en pinçant ses lèvres framboise dans un mouchoir blanc.

À la sortie, les passagers cloîtrés dans le couloir me regardent amusés. *« S liokhkim parom ! S liokhkim parom ! »* chantent-ils. Ces quelques paroles prononcées avec amitié, habituellement après un sauna russe, signifient : « Heureuse détente ».

Clic. Vrrrt. Compartiment n° 7.

« On va bientôt arriver à Irkoutsk, signale Liouba. Regardez, les maisons des Nouveaux Russes, là-bas. »

Tous se penchent. Si la misère suscite l'indifférence générale, la richesse provoque une curiosité universelle.

« Chez nous aussi ils construisent, il y a même des maisons avec des ascenseurs en verre à l'extérieur et des piscines aussi, ajoute-t-elle.

— Il y a des châteaux chez vous ? me demande Danil.

— Oui, mais ils sont différents.

— Là-bas, vos propriétaires sont obligés de gérer leur propriété, d'y organiser des visites, ce n'est pas comme chez nous, lance Victor. »

Nous traversons le fleuve Angara vers midi. J'éprouve de la tristesse. Cher Nikolaï, mon petit capitaine ; chère île d'Olkhon, si loin... Cher Iouri, sur son petit cheval Krassavchik...

C'est l'heure du thé. Je décide de me consoler en allant chercher des gâteaux secs Maroussia chez Larissa. C'est alors que je vois Sacha assis sur la banquette, torse velu et ventre à l'air, la main droite fermement appuyée sur le gros genou de Larissa. Traumatisée par cette scène de tendresse, je retourne à ma maison. Heureusement, Tamara, la cinquantaine, couettes auburn et tablier bleu, passe à cet instant précis dans le couloir avec son seau magique : « *Pirojki ! Pirojki* tout chauds ! Tout chauds les *pirojki* ! » Tamara est précieuse. Elle travaille dans le wagon-restaurant et arpente le train tous les jours avec des beignets irrésistibles. Frais, moelleux, un peu chers pour les Russes – 10 roubles, deux fois plus qu'ailleurs. J'en achète pour tout le compartiment, en attendant les beignets encore meilleurs des babouchkas sur les quais de gare.

Après Irkoutsk, nous atteignons quelques heures plus tard Zima – mot qui évoque l'« hiver » –, localité de 35 000 habitants, + 4 940 km, + 5 fuseaux horaires. Halte de trente minutes. Dehors le quai est désert. Les voies ferrées s'étendent en perdition. Une brise agréable et chaude nous caresse les épaules sous un ciel dégagé. Je discute un long moment avec Sergueï, un jeune juriste aux biceps gonflés comme Superman. Il accomplit avec sa femme Ioulia, psychologue, et leur fils Maxim un voyage de 12 000 kilomètres depuis sa Tchoukotka natale, au nord-est de la Sibérie, jusqu'à Zaporijia en Ukraine, soit dix-huit heures de train supplémentaire, en sus des sept jours dans le Transsibérien.

« On a le temps de lire ! Tu connais Erich Maria Remarque ? *L'Obélisque noir* ? C'est très bien. Notre fils Maxim, lui, lit en ce moment *L'Alchimiste* de Paulo Coelho, tu connais ?

— Quel âge a-t-il ?

— Déjà 13 ans. »

Notre conversation est brusquement interrompue par la voix craintive d'un enfant ébouriffé d'une dizaine d'années. Il est vêtu d'un simple maillot et d'un pantalon trop grand pour lui.

« S'il vous plaît, dit-il, la main maigre contre le menton, vous avez à manger ? »

L'enfant a faim. Il est seul. J'ai laissé mes affaires dans le compartiment fermé à clé. Ma réaction est celle, éhontée, d'une Occidentale qui reconnaît la misère et qui passe à côté : je ne fais rien. Au lieu de retourner dans le train, je reste figée devant l'enfant, paralysée. Mon cœur est serré, mais mon visage, lui, est impassible, parfaitement calme devant le malheur. Hocher la tête, soulever les épaules, dans un vain effort pour me faire pardonner ? Trop tard. Je me laisse envelopper par un pénible sentiment familier, la honte. L'émotion me prend à la gorge. C'est à ce moment-là qu'intervient le grand homme entrevu le matin même. Il enlève son sac à dos.

« Tu veux manger, mon bout ? Pas de souci. Ça te dit un petit *pirajok* ? Tiens, prends-le, il est encore tout chaud.

— *Spassiba*, répond l'enfant, content.

— Pas de quoi, mange-le vite avant qu'il soit froid. »

Nous sommes tous surpris par la spontanéité de Vladimir. La quarantaine, il a les yeux pétillants et un enthousiasme contagieux. Autour de son cou pend une croix en argent sur une ficelle.

« Bonjour ! me dit-il dans un français hésitant. Si tu veux, tu peux passer nous voir tout à l'heure. »

Cette proposition m'apaise. Du moins en surface. Intérieurement, je suis déchirée par la culpabilité.

Le jeudi 19 août, je note dans mon journal :

« Cet enfant attendait quelque chose de moi et je n'ai rien donné. Je n'attendais rien de cet enfant, et il m'a donné une montagne : une prise de conscience. »

Ce soir-là, Liouba organise le dîner comme à son habitude, avec amour et joie.

« Qui veut d'une bonne salade aux tomates et concombres ? »

Cette fois-ci, elle a innové en ajoutant des *soukhariki*, croûtons de pain au goût de salami. C'est simple et bon. Gleb est en pleine forme.

« Donne-moi tes doigts, je vais te les casser ! »

Pour le calmer, nous jouons aux ombres chinoises contre la porte du compartiment. Impossible de me souvenir de tous les noms d'animaux en russe, mais l'effet de l'image sur l'esprit de l'enfant est plaisant à voir.

« *Davaï*, encore ! » fait-il, en riant.

Pendant ce temps, dans le compartiment voisin, Vladimir a soif. Il entame avec ses camarades une fiasque de vodka Istok (« Source »), une grande bouteille de bière Diana Akhotnitsa (« Diane chasseresse ») et un jus d'abricot. Des *pirojki* jonchent la tablette, ainsi que des tranches épaisses de saucisse bien grasse. Autour de ce buffet, Andreï, officier de marine, musclé et jovial, Volodia, un retraité de 70 ans, Vladimir et un jeune Japonais, Horisho. Je suis frappée par ses dents, alignées et fort blanches. Il semble apeuré au milieu de cette joyeuse compagnie très russe. Je prends un verre avec eux, au sens français du terme : nous vidons en réalité toute une bouteille.

« Le premier jour, on a appris que c'était son anniversaire, donc on l'a bien sûr fait boire, raconte Vladimir.

— Ah oui ? Et comment ça s'est passé ?

— Il a vomi toute la nuit. »

Horisho est un être courageux. Parachuté à Vladivostok pour réaliser un reportage sur le Transsibérien, il ne parle pas un mot de russe, et quasiment pas l'anglais.

« Tu as vu son équipement ? dit Vladimir. Épatant ! Téléobjectif, Notebook, baladeur numérique, il a même embarqué sa voiture dans le train ! »

Il attrape Horisho comme le ferait un ours.

« Horisho, je l'aime ! dit-il en lui broyant les épaules. Comme mon fils ! Bon, on a nos petites différences. Son pays aimerait bien nous prendre Sakhaline, les îles Kouriles ; ils savent pourtant qu'elles sont à nous ! Mais c'est mon *droug*, mon ami ! »

Il l'embrasse. Horisho pâlit.

Vladimir est lieutenant-colonel dans l'armée. Son humour est particulier.

« Tu connais celle du Russe, de l'Allemand, et du Français ? Je te raconte, tu traduis à Horisho. Alors voilà... C'est l'histoire d'un Russe, d'un Allemand et d'un Français. Ils essaient de savoir lequel d'entre eux est le plus heureux. L'Allemand dit : "C'est moi le plus heureux ! J'ai une grande maison, une Mercedes, une femme et une maîtresse !" Le Français lui répond : "Non, c'est moi le plus heureux, j'ai deux maisons, deux voitures, une femme et trois maîtresses !" Le Russe les regarde, surpris, et leur lance : "*Niet, niet !* C'est moi le plus heureux. Je n'ai qu'un râteau, et je couche avec tout le village." »

Horisho sourit, diplomate. Les autres se tordent de rire. Tournée générale de vodka.

Le reste de la soirée est consacré à l'ivresse. Les toasts, à l'amitié, à la famille, à la terre entière, sont de plus en plus longs, dans des intervalles de plus en plus rapprochés. Cela s'appelle de l'endurance. Je tente d'ignorer la courbature dans mon bras droit qui se transforme en déchirure musculaire.

« Mon rêve ? s'écrie le lieutenant-colonel. *Mir v mirou.* La paix dans le monde. »

À minuit passé, je finis par quitter la compagnie hilare, mon corps prêt à chuter comme un arbre. Tarata-taa... tarata-taa... Larissa est encore debout dans sa cabine feutrée, un châle étendu sur les épaules, absorbée par la lecture d'un roman de Danielle Steele, *Reviens, Amour.*

« Tu l'as lu ? C'est pas mal. Tu pars te coucher ? *Spakoïnoï notchi !*

— Bonne nuit à toi aussi, Larissa. »

*
* *

J5. Réveil au son de la variété russe. L'horloge numérique du couloir affiche 04 h 32. Où sommes-nous ? Quelle heure est-il ici ? Aucune idée. Dehors brillent des pins et des bouleaux, une partie de leur feuillage jaunie, comme des boucles d'or. Il règne une belle lumière jaune orangée, le ciel est bleu. Le soleil se lève-t-il ou se couche-t-il ? Tout le petit monde transsibérien dort encore. J'attrape mes affaires de toilette et me dirige vers les petits coins. Ouvert. Le soleil étend ses rayons dans le couloir et sur le *kipitilnik*, la bouilloire. Il règne un calme absolu. Tiens, la porte des *provodniki* est fermée.

Clic. Vrrrt. Retour au compartiment n° 7. Liouba et Katia sont enlacées dans un tendre câlin.

« Tu as pris ton café, Géraldinka ?

— Non, Larissa a dû se coucher tard, comme tout le monde.

— Tiens, celui-ci est bon, dit Liouba en me tendant un sachet de café Golden Eagle à bannière étoilée. C'est la fin de l'été. Tu as vu les arbres ?

— Quelle heure est-il ?

— Il faut ajouter quatre heures à l'heure de Moscou. Il est 8 heures 40 heure locale, dit-elle en touillant café et sucre dans la tasse fumante.

— Mais où sommes-nous ?

— Nous allons bientôt arriver à Krasnoïarsk », dit-elle en attrapant une saucisse.

Gleb se réveille et enfonce son poing sur la tête de Katia, récoltant une fessée de son frère Danil. Pleurs. Rap russe à plein volume. Encore trois jours ainsi. Assis sur un strapontin dans le couloir, Vladimir est plongé dans un roman policier. Les jambes croisées, il lit, malgré une sévère gueule de bois.

« Je suis frais comme un concombre, c'est ce que l'on dit en Russie !

— Tu arrives à lire ?

— Oui, deux cents pages par jour. Tu sais, même ma chienne supporte la vodka. C'est un dalmatien, elle a 10 ans et pèse 61 kilos. Quand elle est malade, un peu de vodka et un œuf battu, et elle repart. Au fait, c'est pour quand ton mariage avec notre barman ?

— Barman ?

— Oui, notre samouraï !

— Horisho ?

— *Da, kharacho*[19] *!* »

À 6 heures 30 (10 heures 30), nous arrivons en gare de Krasnoïarsk, + 4 098 km, + 4 fuseaux horaires. Le soleil brille. Les quais grouillent : cheminots, passagers avec de gros cabas, vendeurs ambulants, badauds dégustant crèmes glacées et graines de tournesol. Pendant l'arrêt, je reste près de Sacha, tranquille, les mains dans les poches, un grain de beauté relevant le teint mat de son visage.

« Tu fais ce métier depuis longtemps, Sacha ?

— Oui, ça fait quinze ans. Nous travaillons une semaine, puis nous nous en reposons deux, et ainsi de suite. Au bout d'une semaine toutefois, le train me manque déjà.

— Quand tu étais petit, tu savais que tu voulais faire ça ?

— J'en rêvais depuis l'enfance. Tous les enfants rêvent un jour d'être dans un train. Je l'ai fait ! Il faut voir la Sibérie l'hiver aussi, c'est toujours beau. »

Je lui demande ce qui a changé en quinze ans.

« Le climat, vers le lac Baïkal par exemple. Avant, il faisait facilement -50 °C, -60 °C. Aujourd'hui il fait au mieux -30 °C, -40 °C l'hiver. Et puis on construit beaucoup plus, des habitations, de nouvelles gares. Tu ne vas pas t'acheter une glace ? »

08 heures 00 (12 heures). Au déjeuner : *lapcha* pour le cinquième jour consécutif et poulet fumé. Si je continue à avaler des nouilles coréennes, mon estomac va prendre feu et les forces russes lanceront l'assaut.

09 heures 30 (13 heures 30). Le temps devient nuageux, et le moral baisse. Larissa a enfilé son tablier bleu turquoise avec poche kangourou, et passe l'aspirateur dans les compartiments avec la froide détermination d'un pilote de formule 1. Vrrroum... Vrrrroum... « Géraldinka, tes pieds ! » Vrrroum... *Maverick* Larissa ! Mes autres compagnons se sont endormis, sauf Gleb, qui tire sa langue rose. À travers la fenêtre, je me laisse transporter par la vue des plaines, qui s'étirent toujours plus loin, plus loin encore, mouchetées de tournesols, points de

suspension jaune citron, gais comme des notes de musique. À la lueur pâle du soleil bas, les forêts nous saluent d'un frisson. Plus nous avançons vers l'ouest, plus leur manteau s'éclaircit. Pas de doute, l'été est parti, il a lui aussi gagné le Transsibérien. Voici l'automne, le cher automne... Vite, tends-nous un peu de ta splendeur dorée !

Ta-raaa... ta-raaa... ta-raaa... 12 heures 00 (16 heures) : c'est l'heure du goûter. Tout mon petit monde se réveille et se régale de *pirojki* au *tvorog*, accompagnés de l'épaisse confiture aux framboises de la grand-mère de Gleb et de Danil. Victor est plongé dans la lecture du magazine *L'Express*, acheté à Krasnoïarsk.

« Des nouvelles intéressantes ? (Clic-clac des roues.)

— Tariko a acheté la maison de Berlusconi pour plusieurs millions d'euros », dit-il, laconique, en me tendant le journal gras.

C'est une édition toute récente, d'août 2004, n° 33 : « Le roi de la vodka, Roustam Tariko, achète la villa de Berlusconi pour 15 millions d'euros. » En grand, une photographie de la villa Minerva en Sardaigne et, au bord de la piscine, le Premier ministre italien... tout nu.

« Mais il n'y a rien à voir, sourit Liouba.

— Ça vous fait bizarre ?

— Absolument pas, répond Liouba en plongeant la cuillère dans le bocal de confiture. On est habitués depuis longtemps. Ce sont des personnes tout autres. Nous ne les comprenons pas, et ils ne peuvent pas nous comprendre, dit-elle en léchant son pouce. Chez nous, on enferme les gens pour le vol de pommes de terre ou d'un morceau de viande. Eux, ils se promènent. C'est comme ça. Katia, tu veux encore de la confiture ? »

Victor, silencieux depuis plusieurs minutes, ferme un autre journal et quitte le compartiment sans piper mot. En couverture de *Komsomolskaya Pravda* s'étale un entretien avec le célèbre acteur Oleg Menchikov et, au dos du journal, Natalia, 20 ans, originaire du Kirghizistan, accroupie en position féline, chevelure rousse et string léopard sur des fesses laiteuses. On trouve des blagues aussi, et des mots croisés à moitié remplis par Victor. Dans les premières pages du journal figure un article politique, le seul : « Poutine travaille sur ses dossiers à la plage », rejoint dans sa résidence d'été, à Sotchi, par sa famille et ses chiens, « deux caniches – Tassiyou et son petit Rodéo » et Connie, « son labrador préféré ». Contrairement aux contrées sibériennes, la station balnéaire serait, au dire du journal, submergée par des poupées de cire à son effigie, qui s'achèteraient 3000 à 5000 dollars.

Deux pages plus loin, je reconnais les caractères larges et gras sur lesquels se penchait avidement Victor avant sa disparition.

« Comment devenir millionnaire ? »

Je demande à Liouba ce qu'elle en pense.

« Rien, on ne pense pas à ça, si on vit, c'est déjà bien. »

L'article aborde la question censée être au centre des préoccupations du Russe moderne, l'*Homo post-sovieticus*. Chiffres à l'appui : « 36 milliardaires en Russie » et « 84 000 millionnaires » en dollars. Le quotidien indique les meilleurs moyens pour devenir une personne dont le capital dépasse un million. Parmi eux, le *blat*. En russe, *blat* signifie « piston ».

« Personne ne l'a encore supprimé chez nous. Si vous avez fait des études avec un oligarque, cela augmente d'un cran la valeur de vos diplômes. Sans piston, allez chez les fonctionnaires. Servez au moins jusqu'à la fonction de vice-ministre – et n'importe quel oligarque prendra de lui-même contact avec vous[20]. »

Ces mots, à des milliers de kilomètres du centre où circule 80 % de la richesse nationale, ont une résonance étrange. La réalité, étendue sur 17 millions de kilomètres carrés, est fort éloignée de celle du pouvoir ou des hautes sphères des *bizness-imperiya*, confinées à quelques dizaines de kilomètres carrés dans la capitale russe ou sa banlieue chic. Elle est ailleurs, en partie dans ce train, en partie dans les villes et les campagnes, derrière les rondins épais des isbas oubliées de Sibérie. Silencieuse, mais bien présente.

Vers 15 heures 15 (19 heures 15), nous atteignons la charmante gare de Taïga, + 3 570 km, + 4 fuseaux horaires. Plusieurs passagers descendent acheter des brochettes, des pignes de pin et de la bière. À la lumière du crépuscule, le petit palais aux couleurs douces est un enchantement pour les yeux. Sans que je le veuille, le souvenir de ma rencontre avec Macha, la fillette de 8 ans toute en tresses, et de sa maman aux beaux yeux noirs me revient à l'esprit avec force, comparable à celle d'une étoile filante, brève et spectaculaire. Le front appuyé contre la vitre froide, je revois l'enfant, son sourire, les tranches de saucisse épaisse et de pain blanc sur la tablette, le lait tiède d'Apriyelka, les mains épaisses et calleuses d'Oksana, l'atmosphère feutrée dans le compartiment. J'entends comme en écho les paroles de Macha – « Y a-t-il des dauphins à Paris ? » –, de sa mère aussi – « Je rêve de devenir coiffeuse ».

Et je plonge dans la nostalgie.

« Géraldinka ! Notre samouraï est arrivé. Viens ! »

Depuis plusieurs heures, aucun signe de Vladimir et de mon promis nippon. Mais voilà : à 15 heures 45 précises (19 heures 45), mon compagnon russe fait une entrée fracassante dans notre compartiment, avec la grande nouvelle. Je décide de le rejoindre. Ses amis sont là, hilares, ainsi que Horisho, égal à lui-même, traumatisé.

« Dis-lui qu'il se tienne prêt pour demain ! me dit Vladimir.

— Pourquoi demain ?

— Demain, c'est le dernier soir dans le train, dit-il en faisant une chiquenaude sur la gorge.

— Haaah ! » s'esclaffent nos compagnons.

Je traduis à Horisho.

« *Tomorrow-you-ready. Tomorrow-drink* – regard blême de Horisho – vodka !

— Tu dois être comme les pionniers, renchérit Vladimir. *Vsiegda gatof!* Toujours prêt ! »

Il porte sa main droite à la tempe : « À 100 % ! »

« Aah ! *O-kay !* répond Horisho, perplexe.

— T'inquiète, Horisho. Géraldinka va garder sa main sur ton pouls ! dit Vladimir.

— Garder la main sur le pouls ?

— *Da*, Géraldinka, tu vas contrôler la situation. Horisho, il ne faut pas être *groustnyi* !

— *Groustnyi ?* répète Horisho.

— Oui, triste ! Nous allons fêter l'amitié entre les peuples, la Russie, le Japon et la France. Et demain, tes noces avec Géraldinka ! *Na !* Tiens, prends un… tu te souviens comment ça s'appelle en russe ? demande-t-il en pointant une crêpe fine fourrée au fromage blanc sucré. *Blintchik s tvorogom*. Tu dois manger, tu es tout maigre !

— Tenez, la carte du monde.

— A-haa, lance Vladimir curieux, c'est en français ? Ah ! voilà où je vais, regarde, c'est là, en Moldavie. »

Comme la majorité des Russes présents dans le train, Vladimir ne se contente pas de faire 9 288 kilomètres de Vladivostok à Moscou. Il accomplit en plus trois jours de train de la capitale jusqu'à l'ex-république soviétique. Dix jours de voyage en tout.

« *Why-he-not-take-plane ?* me demande Horisho.

— L'avion ? fait Vladimir, surpris. D'abord parce que je ne peux pas tenir huit heures dans un avion sans fumer une cigarette. Tu te souviens du bon vieux temps, les cendriers qui débordaient ? Ça, c'est fini. Seconde raison, tu n'es pas sûr d'atterrir, 80 % des avions sont vieux, tu comprends, l'avion peut faire comme ça », dit-il en levant la main droite, puis comme ça – sa main s'abaisse vivement.

Horisho, blême, n'a pas besoin de traduction.

« Horisho, tu rentres comment après au Japon ?

— *Sa-ma-liot. By plane.*

— Par avion ? Jusqu'à Tokyo, depuis Moscou ? Hum... C'est *fifty-fifty.* »

Le train tressaute. Tout le monde éclate de rire.

« Prends le train, c'est plus sûr ! Parlons politique, décide autoritairement Vladimir en posant un bras sur l'épaule de son ami nippon. Tu es d'accord, mon petit Horisho, que Sakhaline doit rester chez nous ?

— *Yes, but-Kuril-Islands-problem-for-us.*

— Les îles Kouriles ? Hé-hé ! On ne va pas vous les donner ! Car là, il y a plein de poissons ! On fait vivre beaucoup de familles avec la pêche. Si nous les rendons, il n'y aura plus de travail. Deuxième raison, si nous les donnons, tous les pays vont se mettre à revendiquer des territoires, ajoute Vladimir au milieu des signes d'approbation de ses camarades. Regarde, dit-il en pointant la Chine sur la carte. Un milliard et demi d'habitants ! Vous vous rendez compte ! Il est important que l'on défende notre territoire. Pour l'instant nous sommes un peu faibles, mais dans dix, quinze ans... ajoute-t-il en respirant un grand coup et en bombant le torse.

— Aaah, fait Horisho, inquiet.

— La Russie aujourd'hui n'a pas de dents, comme moi, regarde. Mais nous devons être forts, sinon un milliard et demi de Chinois vont nous tuer avec les chapkas qu'ils cousent pour nous ! Ils n'ont pas besoin d'armes. Ton pays, ça va, c'est un petit pays, vous êtes combien ?

— Cent vingt millions.

— Ça va ! Ce n'est pas un milliard et demi d'affamés. C'est autre chose. Et as-tu seulement vu toute la place qu'il y a chez nous ? L'autre solution...

— C'est quoi ?

— C'est de créer une nouvelle union comprenant la Russie, la Mongolie, la Chine et l'Inde. Et nous y ajoutons ton pays : comme ça, ton empereur pourra même venir passer ses vacances à Saint-Pétersbourg !

— Ha ! Ha ! Ha ! »

Tournée générale de vodka.

« Géraldinka, demande à Horisho s'il connaît le sexe par téléphone.

— Pourquoi ?

— C'est un grand business, 10 dollars la minute ; s'il fonde sa société ici en Russie, il sera milliardaire dans cinq ans. Dis-lui que la Russie peut lui vendre son expérience.

— ...

— C'est dur maintenant, ajoute Vladimir, mais ça va aller. La peur nourrit le respect et, bientôt, les États-Unis ne pourront plus prendre de décision sans consensus avec nous.

— *What-you-think-of-America ?* lance Horisho. »

Vladimir lève son pouce.

« Peuple très bien ! Mauvais pouvoir – il baisse le pouce dans l'approbation générale. Tu sais ce que l'on dit chez nous : "Pour être plus intelligent, il faut frapper sa tête contre la table puis prendre sa chaussure et la frapper à nouveau deux fois. Ça fait circuler le sang." »

Vers 19 heures (22 heures), nous faisons une longue halte à Novossibirsk, + 3335 km, + 3 fuseaux horaires. Dans la nuit noire, nous sommes enchantés de découvrir en manches courtes le climat tempéré de la Sibérie – une pluie torrentielle et un vent de quelque 100 kilomètres/heure. Ma pensée se tourne soudain vers Larissa, Beïbit, Evguéni, Lydia et les centaines d'enfants rencontrés dans un camp de vacances de la région trois mois plus tôt. Ce souvenir est douloureux. Je tente de ne pas y penser en observant les cheminots qui vérifient minutieusement la santé des roues. Pour Horisho, cet arrêt est l'occasion de sortir son appareil télescopique et de prendre des clichés de nuit.

« *Chpion !* Espion ! » lancent Vladimir et ses camarades dans un éclat de rire.

***

J6. 6 heures 56 (9 heures 56). Réveil en douceur : coups de poing du petit ogre sur fond de pop américaine. Par la fenêtre, les bouleaux nous observent par milliers.

« *Dobryi dien*, Gleb ! Où sommes-nous ?

— On est dans l'océan », répond-il en me cassant les doigts.

Bruit de sacs et de papier d'emballage. Liouba sort un pâté bien gras. Mon estomac se crispe. Victor fait de même : un cambouis rosé tartiné sur de grandes tranches de pain rassis. J'ai la nausée en voyant du gras sur les lèvres qui brillent et sentent le porc. Jamais la marquise de Merteuil n'aurait accepté cela. La musique est assourdissante. *La Danse des canards.* Encore une nuit et deux jours dans cette capsule euphorique. Pour mettre un terme à mon calvaire, j'ai le choix entre me pendre avec le pommeau de douche de Larissa ; patienter (du latin *patior*, « souffrir ») ; me promener sur le toit du train et attendre un héros improbable ; fuir dans le wagon-restaurant – l'eldorado inexploré de ce voyage.

Vers 15 heures (17 heures), le train parvient enfin en gare d'Iekaterinbourg, + 1 816 km, + 2 fuseaux horaires. Quarante minutes d'arrêt, le temps nécessaire pour le réapprovisionner en eau. Pour nous, le temps d'étirer les jambes sous un ciel bleu et frais, et de céder de nouveau à la tentation de manger des crèmes glacées, du raisin blanc du Caucase, ou encore les beignets aux choux que vendent les babouchkas infatigables. « *Goriatchi pirojki, goriatchi !* Chauds les *pirojki*, tout chauds ! »

De retour dans le train, je m'aperçois que l'ambiance musicale bat son plein avec la rediffusion du programme commencé au départ de Vladivostok : les Scorpions, le groupe Eagles et Lou Reed. Après 7 000 kilomètres, le responsable de la programmation est soit mort, soit en grève.

Mon sixième jour à bord du Transsibérien est mémorable à deux égards : une nouvelle proposition suicidaire m'est accordée dans la cabine de douche sismique et, à 18 heures 30 précises heure locale, Horisho me réserve une surprise extraordinaire :

« *You-go-to-restaurant-with-me ?* »

Mes compagnons de voyage sont abasourdis. J'acquiesce, non sans obtenir au préalable une approbation générale par un vote démocratique. *« Da »*, font-ils poliment.

Pour la première fois en six jours, je sors du wagon n° 1 pour m'aventurer dans les autres coquilles de vie. Au bout du couloir, Horisho, sac photo en bandoulière, appuie sur une poignée en métal et tire une lourde porte grise. Clic. Taraa... taraa... taraa... Le bruit des roues sur les rails est assommant. Sous nos pieds, deux plaques de fer noir frottent l'une contre l'autre. Pour pénétrer dans le wagon suivant, il suffit de faire deux enjambées, d'appuyer sur une autre poignée et de pousser fermement la porte. Une deux. Clic. C'est simple. Mais dans ma tête, je me vois glisser et tomber sur les rails, tranchée dans un bain de sang noir. J'aimerais éviter le sort d'Anna Karénine.

« *Come, we go*, lance mon James Bond nippon.

— *Yes, James* », pensé-je, intrépide.

Wagon n° 2. Fumoir. Nouvelle porte, plus légère, couleur crème. À gauche, les petits coins et un nouveau *provodnik*, Valéri Borissovitch, cheveux poivre et sel, lunettes carrées et sourire large. Il prépare une soupe fraîche dans sa cabine.

« *Dobryi dien !* » dit-il en balayant la planche à découper de sa grande main.

Cela fait vingt-trois ans qu'il travaille à bord des trains. « *Lioubliou !* J'aime ! »

Plus loin, voici Tatiana Andreevna, wagon n° 4. Rousse sage aux cheveux courts, elle est assise sur sa banquette rouge, plongée dans un roman. Sur la tablette, des fleurs respirent dans un bocal lumineux.

Clic. Une deux. Clic. Wagon n° 5. *Dobryi dien*, Galina Viktorovna ! Avec ses cheveux blonds relevés en chignon et son port de tête altier, elle sort tout droit de la Belle Époque. Une femme digne d'un tableau de Renoir. Seuls lui manquent la robe corsetée à traîne, les frous-frous brodés, l'ombrelle coquette ornée de dentelle. Son être dégage grâce et optimisme.

« Bonjour ! dit-elle, la silhouette épanouie dans son tailleur blanc et noir.

— Depuis combien de temps exercez-vous ce métier, Galina ?

— Vingt ans, j'ai parcouru toute la Russie, la Mongolie aussi, pendant dix ans.

— Vous aimez ?

— Oui, j'aime ! »

Wagon n° 6. Chut... La jolie Elena Vladimirovna se repose dans sa cabine. Une Belle au bois dormant transsibérienne en robe bleue. Chut... Clic. Une deux. Clic. Voici maintenant la jeune Liouba Vladimirovna, foulard rouge noué autour du cou, qui médite près de la fenêtre.

Clic. Enfin le wagon-restaurant ! Chaleureux, dans des tons vert et orange, avec des boiseries et une décoration en fer forgé. Personne. Sur le comptoir du bar, éclairé par des spots design, repose un panier rempli d'oranges bien fermes. J'imagine Cézanne et Gauguin heureux ici, en train de déguster un café. La télévision allumée diffuse des images violentes et guerrières. J'imagine soudain les deux Paul moins heureux. Annette Meakin, qui fut la première Anglaise à traverser la Sibérie en Transsibérien en 1900, mentionnait l'existence d'un piano Bechstein et d'une bibliothèque remplie de romans russes dans le wagon-restaurant[21]. Les temps changent, ils ne sont plus là. Je jette un œil sur les tables calmes, recouvertes d'une nappe cirée simple, claire avec des motifs de hamburgers. La lumière est vive, le soleil omniprésent. Horisho me prie de m'asseoir. C'est alors qu'il sort son troisième œil, un appareil photo reflex doté d'un gros objectif noir. Je respire un grand coup et me prête au jeu de la voyageuse transsibérienne transfigurée. Clic ! Clic !

« *OK ! One more !* »

La timidité de Horisho s'est volatilisée. Son appareil photo, semblable à une pile géante autour de son cou, lui confère une énergie fabuleuse.

Nous découvrons ensemble la carte du restaurant.

« *You like Russian food ?*

— *Not-really*, fait-il en riant. *Is-there-yakitori-in-Moscow ?*

— *Yes ! But look, food is OK here.* »

Les mets indiqués sont simples et abordables : tartines avec caviar de saumon, 90 roubles (3 euros), ou au fromage, à partir de 15 roubles ; des zakouskis, hors-d'œuvre : œuf dur, 15 roubles, des sardines, du saucisson,

40 roubles ; les entrées sont presque toutes des soupes, à quelque 90 roubles : le célèbre borchtch à la betterave et au bœuf, le *chtchi* au poisson et la *salianka* à la viande et aux pommes de terre. Quant aux plats principaux, ils évoquent tous des mets de notre Eurasie natale : *bifchtek* garni, escalope de porc ou de poulet, filet de poisson, à 140 roubles environ. Des saucisses aussi, ainsi que des *kotliéty*, côtelettes de viande panées et bien dorées. Ces dernières m'auraient convenu, si je ne me remémorais le vague souvenir d'une intoxication un jour de juillet 1994 à Moscou, qui m'avait réduite à l'état de crapaud agonisant. Pas de côtelettes donc, mais un plat garni au poulet et aux légumes. Même chose pour Horisho. Ainsi, dans l'éventualité d'un empoisonnement, nous pourrons agoniser ensemble après avoir dignement promu les relations bilatérales entre la France et le Japon sur une distance de 9 288 kilomètres.

Le couteau et la fourchette en métal argenté sont froids dans la paume de nos mains. Nous n'y sommes plus habitués.

« *You want vodka ?* » lui demandé-je.

Il décline mon offre, ce qui est en définitive une bonne chose après quasiment une semaine de beuverie dans le train. Il y a pourtant un assez large choix : la Possolskaya, à partir de 250 roubles la bouteille ; la Flagman, à 300 roubles, et Rousski Standart, la boisson que fabrique le nouveau propriétaire de la villa de Silvio Berlusconi, à quelque 700 roubles.

« Horisho, *you OK with Vladimir ?*

— *Yes-OK! Little difficult!* »

Je le regarde en me disant qu'il a du mérite. Son apprentissage du russe s'est limité à deux émissions radio hebdomadaires pendant trois mois. Néanmoins, il a risqué sa santé psychique dans le Transsibérien, sa vie aussi, aux côtés de notre ami patriote et excentrique.

Contrairement au programme initial – banquet russe du dernier soir –, nous ne verrons pas nos camarades cette nuit-là. Sans doute redoutent-ils, comme nous, le moment prochain de notre séparation. Néanmoins, à 4 heures 36 du matin (5 heures 36), quand nous arrivons à Kirov, tout le monde est debout : Liouba doit descendre. Je la regarde longuement ranger ses affaires. La tristesse m'étreint.

« Liouba...

— Oui ?

— Tu sais, la petite... J'ai remarqué qu'elle avait une jolie croix au bout d'une ficelle à son cou.

— Je l'ai baptisée...

— Tiens, c'est pour lui offrir une chaîne... »

Étreinte.

Sur le quai, il fait froid dans la nuit noire. Des babouchkas solitaires sont déjà présentes, vêtues d'un gilet de laine et d'une jupe, châles de coton sur leurs têtes fatiguées, les épaules éclairées par les lueurs livides de la gare. « *Goriatchaya kartochka!* Patates chaudes ! Chaudes les patates ! » Certaines arpentent le quai avec des sacs entiers de jouets en peluche *made in China.*

À l'aube, près de nous, des employés extirpent du wagon de la poste de gros sacs en toile gris emplis de missives. Ils repartent vite. Le fracas de leurs chariots contre le sol traduit toute leur amertume. Liouba descend du train avec Katia, enjouée, sans y prêter attention.

« Ouh ! Il fait frais. Katia, tiens ton bonnet. Ne t'inquiète pas ma chérie, on va bientôt être à la maison. »

Sa maison est en réalité à plusieurs centaines de kilomètres de Kirov, dans une bourgade inaccessible par le train. Il faut compter une journée en voiture. En bus, deux fois plus longtemps. Pour être chez elle au plus tôt, elle devra trouver un chauffeur. « *Niet* problème, ça va aller. »

Vladimir décharge les valises avec Andreï. Notre ami nippon est présent lui aussi, ainsi que les autres camarades du train. Liouba s'en va. Elle nous quitte comme une fée, rapidement et tendrement. Je ne la reverrai plus jamais. Je suis brisée.

En remontant dans le train, Vladimir tente de dédramatiser la situation en changeant de sujet :

« Dis à Horisho que c'est sa dernière chance aujourd'hui.

— Pour quoi ?

— Pour un mariage international, pardi ! »

Je ne parviens pas à dormir. La vue des banquettes vides en face de moi est insoutenable. À 5 heures (6 heures), une voix fluette rompt le silence nocturne :

« Je veux vomir ! »

Petit ogre.

« Je veux faire pipi ! »

Gleb. Je l'ignore. Allongée sur ma banquette, envahie par la mélancolie, j'observe l'astre de vie monter doucement dans le ciel. Notre soleil, toujours là. La planète Vénus, coquine étoile du matin, refuse de s'éclipser. Mes yeux restent longtemps figés devant son bonheur. Je finis par m'endormir profondément.

J7. Victoire ! Moscou est prévue pour aujourd'hui. Nous venons de traverser la mythique Volga. Le temps est redevenu ensoleillé. Et, bonne nouvelle, l'heure indiquée sur l'horloge numérique correspond enfin à l'heure locale. Plus de calculs à faire. À 11 heures 47, le train marque une halte à la gare de Nijny-Novgorod, ville de 2 millions d'habitants, située dans l'Anneau d'or, qui entoure la capitale. Je descends sur le quai. Vladimir y est déjà, cigarette entre les doigts.

« Géraldinka ! Tu veux un journal ? Regarde ! »

Devant nous, un homme étend sur une large bâche en plastique des dizaines de revues russes éclatantes de couleurs : magazines de beauté, décor, automobile, technologie ; des publications qui n'existaient pas il y a encore dix ans. Sous mes yeux déferle pléthore de titres, de quoi rivaliser avec nos journaux européens. Le vendeur, ébloui par la lumière du soleil, met de l'ardeur à vanter sa marchandise :

« Toutes les dernières nouveautés technologiques avec *Russian Digital* ! S'il vous plaît, Mesdames et Messieurs ! Le nouveau *Men's Health* (« Comment prendre une femme nue par les mains »), GEO, *National Geographic*, Mesdames et Messieurs, regardez… Achetez, sans hésiter ! Toutes nos revues jusqu'à 20 % moins cher qu'en kiosque !

— Tu devrais noter cela, me dit Vladimir. Tu te rends compte, il fait ça toute la journée. À chaque fois, il a dix minutes pour convaincre les passagers d'acheter un journal. »

Personne ne semble l'écouter en dehors de nous. Vladimir finit par sortir de sa poche un porte-monnaie en cuir usé et en tire des pièces. « *Russian Digital*, s'il vous plaît. » Il feuillette avidement le magazine épais aux pages satinées. « Tiens, regarde, c'est le baladeur de Horisho ! Et là, son appareil photo. Tu as vu les téléviseurs à écran plat ? Je suis fou d'acheter ce magazine, je ne pourrai jamais m'offrir une chose pareille. Mais je ne peux pas m'en empêcher ! »

Je me sens à nouveau mal. Vladimir vient de débourser 90 roubles pour acheter cette revue. Avec sa retraite de l'armée de 6 500 roubles, il a dépensé presque deux journées de revenu pour un magazine destiné à un lectorat aisé.

De retour dans le wagon, Andreï, l'officier de marine, fait également une parenthèse :

« *Jizn' tiajolaya*. La vie est rude. Je gagne 350 dollars par mois, je suis célibataire donc ça va, mais si j'avais une femme et un enfant, ce serait franchement très dur ! »

Pour notre ultime journée ensemble, nous décidons de trinquer avec de la bière Zolotaya Botchka. Horisho est présent, détendu, soulagé sans doute de venir à bout de ce voyage.

« Vous voulez des sardines ? lance Vladimir. *Niet ?* Vous avez tort, elles sont très bonnes, elles viennent de Lettonie. »

Trois secondes plus tard, carte du monde à l'appui, un nouveau débat politique est lancé.

« Tu peux demander à Horisho s'il est d'accord que le Japon se doit de respecter les décisions du Conseil de sécurité à l'ONU ? Peut-il expliquer pourquoi des troupes se trouvent en Irak alors que, d'après la constitution japonaise, il est interdit de déployer des forces armées hors du Japon ? »

Je traduis avec diplomatie, consciente qu'une mauvaise interprétation risquerait de déclencher une troisième guerre mondiale dans le compartiment n° 2 du wagon n° 1 du train « Rossiya ».

« Hum… *difficult-to-answer* », répond Horisho.

Vladimir hoche la tête.

« Demande-lui si le Japon a peur de la Russie.

— Hum, fait à nouveau Horisho.

— Il n'ose pas répondre car il sait qu'il est en territoire russe !

— *We-worried-of-North-Korea-and-China, more-than-Russia. We-like-Russian-people but-not-government.* »

J'explique, inquiète. Vladimir et ses compagnons lèvent le menton sans faire de commentaires. Horisho change de sujet.

« *Where-Vladimir-go-in-Moscow ?*

— Avec toi, mon p'tit, on va directement à l'ambassade du Japon et tu vas nous remettre ton matériel. »

Silence.

Andreï incline la tête sur sa main potelée. Le retraité sort son tabac. Assise en face, je baisse les yeux et croise les jambes.

« *Choutka !* crie Vladimir. Horisho ! C'est une blague ! Ha ! Ha ! Ha ! »

Tournée de bière.

« *This-man-like-you-very-much* », fais-je à Horisho.

Horisho sourit vaguement, sans état d'âme. Je ne contiens pas mes larmes, remuée par Vladimir que je ne reverrai plus. Les dernières heures du Transsibérien me font penser à celles du *Titanic*. Nous allons bientôt faire naufrage ensemble à Moscou. C'est ainsi. Tous profitent de ces ultimes moments communs, sachant pertinemment que plus jamais ils ne se reverront.

« Géraldinka ! *Vsio kharacho !* Tout va bien ! Bois de la bière ! »

Je trinque en riant, consciente que tout ceci, le goût des autres, se terminera dans moins de cinq heures.

« On se retrouve sur le quai à l'arrivée ? dis-je en sortant.

— *Davaï !* Ça marche ! »

Je retourne seule au wagon-restaurant, avec l'envie de boire un thé, repliée sur mon voyage et mes souvenirs. En chemin, je croise une nouvelle *provodnitsa*, Nina Viktorovna, ronde et mignonne dans son tailleur marine et blanc.

« Ça fait trente ans que je fais ce métier, deux trajets par mois. C'est plus dur qu'avant, il y a moins de personnel…

— Et ton rêve quel est-il ?

— Me reposer ! »

Au restaurant, je tombe sur Tamara, son seau bleu gaiement pendu à sa main rose, et sur Lizka, gérante quinquagénaire à la silhouette et au maquillage parfaits. Elle est en train de repasser des serviettes. Sa bonne humeur emplit l'endroit d'une belle énergie. Je l'imagine bien chauffer la salle dans une arène, sous les applaudissements de la foule. Mais à 13 heures passées, le restaurant est vide, à l'exception d'une mère et de sa fille qui déjeunent ensemble, bouteille de vodka Possolskaya sur la table.

« Il faut dire à vos compatriotes de venir », lance Oleg.

Oleg connaît mieux que quiconque la vie à bord du Transsibérien. Ancien cuisinier, il a travaillé vingt ans dans le train. Il est impressionnant physiquement, grand, aux épaules massives, un faciès de bagarreur. Ses yeux bleus sont les mêmes que les yeux sensibles de l'enfance.

« Avant, à l'époque communiste, il y avait deux restaurants, un pour les Russes, un pour les étrangers. Beaucoup de monde venait ; maintenant il n'y a plus personne, c'est dur, les salaires sont bas – on se demande si l'on va apporter assez d'argent à la famille. Regardez, nous approchons de Vladimir. Vous voyez les petites maisons, les datchas ? Les gens y cultivent des pommes de terre, c'est autre chose que les châteaux en brique rouge.

— Les employés qui travaillent dans le train font souvent des allers-retours sur la ligne ?

— Aujourd'hui, certains font huit, douze, seize fois le trajet par mois. Vous voulez une soupe ? Une *salianka* ?

Sergueï ! crie-t-il en tendant le cou vers la cuisine, veux-tu bien nous préparer une soupe ? »

Deux minutes plus tard, un bol fumant aux arômes exquis de viande et de cerfeuil est posé sur la toile cirée.

« Tiens, de la bière ! *Na zdaroviyé*, à ta santé. »

Taraaa… tara-taraaa… Entre deux cuillerées de soupe, je demande à Oleg quel est son rêve.

« Mon rêve ? Comme tout le monde, voir l'Europe, la France… Vous leur direz bonjour de notre part. Me reposer tout simplement. Avec mes amis, on aime bien se retrouver, boire un verre dans nos garages. Vous faites pareil en France, non ? »

Les aiguilles tournent plus rapidement sur l'horloge du wagon-restaurant. Du moins, c'est ce qu'il me semble lorsque je me trouve dans l'urgence de connaître et de comprendre une personne nouvelle. Mon temps est compté, nous allons tous partir sans laisser de trace. Y songent-ils seulement ?

En traversant les wagons les uns après les autres, je tombe sur une jeune femme renfrognée qui fume une cigarette près de la fenêtre. Le bout de ses doigts est rouge et ses ongles, courts et abîmés. Elle m'adresse la parole.

« Vous voyagez seule, c'est cela ?

— Oui.

— Pourquoi voulez-vous voir notre pays ? dit-elle dans un nuage de fumée.

— Parce que je l'aime. Pourquoi me posez-vous cette question ? »

Elle tire une ultime bouffée de sa cigarette, un bras croisé sous sa maigre poitrine. Son regard est amer.

« Je ne comprends pas pourquoi vous venez ici. Nous-mêmes on ne comprend pas ce qui se passe dans ce pays. On n'a pas le communisme, on n'a pas le capitalisme. On a du vol. Mais ils appellent ça le *bizness*. »

Je repars discrètement, en lui souhaitant du courage. Les rencontres sont étonnantes. Vingt secondes suffisent parfois pour comprendre les choses. Bouleverser un être et sa vision du monde.

Je songe à ce train et à Lesley Blanch. Le Transsibérien qu'elle a emprunté dans les années 1960 n'est plus le même. Son caractère a changé, comme à chaque fois que la Russie connaît des soubresauts. Le Voyageur des steppes, son amour, l'avait d'ailleurs prévenue… Le train dont elle rêvait, celui de la Russie impériale, avec ses bibliothèques, ses chapelles, ses pianos de concert, ses têtes de lit en cuivre, n'existait déjà plus. Plus personne ne ferait ce voyage, disait-il, en raison des progrès de l'aviation. J'ignore si l'écrivain y pense encore. Quatre-vingts ans après les paroles de cet homme, ce n'est heureusement pas le cas, le train demeurant en Russie le moyen de transport le plus efficace et le moins cher pour le moment. J'éprouve néanmoins du chagrin en songeant à l'estomac vide du Transsibérien, à son wagon-restaurant inoccupé, à la « soupe » anglophone qu'on le force à écouter à la radio. Il a été apprivoisé à l'occidentale. Et il s'est laissé faire. Aux yeux du monde, il reste un train légendaire, un voyage qui s'inscrit dans l'authenticité absolue, une expérience humaine extraordinaire, hors du temps, comme un siècle plus tôt. Il le restera. Je l'espère en tout cas.

L'arrêt à Vladimir, + 191 km, est long. Sous un soleil de plomb, je me promène, tranquille, sur le quai. Près de moi, une mère d'une quarantaine d'années et deux enfants pauvrement vêtus fouillent un grand baril rouillé. Nous ne sommes plus en Sibérie depuis longtemps, mais la faim a gagné les abords de la capitale.

Il est un peu plus de 17 heures 30 lorsque nous parvenons à Moscou. Le ciel est gris, comme à l'étroit, au-dessus d'immeubles hauts et d'arbres tristes et fragiles.

« Ils en ont coupé des milliers pour aménager les gares, dit Victor, confus. Regarde les pelouses, elles sont nouvelles, les gros graviers... Ça a dû coûter une fortune. »

Victor, Danil et Gleb sortent avant moi. Je reste assise quelques minutes dans le compartiment, au calme. Il contient encore la chaleur de mes compagnons. Moment de récollection, le dernier, avant de retrouver la frénésie de la capitale transformée. Terminus. C'est la fin d'un rêve éveillé. La boucle est bouclée. Je songe au 8 mai 2003, à ma rencontre dans le métro parisien avec Slava, qui me convainquit en une poignée de main de partir. Cette nuit-là, je n'avais pas dormi, et les douze mois suivants, ma pensée serait dominée par un train, le seul Transsibérien. Des rêveries, jour après jour : dans les rues de Paris, dans les transports, au bureau, au supermarché, parmi les rayons de pâtes et de sauce tomate, le Transsibérien. Une obsession, des nuits entières : penchée sur la carte du chemin de fer, la musique de Rachmaninov en boucle, *Résurrection* de Tolstoï sous la main et un bol de spaghettis froids à mon côté. Le Transsibérien. Même mon humble demeure avait fini par ressembler à un compartiment de train, avec journaux, livres épars, poésie et provisions non entamées. Le Transsibérien avait en définitive coupé ma faim.

« Fais de ta vie un rêve, et de ce rêve une réalité », disait Saint Exupéry. Et maintenant ? Pour la première fois, je n'ai pas envie de sortir du train. J'ai peur de ne pas reconnaître Moscou, de ne plus me sentir en Russie. Je suis mieux dans mon navire terrestre. Je finis par poser lentement le sac sur mon dos ; je prends mon blouson, couvert des traces touchantes de mon périple. Le cintre cliquette longtemps contre la porte derrière moi. Dans le couloir, il n'y a plus personne. Je descends sur le quai, engourdie parmi les voyageurs pressés. De la musique hurle dans les haut-parleurs. « Ils mettent cela à chaque fois, à l'arrivée et au départ, crie Larissa. C'est une vieille chanson soviétique des années 1960, à la gloire de Moscou. Alors, tu nous quittes ? Dis bonjour à la France ! »

Elle me serre fort. Sacha aussi. Mais mon cœur est préoccupé. Je ne vois pas Victor et les enfants. Je ne vois ni Vladimir ni même Horisho.

« Larissa, tu as vu Vladimir, tu as vu Horisho ?

— Oui, ils sont déjà partis. »

Ils ne sont plus là.

Partis comme de la poudre magique.
Présents comme des anges.

« Un taxi, *Diévouchka* ? »

Je reste seulement quarante-huit heures dans la capitale russe, désorientée par les nouvelles transformations en quatre mois – encore plus de banques, plus de compagnies d'assurances, d'enseignes de luxe, des boutiques de téléphonie mobile et d'appareils numériques à n'en plus finir. On fait fortune, même dans les toilettes. Sur les cabines mobiles bleues et vertes, disposées comme des cubes apéritifs dans la ville, brille une étiquette blanche qui arbore le sigle du portail Internet du fabricant. Plus loin, le trou béant causé par la destruction de l'hôtel Intourist est toujours là, rejoint, à deux pas de la place Rouge, par le douloureux vide de l'hôtel Moskva. Le célèbre immeuble Rossiya disparaîtra à son tour, lui aussi. Dans le cœur fébrile de Moscou, partout des plaies. Il n'y a pas eu de guerre, pourtant. Ces symboles de l'ère soviétique, tels des pions noirs sur un échiquier, sont simplement éliminés. Éradiqués comme des tumeurs, bientôt effacés des mémoires... Ce sont des fantômes, remplacés par des bataillons de POTS – Publicités occidentales triomphantes et sauvages – guerriers : les murs de la ville tombent, les slogans s'enracinent. Chère Moscou...

J'assiste, dans le même temps, au spectacle saisissant du ciel moscovite, qui se déchaîne dans un orage d'une violence inouïe : nous sommes le mardi 23 août, il est

16 heures. Une pluie torrentielle se met à tomber. Des coups de tonnerre, des éclairs furieux, incisifs, s'abattent sur un immeuble stalinien qui arbore une banderole gigantesque de 50 mètres sur 70, dans la rue Tverskaya, les Champs-Élysées de la capitale. À quelques dizaines de mètres de la place Rouge, du pain de mie, deux tranches de bœuf, de la salade verte, et cette triste pensée, figée en immenses lettres blanches :

« LE MONDE CHANGE, LE BIG MAC RESTE. »

La banderole résiste à la furie du ciel.

Je retrouve Guéorgui, mon ami vétéran. Indifférent à l'explosion de la consommation, serein et éternel optimiste.

« On s'est fait du souci pour toi, mais je suis heureux que tout se soit bien passé et que tu aies réalisé ton rêve, me dit-il dans le métro qui nous ramène à Retchnoï Vokzal.

— Ça me fait plaisir de te voir...

— J'ai eu des soucis de santé, mais ça va mieux. Tu sais que je t'aime.

— Je t'aime aussi.

— Nos amis du musée du Goulag nous attendent. On va manger arménien dans notre cantine du bas, ça te dit ? »

Le lendemain, je quitte Guéorgui. Douleur. À l'aéroport, après avoir franchi un poste de sécurité, je patiente plusieurs minutes dans la salle d'attente avant d'embarquer. Un trophée luxueux et froid trône à l'intérieur, face au siège en métal sur lequel je suis assise : une Mercedes neuve gris métallisé. Envahie par l'ennui, je me mets à fouiller les poches de mon jean. J'en extrais un carré de papier quadrillé, sur lequel un ami cher a griffonné ces quelques mots à l'encre bleue :

« Allez pour moi écouter le vent, le grand vent de Vladivostok jouer des airs de rock. Et puis revenez. Et si alors quelqu'un vous demande quelle heure il est, répondez-lui simplement qu'il est temps de partir. Partir là-bas... Rémy. »

Un chauffeur de taxi au visage familier s'approche.

« C'est vous ? fait-il en me reconnaissant.

— *Dobryi dien !*

— Alors, vous l'avez vue la Russie ? !

— Oui, je l'ai vue, la Russie... Chère Russie...

— Alors, prête à recommencer ?

— Oui, bien sûr ! »

Épilogue

UN THÉ AVEC LADY L.

J'ACHÈVE ICI mon récit. La carte du Transsibérien est encore fixée sur ma porte d'entrée. Je la regarde, troublée. Je n'ai pas la force de la retirer. Avant, une simple ligne continue sur 10 000 kilomètres de distance ; maintenant, une ligne de vie : j'y aperçois les cimes des arbres, les bulbes des églises, l'éclat mystique de la « mer Baïkal », et la terre qui frétille sous mes pas timides... J'y vois des êtres humains, par centaines. Leurs voix résonnent et m'étreignent, comme leurs regards et leurs sourires. D'autres cartes s'ajouteront à celles-ci sur la porte blanche, qui se doit d'accueillir la beauté du monde.

Depuis ce voyage, un autre rêve s'est réalisé. Mon chemin a croisé celui de Lesley Blanch. À 101 ans, la passion du Transsibérien est intacte dans ses yeux, quarante ans après son périple. Le départ pour Menton, sur la Côte d'Azur où elle demeure, fut exaltant à la manière de mon départ de la gare Iaroslav quinze mois plus tôt. C'était le 5 août 2005, par le train n° 5771 Corail Lunéa, de 21 heures 17, partant de la gare d'Austerlitz, à Paris. J'avais choisi le train de nuit, dans l'espoir peut-être de retrouver l'écho vibrant du Transsibérien. Mon cœur battait fort lorsque je me rendis voie 8. Peu de monde, des familles surtout, avec d'élégants bagages. Une grande horloge ronde tournait, sereine. Qu'allais-je ressentir ? Était-il totalement insensé de courir après des sons qui forcément ne seraient plus les mêmes ? Après avoir franchi sur le quai un barrage de contrôleurs en uniforme, je me précipitai vers la voiture n° 53. Trois marches, gravies à la hâte. Couloir orange, sans affichette, linoléum marron à terre... Je tendis le cou vers le bout du couloir. Pas de samovar. Pas de *provodnik*. Pas de cabinet pour un chef de wagon joyeux. Première tristesse. C'était le vide.

Il y avait six couchettes dans le compartiment n° 9, et sa tablette était étroite, vide de toutes provisions. Dans le Transsibérien, les compartiments regorgeaient d'amour et de nourriture. Les trois personnes présentes, deux demoiselles et un monsieur âgé, étaient muettes. L'une dormait déjà, l'autre consultait son téléphone portable, et le monsieur grommelait seul près de la fenêtre. Je posai mes sacs de nourriture calmement, en songeant à mon rendez-vous du lendemain. *« Tea party ! »* : c'était ses mots au téléphone. Je me les répétais avec délice. Elle avait regretté de ne pas avoir de thé anglais. J'avais remédié à ce malheur, atroce pour tout Anglais qui se respecte, en emballant soigneusement du thé Earl Grey de Taylors & Harrogate, des sablés écossais Walkers, des gâteaux fourrés au citron et un peu de marmelade au gingembre. Tout cela était prêt. Étendue sur la banquette, j'attendais avec impatience la fougue du train en marche. J'espérais entendre la musique transsibérienne sur les rails français, ce bercement inégalé qui fait tendrement bouger les épaules. Mais alors que le train s'éloignait de la gare sous les derniers rayons du soleil, je fus ébranlée par un bruit assourdissant, comme celui d'un vent fort en tempête. Un crissement régulier, aigu, des quatre paires de roues sur les rails… Qu'aurait pensé Kostia, mon cheminot russe ? Les bogies toussaient sur leurs joints, roulaient dans un grondement féroce, *staccato*. Où était donc mon chant transsibérien ? « Tarata-taa… tarata-taa… » Mon rêve était évanoui. Je ne pus trouver le sommeil, les roues grognaient trop fort. Ma peine était grande, je me sentais seule. Cloîtrée dans une semi-obscurité, je trouvai le réconfort en tournant les pages du récit autobiographique de Lesley, en admirant sa couverture, une image prise le jour de son mariage avec Romain Gary en 1945. Elle aurait toujours le même regard, malgré les années écoulées…

Le train Corail marqua une halte à 8 heures 45 le matin suivant. Les palmiers, épanouis dans le ciel azur comme un bouquet de feu d'artifice, m'accueillirent avec liesse. Dans l'enthousiasme, je m'étais trompée de gare. Par la grâce de la providence toutefois, Marthe, retraitée, vint à mon secours. « J'aime les voyageurs ! dit-elle. Je suis passionnée par Romain Gary ! » La petite dame aux cheveux blancs m'emmena chez Lesley dans sa voiture.

« Elle n'est bien sûr plus la même que sur la couverture de votre ouvrage, dit-elle en enclenchant la troisième. Vous savez, le général de Gaulle disait que la vieillesse est un naufrage. Elle sera heureuse de votre visite. La solitude… Moi aussi, j'en souffre. »

© *Jilly Bennett*

Le temps est long lorsque l'on a rendez-vous avec un grand destin. Je gravis la pente de la rue sinueuse, recueillie et heureuse. La vue des montagnes piquetées d'arbres m'apaise, ainsi que les nuages blancs, tendres points de suspension dans le ciel. Le chant d'un hibou solitaire et de rossignols perchés sous la ramée rehausse le calme. Au loin sur la colline, un âne braie, mélancolique. Lorsque je rejoins Lesley à 17 heures, l'heure du thé, je ne parviens pas à contenir mon émotion. En pénétrant dans sa demeure aux mille objets d'Orient, je tombe sur son regard. Le même. Je le découvre pour la première fois. Il est bleu-vert. Il transperce mon corps entier.

« So nice to meet you ! » dit-elle, assise derrière son bureau en bois clair.

Je m'approche de mon étoile aux cheveux blancs soyeux, au teint diaphane, et je l'embrasse. Sur le front, doux. Le thé fume près de nous dans des tasses en porcelaine. L'air frais et parfumé de la terrasse nous caresse les tempes. Je n'y prête guère attention. Je serre mon bonheur. J'aimerais que le temps s'arrête, que le jour reste clair, longtemps. À défaut d'un arbre de Russie, je pose dans ses longues mains roses, d'une beauté touchante, une perle de Vladivostok et une cuillère traditionnelle en bois peint, rouge et or – échos légers, teintés d'amour, de son grand voyage dans les années 1960. Notre échange secret durera trois jours, heures miraculeuses, gravées dans mon âme comme un trésor réparateur. Les mots sont des fleurs qui ne se fanent pas. À 101 ans, ils décuplent la beauté.

Il est douloureux de mettre un point final à un tel voyage. Heureusement, il n'y a pas de point final à la liberté d'action. C'est une consolation véritable. J'observe longtemps le ciel changeant par ma fenêtre. Mon bol de thé est brûlant dans le creux de ma main. Je n'y prête pas attention. Le ciel est bleu en Sibérie, c'est sûr.

Paris, le 1er novembre 2005

Postface

QUAND LE RIDEAU TOMBE

Lesley Blanch-Gary s'est éteinte dans son sommeil aux premières lueurs du 7 mai 2007, à 102 ans. Elle est partie trois ans jour pour jour après mon départ pour la grande aventure en Russie. Comme disait Pouchkine, « *Byvayut strannye sblizheniya* », il existe des rapprochements étranges… Elle venait d'achever la lecture de ce récit. La boucle est bouclée. Nous avions soixante-dix ans d'écart, mais nous étions comme deux sœurs, ensemble après une longue absence. Lorsque je prononçai le mot « Russie », je la vis renaître, oubliant les années de claustration et d'inquiétude qui la consumaient, petit à petit, loin de son pays bien-aimé et de son train préféré, le Transsibérien. Bien que centenaire, le désir de partir l'animait toujours, et son œil vif scrutait ma tenue légère avec envie. Sa première remarque en me rencontrant fut inattendue : « *I like your tennis shoes*. Tu fais quelle pointure ? Je veux les mêmes. »

En découvrant les images de ce voyage, sans lunettes, elle replongeait dans sa propre histoire et les souvenirs d'une patrie qui l'avait obsédée une vie entière. Les clichés de Moscou et de ses vitrines suscitèrent en elle de l'effroi. « *That's not Russia !* » Gênée et emplie de culpabilité, j'abrégeai le récit des transformations de la capitale pour lui montrer « l'œil bleu » de la Sibérie, le lac Baïkal, l'aimable solitude de la taïga et des isbas colorées autour du fleuve Ienisseï. Régulièrement, elle poussait des soupirs de nostalgie. L'énergie de la Sibérie semblait contenue tout entière sous sa main osseuse, qu'elle garda longtemps posée sur l'album. Je lui demandai ce qu'elle désirait le plus au monde. « Relire tous les classiques de la littérature russe. Mais je dois d'abord terminer mon livre sur l'histoire de l'Afghanistan et poursuivre l'écriture de mon autobiographie. » Elle écrivait à la plume ses mémoires d'enfance – le Londres des années 1910 –, entourée de ses bibelots, de ses bijoux et d'un éventail en soie rouge. « Je ne supporte pas l'inélégance ! »

Je savais que mon séjour chez Lesley serait le dernier à ses côtés. En refermant la porte derrière moi, je l'imaginais dîner seule, sans ma main près de la sienne, repliée sur ses souvenirs et ses amours passées. Je n'ai pas souhaité connaître le nom de son amant originaire des steppes, désigné comme « le Voyageur » dans ses écrits, qu'elle chercha en vain par le Transsibérien en 1964 sur des milliers de kilomètres. Ils s'étaient aimés dans les collines de Menton au début des années 1920. Achever sa vie ici était sa façon à elle de se raccrocher à cet élan perdu, à une étreinte qu'elle aurait souhaité éternelle et dont la chaleur lui manquait à ce jour, quatre-vingts ans plus tard.

Sous le figuier de son jardin parfumé, je pleurai longtemps avant de poursuivre mon chemin vers le portail noir, qui fermerait définitivement l'accès à mon *alter ego*. Nous savions toutes les deux que la Mort, ce cruel intrus aux ailes implacables, allait nous séparer. J'en éprouvais de la haine. Au revoir, Lesley. Au revoir, mon amie, ma sœur, mon cœur... Je t'aime...

Un rire éclate dans ma maisonnette en pierre, adossée au flanc de la forêt de la Haute-Pommeraie. C'est Lily May, ma fille de 3 ans, qui court derrière sa poussette rose, avec l'énergie d'un Spoutnik. De temps à autre, une tête ronde se pose sur mes genoux avec un gémissement feint. « Maman... » C'est Tolstoy, mon garçon de 5 ans, né six semaines avant le décès de Lesley. Il voudrait que je lui prépare des crêpes. Ses petits doigts jouent avec un bracelet discret autour de mon poignet. Une gravure de Leningrad – ancien nom de Saint-Pétersbourg – montée sur une langue d'argent. Un bijou légué par mon amie, en souvenir de son séjour en 1934. Romain Gary, son ancien époux, a rêvé la Russie en le palpant... Cette pensée m'émeut.

L'attention de mon enfant est à présent happée par l'arrivée d'un pêcheur heureux en bottes, avec un seau de vifs et une longue canne à pêche. Tolstoy se jette sur la canne et tourne le moulinet avec extase. Il tourne, il tourne, comme s'il allait cueillir des étoiles.

J'aimerais que son fil aille loin, loin, jusqu'à la mer Baïkal...

Par les cimes fraîches de la taïga,
au-dessus des buses, du royaume animal,
et des timides habitations en bois...

Que le fil trace jusqu'à l'embarcation du pêcheur pâle
qui se repose, dans l'infini, en se demandant pourquoi ?

La Russie est une rose qui a perdu de nombreux pétales.
Fragile, elle n'en demeure pas moins majestueuse.

Rose Russie...

Puissent les rails exister au paradis !

Apremont, le 25 juin 2012

FLORILÈGE SUR LA RUSSIE ET LE TRANSSIBÉRIEN

« MAIS QUELLE EST DONC cette force irrésistible, mystérieuse qui attire vers toi, Russie ? Comment puis-je entendre ton chant puissant, mélancolique, qui retentit d'une mer à l'autre entre tes immenses frontières ? Qu'a-t-il donc ce chant ? Quels appels, quels pleurs cache-t-il ? Il étreint nos cœurs, il fait naître l'angoisse, il pénètre nos âmes… Russie ! Que veux-tu de moi ? Quel est ce lien profond qui nous unit l'un à l'autre ? Pourquoi me regardes-tu ainsi et pourquoi tout ce qui vit et palpite en toi se tourne-t-il vers moi avec des regards plein d'attente ?…

Perplexe, immobile, je te contemple… une nuée épaisse descend, lourde de tempêtes menaçantes et ma pensée s'est tue devant l'immensité de tes espaces… Quel avenir cachent ces étendues sans limites ? Toi qui n'as aucune borne, seras-tu la patrie de la Pensée infinie ? […] Oh ! Terre de splendeur, de merveilles inconnues !… Ô Russie ! »

Nicolas Gogol, *Les Âmes mortes*, chap. 11, 1842
Traduit du russe par Marc Séménoff

*

« AUCUN CHEMIN DE FER ne sillonne encore ces immenses plaines, dont quelques-unes sont véritablement d'une extrême fertilité. Aucune voie ferrée ne dessert les mines précieuses qui font, sur de vastes étendues, le sol sibérien plus riche au-dessous qu'au-dessus de sa surface. On y voyage en tarantass ou en télègue, l'été ; en traîneau, l'hiver.

Une seule communication, mais une communication électrique, joint les deux frontières ouest et est de la Sibérie au moyen d'un fil qui mesure plus de 8 000 verstes de long (8 536 kilomètres). À sa sortie de l'Oural, il passe par Iekaterinbourg, Kasimov, Tioumen, Ichim, Omsk, Elamsk, Kolyvan, Tomsk, Krasnoïarsk, Nijné-Oudinsk, Irkoutsk, Verkhné-Nertchinsk, Strelink, Albazino, Blagovechtchensk, Radde, Orlomskaya, Alexandrovskoyé, Nikolaïevsk, et prend 6 roubles et 19 kopecks par chaque mot lancé à son extrême limite. D'Irkoutsk un embranchement va se souder à Kiakhta sur la frontière mongole, et de là, à 30 kopeks par mot, la poste transporte les dépêches à Pékin en quatorze jours.

C'est ce fil, tendu d'Iekaterinbourg à Nikolaïevsk, qui avait été coupé, d'abord en avant de Tomsk, et, quelques heures plus tard, entre Tomsk et Kolyvan. C'est pourquoi le tsar, après la communication que venait de lui faire pour la seconde fois le général Kissov, n'avait-il répondu que par ces seuls mots : "Un courrier à l'instant !" Le tsar était, depuis quelques instants, immobile à la fenêtre de son cabinet, lorsque les huissiers en ouvrirent de nouveau la porte. Le grand maître de police apparut sur le seuil.

"Entre, général, dit le tsar d'une voix brève, et dis-moi tout ce que tu sais d'Ivan Ogareff.

— C'est un homme extrêmement dangereux, Sire, répondit le grand maître de police.

— Il avait rang de colonel ?

— Oui, Sire.

— C'était un officier intelligent ?

— Très intelligent, mais impossible à maîtriser, et d'une ambition effrénée qui ne reculait devant rien. Il s'est bientôt jeté dans de secrètes intrigues, et c'est alors qu'il avait été cassé de son grade par Son Altesse le grand-duc, puis exilé en Sibérie.

— À quelle époque ?

— Il y a deux ans. Gracié après six mois d'exil par la faveur de Votre Majesté, il est rentré en Russie.

— Et, depuis cette époque, n'est-il pas retourné en Sibérie ?

— Oui, Sire, il y est retourné, mais volontairement cette fois, répondit le grand maître de police.

Et il ajouta, en baissant un peu la voix :

— Il fut un temps, Sire, où, quand on allait en Sibérie, on n'en revenait pas !

— Eh bien, moi vivant, la Sibérie est et sera un pays dont on revient !" »

Jules Verne, *Michel Strogoff*, Ire partie, chap. 2

*

« ELLE DEMANDA À Annouchka sa lampe de poche, l'accrocha au bras de son fauteuil et prit dans son sac à main un coupe-papier et un roman anglais. Tout d'abord, elle ne put pas lire. Les allées et venues la dérangeaient ; puis, lorsque le train se fut mis en marche, il lui fut impossible de se soustraire aux sons ; enfin, la neige qui frappait la fenêtre de gauche et se collait à la vitre, la vue du contrôleur qui passait, tout emmitouflé et couvert de neige d'un seul côté, les conversations sur la tempête qui faisait rage dehors détournèrent son attention. Enfin tout sombra dans l'uniformité : c'étaient toujours les mêmes secousses dans le fracas du train, la même neige frappant la vitre, les mêmes passages brusques de la vapeur brûlante au froid, puis de nouveau du froid au chaud, l'apparition des mêmes visages dans la demi-obscurité, les mêmes voix, et Anna commença à lire et à comprendre ce qu'elle lisait. Annouchka sommeillait déjà, tenant le petit sac rouge sur ses genoux de ses grosses mains couvertes de gants dont l'un était déchiré. Anna Arcadievna lisait et comprenait, mais ne trouvait aucun agrément à suivre les aventures d'autres personnes. Elle avait trop grand désir de vivre par elle-même. »

Léon Tolstoï, *Anna Karénine*, tome I, Ire partie, chap. 29, 1877

Traduit du russe par Sylvie Luneau

« PARTIR N'IMPORTE OÙ, sans but, sans livres, sans Daria, sans bière, briser net avec une ordonnance de vie vieille de vingt ans, cette idée lui parut, au premier abord, folle, fantastique. Mais il se rappela la conversation qui avait eu lieu à la mairie, l'impression pénible qu'il avait pressentie en rentrant chez lui, et la pensée de quitter pour quelque temps une ville où des gens stupides le prenaient pour un fou, lui sourit. [...]
Une semaine plus tard on suggéra au docteur Raguine de prendre du repos, c'est-à-dire de prendre sa retraite, suggestion qu'il écouta d'une âme égale, puis encore une semaine plus tard, il avait pris place avec Avérianytch dans la malle-poste et gagnait la gare la plus proche. Il faisait un temps froid, clair, avec un ciel bleu et des lointains diaphanes. Ils firent les 200 verstes du trajet en deux jours et couchèrent deux fois en route. Quand, aux relais, on leur servait le thé dans des verres mal lavés ou qu'on mettait trop longtemps à atteler, Avérianytch devenait pourpre, tremblait de tous ses membres et hurlait : "Silence ! Pas de discussion !" Dans la malle-poste, il ne cessait de raconter ses voyages au Caucase et au royaume de Pologne. Que d'aventures, quelles rencontres ! Il parlait fort et ouvrait en même temps des yeux si étonnés qu'on aurait pu croire qu'il racontait des blagues. Par-dessus le marché, il soufflait son haleine au nez de Raguine et lui éclatait de rire dans les oreilles. Cela gênait le docteur et l'empêchait de réfléchir et de se concentrer.
Ils prirent par économie des troisièmes et montèrent dans le wagon réservé aux non-fumeurs. Pour une moitié les voyageurs étaient présentables. Avérianytch eut vite fait connaissance avec tout le monde et, passant de banquette en banquette, clamait qu'il était impossible de voyager sur ces lignes scandaleuses. C'était un vol complet ! À cheval, ça, c'était autre chose ! »

Anton Tchekhov, *Salle 6*, chap. 12-13, 1892

Traduit du russe par Édouard Parayre, révisé par Lily Denis

« NOUS DEVIONS PARTIR à 4 heures le lendemain matin, mais Broufski n'apparut qu'à 6 heures, et non seulement il avait une bouteille de vodka à la main, mais d'après son comportement et la couleur de son visage, il était manifeste qu'une bonne quantité de cette même eau-de-vie fortement alcoolisée lui était déjà montée à la tête. Dès que nous nous mîmes en route, il recommença à boire ; je lui pris alors la bouteille et la cachai sous la paille ; mais il la trouva et la remplit au relais suivant, et veilla, à partir de ce moment-là, à la mettre hors de ma portée. Il devint tellement ivre après cette première journée qu'il fut rarement capable de monter sur le tarantass, ou d'en descendre, sans y être aidé.
Il avait une voix grave de basse, et avait probablement été employé, à un moment ou à un autre, comme soliste pour les répons dans une des églises russes. Il parlait rarement, mais parfois il exerçait sa voix en poussant un "hou" prolongé dans des tons assez graves, pour descendre ensuite en cascade d'une octave. Le dernier "hou" se transformait généralement en un ronflement, et Broufski dormait, à côté de moi, comme une souche.
Mais même la profonde hébétude de l'ivresse pourrait difficilement rendre un homme tout à fait insensible aux cahots imprévisibles d'un tarantass. À un endroit donné, nous fûmes secoués si violemment que ma grosse valise en cuir de vache se déchira aux coutures, et il me fallut en rassembler le contenu, au relais suivant, dans une couverture. Que la peau humaine résistât en pareille circonstance, est une preuve irréfutable de sa parfaite solidité et de sa parfaite élasticité.
Mais quelle épreuve pour les nerfs que ces secousses ! Broufski avait un gros oreiller en plumes derrière son dos, mais dans l'impuissance de son coma d'ivrogne, à chaque cahot particulièrement violent, sa tête allait cogner contre le côté du tarantass, à la manière du marteau avec lequel le commissaire-priseur frappe sur sa table. À ce moment-là, d'habitude, il se réveillait, mais seulement juste assez longtemps pour crier d'une

voix de stentor : "Arrête-toi, *yemchtchik* !" Et le cocher russe, accoutumé à une prompte obéissance, retenait aussitôt ses chevaux et s'arrêtait. [...] Après plusieurs jours, tard dans l'après-midi, nous arrivâmes dans la petite ville de Verkhné-Oudinsk ; et si je fus content de la voir, étant donné que c'était la première ville depuis plus de 600 kilomètres, je le fus plus encore parce que là je devais me séparer de mon ivrogne de *popoutchik*. »

Charles Wenyon, *À travers la Sibérie par la route de la malle-poste*
chap. 9, 1896, traduit de l'anglais par Nathalie Priymenko

*

« DANS LE GRAND WAGON bondé de troisième classe, qui avait été chauffé par le soleil tout au long du jour, la chaleur était tellement suffocante que Nekhlioudov laissa sa place libre et demeura sur la plate-forme. Mais là aussi l'air manquait. Il ne respira que lorsque les wagons roulèrent hors de la ville et qu'il s'établit un courant d'air. [...]

Nekhlioudov était si absorbé par ces pensées qu'il n'avait pas remarqué le changement de temps. Un nuage avant-coureur, déchiqueté et bas, avait masqué le soleil et de l'ouest s'avançait une nuée compacte gris clair qui déjà là-bas, quelque part très loin, se déversait au-dessus des champs et des bois en une pluie drue, oblique. Le nuage apportait une odeur humide de pluie. Par instants les éclairs sabraient les nuages et le grondement du tonnerre toujours plus fréquent se mêlait au fracas des wagons. La nuée s'approchait de plus en plus ; obliques, les gouttes de pluie chassées par le vent se mirent à moucheter la plate-forme et le manteau de Nekhlioudov. Il changea de côté et, aspirant la fraîcheur humide et l'odeur des pins, de la terre avide de pluie, il regarda défiler devant lui les jardins, les bois, les champs jaunissant de seigle, les bandes encore vertes d'avoine et les sillons noirs des pommes de terre en fleur. On eût dit que tout s'était couvert de laque : les verts devenaient plus vifs encore, les jaunes plus éclatants, les noirs plus sombres.

"Encore, encore ! disait Nekhlioudov, réjoui de la renaissance des champs, des jardins et des vergers sous la pluie bienfaisante." »

Léon Tolstoï, *Résurrection*, IIe partie, chap. 40, 1899
Traduit du russe par Édouard Beaux
© Éditions Gallimard, 1951

*

« ET TOUTE NOTRE TENDRESSE se reportait sur les villes, sur les gares, sur tout ce qu'il y avait d'humanité tenace, groupée là contre le rail.
Rien n'est plus beau, en effet, que la concentration des efforts autour de ce chemin de fer que les ingénieurs ont étendu tout droit à travers la steppe. Autrefois, les marchands s'en allaient en longues caravanes vers Kazan, vers Nijni, porter jusqu'en Europe le thé et les fourrures, les produits de Chine et de Sibérie. Maintenant, c'est vers la grande ligne, vers les quelques villes qui la jalonnent que tous portent leurs pas ; les trains, perpétuelles et régulières caravanes, recueillent aujourd'hui les denrées de l'Asie, et nous avons vu les interminables files de chariots, ou les chameaux qui les apportaient vers les gares. Il se peut qu'une raison politique et militaire ait décidé la construction de la nouvelle ligne, mais aujourd'hui le commerce s'en empare, et c'est avant tout l'œuvre de colonisation qui s'accomplira par elle. »

Albert Thomas, *Impressions de voyage de Moscou à Tomsk*
© Le Tour du monde, 1905
Repris dans *Le Transsibérien*
© Magellan & Cie, 2005

*

« LA NUIT, dans cette petite gare
Nous sommes oubliés,
Clair de lune paisible
Clairière de la forêt...
Délire ou pour de vrai

Cette nuit, dans cette gare,
Nous sommes oubliés ?
Quel long chemin tu as fait
Locomotive lasse…
Les planches sont jaune pâle,
Jaune argenté,
Sur les traverses s'est plaqué
Un givre mou, blafard.
Est-ce bien ton chemin
Locomotive lasse ?
Quelle paix dans ces rayons de lune,
Ou bien n'est-ce qu'un rêve
Ces ombres, ces
Soupirs de locomotive,
Et d'argent drapé
Par la lune nacrée
Ce long et noir
Gardien de gare
Avec sa lanterne inutile
Sur son ombre dentelée ?
Din-din-din – plus loin,
Au-delà du rêve,
Tant irréparable,
Tant irréversible,
Rêve dont le chant inachevé
S'entend encore
À peine perceptible. »

Innocent Annenski,
« Clair de lune au déclin de l'hiver », le 27 mars 1906

Traduit du russe par Nikita Struve
Anthologie de la poésie russe

*

« EN CE TEMPS-LÀ j'étais en mon adolescence
J'avais à peine 16 ans et je ne me souvenais déjà plus de mon enfance
J'étais à 16 000 lieues du lieu de ma naissance
J'étais à Moscou, dans la ville des mille et trois clochers et des sept gares
Et je n'avais pas assez des sept gares et des mille et trois tours
Car mon adolescence était alors si ardente et si folle
Que mon cœur, tour à tour, brûlait comme le temple d'Éphèse
[ou comme la place Rouge de Moscou
Quand le soleil se couche.
Et mes yeux éclairaient des voies anciennes.
Et j'étais déjà si mauvais poète
Que je ne savais pas aller jusqu'au bout.

Le Kremlin était comme un immense gâteau tartare
Croustillé d'or,
Avec les grandes amandes des cathédrales toutes blanches
Et l'or mielleux des cloches…
Un vieux moine me lisait la légende de Novgorode
J'avais soif
Et je déchiffrais des caractères cunéiformes
Puis, tout à coup, les pigeons du Saint-Esprit s'envolaient sur la place
Et mes mains s'envolaient aussi, avec des bruissements d'albatros
Et ceci, c'était les dernières réminiscences du dernier jour
Du tout dernier voyage
Et de la mer.

[...]

Je suis en route
J'ai toujours été en route
Je suis en route avec la petite Jehanne de France
Le train fait un saut périlleux et retombe sur toutes ses roues
Le train retombe sur ses roues
Le train retombe toujours sur toutes ses roues
"Blaise, dis, sommes-nous bien loin de Montmartre ?"
Nous sommes loin, Jeanne, tu roules depuis sept jours
Tu es loin de Montmartre, de la Butte qui t'a nourrie,
[du Sacré-Cœur contre lequel tu t'es blottie
Paris a disparu et son énorme flambée
Il n'y a plus que les cendres continues
La pluie qui tombe
La tourbe qui se gonfle
La Sibérie qui tourne
Les lourdes nappes de neige qui remontent
Et le grelot de la folie qui grelotte comme un dernier désir dans l'air bleui
Le train palpite au cœur des horizons plombés
Et ton chagrin ricane...

"Dis, Blaise, sommes-nous bien loin de Montmartre ?" »

Blaise Cendrars,
Prose du Transsibérien
et de la petite Jehanne de France, 1913

« AVEZ-VOUS VU
Courir dans la steppe,
Caché par les brumes lacustres,
Soufflant dans son naseau de fer,
Sur ses pattes de fonte, le train ?
Et à sa suite
Dans l'herbe haute,
Comme à la fête des courses désespérées,
Rejetant ses jambes jusqu'à sa tête,
Galoper le poulain à la rouge crinière ?
Cher insensé, cher ridicule,
Mais où donc, où donc court-il ?
Ne sait-il pas que les chevaux vivants
Ont été vaincus par la cavalerie de fer ?
Ne sait-il pas que dans les champs sans clarté
Sa course ne ramènera pas le temps
Où le Petchénègue échangeait contre un coursier
Deux beautés russes de la steppe ?
Le destin aux enchères a repeint
Nos eaux profondes que le grincement a réveillées,
Et aujourd'hui on achète une locomotive
Pour des tonnes de viande chevaline. »

Serge Essénine, 1920
Traduit du russe par Nikita Struve
Anthologie de la poésie russe
© Éditions Aubier, 1970

*

« JE VOYAGEAIS UN JOUR dans le wagon-lit d'un express. J'adore le moment où l'on s'installe dans ces quartiers itinérants : le drap frais de la couchette, la fuite lente des lumières de la gare lorsqu'elles commencent à défiler derrière la vitre noire. Je me souviens comme j'étais content qu'il n'y eût personne dans la couchette au-dessus de moi. Je me déshabillai, je m'allongeai sur le dos, les mains croisées derrière la tête, et la légèreté de la mince couverture réglementaire me parut délicieuse comparée aux édredons rebondis des chambres d'hôtel. Après avoir rêvassé pendant quelque temps – à l'époque j'avais très envie d'écrire une histoire sur la vie des femmes qui nettoient les wagons –, j'éteignis la lumière et m'endormis bientôt. Ici, permettez-moi d'utiliser un procédé qui revient avec une monotonie accablante dans le genre d'histoires auquel la mienne a toute chance d'appartenir. Le voici ce bon vieux procédé que vous devez si bien connaître : "Au beau milieu de la nuit, je me réveillai brusquement." Ce qui suit, cependant est un peu moins banal. Je me réveillai et vis un pied.

"Pardon, un quoi ? interrompit le critique modeste, qui se pencha et leva un doigt. — Je vis un pied", répéta l'écrivain. Le compartiment était maintenant éclairé. Le train était en gare. C'était un pied d'homme, un pied d'une taille considérable, dans une chaussette grossière où l'ongle bleuâtre de l'orteil avait percé un trou. Il était solidement planté sur un barreau de l'échelle du lit tout près de mon visage, et son propriétaire, dont la couchette supérieure qui me faisait un toit me cachait la vue, était sur le point de faire un ultime effort pour se hisser sur le rebord. J'eus amplement le temps d'examiner ce pied, dans sa chaussette grise à carreaux noirs, ainsi qu'un bout de jambe : le V violet du fixe-chaussette le long du gros mollet et les poils qui traversaient de manière déplaisante les mailles du caleçon long. C'était, somme toute, un membre assez repoussant. Pendant que je regardais, il se contracta, le gros orteil tenace bougea deux ou trois fois ; enfin, toute l'extrémité, d'une poussée vigoureuse, s'éleva et disparut. D'en haut parvinrent des grognements et des reniflements permettant d'en conclure que l'individu s'apprêtait à dormir. La lumière s'éteignit et, quelques instants plus tard, le train s'ébranla. Je ne sais comment vous expliquer cela mais la vue de ce membre déclencha chez moi un sentiment d'angoisse et d'oppression. Un reptile élastique et multicolore. Je trouvai troublant de ne connaître cet homme qu'à travers cette jambe sinistre. Sa silhouette, son visage, je ne les vis jamais. Sa couchette, qui faisait un plafond sombre et bas au-dessus de moi, semblait maintenant s'être rabaissée ; je sentais presque son poids. J'avais beau essayer d'imaginer l'aspect de mon compagnon de voyage nocturne, tout ce que je voyais c'était cet ongle de pied immense qui laissait apparaître par le trou de la chaussette en laine son éclat de nacre bleuté. D'une façon générale, il peut paraître étrange que je sois tourmenté par de telles bagatelles, mais *a contrario*, les écrivains ne sont-ils pas justement ceux que les bagatelles tourmentent ? »

Vladimir Nabokov, *Le Voyageur*, 1927
Traduit de l'anglais par Maurice et Yvonne Couturier
Détails d'un coucher de soleil

Repris dans *Nouvelles complètes*

*

« L'UN DES ACCOMPAGNATEURS, homme à nez en peluche rose et tempes de velours, énonça une prophétie qui fit extrêmement peur à tout le monde : "Je connais ce genre de voyages, déclara-t-il, j'y ai participé. Je sais d'avance ce qui vous attend. Vous êtes actuellement une centaine. Vous allez voyager en gros un mois. Deux d'entre vous s'attarderont dans une petite gare désolée, sans argent ni papiers, manqueront le train et ne vous rejoindront qu'une semaine plus tard, affamés et déguenillés. L'un d'entre vous se fera obligatoirement voler sa valise : peut-être Palamidov, ou Lavoisian, ou bien Navrotski. La victime passera le reste du voyage à geindre et à emprunter à ses voisins un blaireau qu'il rendra plein de savon, ayant perdu la cuvette. Naturellement, l'un des voyageurs mourra et les amis du défunt, au lieu de se rendre à la jonction, devront ramener à Moscou la chère dépouille. Rien de plus ennuyeux ni de plus répugnant que de convoyer des dépouilles. En outre, vous ne tarderez pas à vous chamailler. Croyez-m'en ! L'un d'entre vous, fût-ce même Palamidov, ou bien Oukhoudchanski, commettra un acte antisocial et vous passerez de longues heures pleines d'ennui à juger sa conduite, tandis que le coupable tâchera de se disculper avec des cris et des gémissements. Tout cela, je le connais bien. Vous portez maintenant des chapeaux et des casquettes et reviendrez en tioubétieïkas carrées et brodées. Le plus stupide d'entre vous achètera l'armure complète d'un Juif de Boukhara : tioubétieïka en velours bordé de chacal et grosse couverture de coton taillée en forme de robe de chambre. Et, bien sûr, vous chanterez *Stienka Razine*, le soir dans vos wagons, vous braillerez stupidement 'Et par-dessus bord la jette dans l'onde propice'. Même les étrangers s'en mêleront et entonneront : 'Sur notre mère Volga, *On our mother Volga...*'"

Lavoisian furieux agita sa machine à écrire en direction du prophète : "Vous êtes jaloux ! Nous ne chanterons pas. — Vous chanterez, mes petits. C'est inévitable. D'ailleurs, je sais tout d'avance. — Nous ne chanterons pas. — Vous chanterez. Et si vous êtes honnêtes, envoyez-moi aussitôt une carte postale pour me l'annoncer."

On entendit alors un cri étouffé. C'était le photographe de presse Mienchov qui venait de tomber du toit du fourgon à bagages où il s'était juché pour prendre le moment du départ. »

Ilf et Petrov, *Le Veau d'or*, IIIe partie, chapitre 26, 1931

Traduit du russe par Alain Préchac

« SUR LE QUAI DE TORFIANAYA, Antonina Alexandrovna comptait pour la centième fois sa famille et ses bagages, pour bien s'assurer qu'on n'avait rien oublié dans le wagon. Elle sentait sous ses pieds le sable piétiné du quai, mais la hantise de rater l'arrêt ne l'avait pas abandonnée, et le bruit régulier du train en marche continuait à résonner dans ses oreilles, bien qu'elle pût se convaincre de ses propres yeux qu'il était à quai, immobile, devant elle. Mais, encore étourdie, elle restait aveugle, sourde, incapable de reprendre ses esprits.

Du haut de leur fourgon, ses compagnons de voyage, qui poursuivaient leur route, lui disaient adieu. Elle ne les remarquait pas. Elle ne remarqua pas davantage le moment où le train s'ébranla ; et il fallut que son regard s'arrêtât sur la plaine verdoyante et le ciel bleu, au-delà de la seconde voie que le départ du train avait dégagée, pour qu'elle s'aperçût enfin qu'il n'était plus là. [...]

Les voyageurs moscovites du Sivtsev Vrajek étaient les seuls à être descendus à Torfianaya. Ils posèrent leurs bagages et s'assirent sur l'un des bancs.

L'aspect de la petite gare coquette, silencieuse et déserte les surprenait. [...] Ici, dans le fin fond de la province, la vie était en retard, dépassée par la marche de l'histoire. Il lui restait encore à atteindre l'état de barbarie qui régnait dans la capitale. [...]

Au-dessus de la voie ferrée et du chemin vicinal qui la traversait, le petit bois tendait ses branches déployées qui fléchissaient à terre, comme les pans de larges manches balayant le sol.

Soudain, les yeux et les oreilles d'Antonina Alexandrovna s'ouvrirent ; elle perçut tout à la fois : la clarté des cris d'oiseaux, la pureté du bois solitaire, la douce sérénité diffuse alentour. [...] "Quelle merveille !" s'exclama-t-elle à la vue de la splendeur qui l'entourait. Elle ne put rien ajouter. Les larmes lui montaient à la gorge. Elle éclata en sanglots.

À ce bruit, le chef de la gare, un petit vieillard, sortit du bâtiment. Il trottina à pas menus vers le banc et, touchant poliment la visière de sa casquette d'uniforme à fond rouge, il demanda : "Peut-être Madame veut-elle des pastilles calmantes ?" »

Boris Pasternak, *Le Docteur Jivago*, VIIIe partie, chap. 7, 1957
Traduit du russe par Benjamin Goriely
& Michel Aucouturier

*

« JE DEVAIS AVOIR 4 ANS, environ, quand la Russie s'empara de moi dans ses mains de géant. Cette étreinte ne s'est jamais relâchée. Pour moi, l'amour de ma vie, l'épanouissement des sens et le royaume de l'esprit s'y sont croisés. [...]

Peu à peu, le voyage en Transsibérien devint une obsession. Mais comment le faire ? À l'époque, les voyages étaient circonscrits : vacances de famille dans les collines calcaires du Sussex ou sur les plages de Cornouailles (biscuits au gingembre après une trempette glacée, sandales de plage mises à sécher sur le rebord de fenêtre avec des lanières d'algues). Du moins y avait-il des récits de voyage pour me réconforter et des mondes entiers à découvrir rien qu'en tournant les pages. L'étagère supérieure de mon armoire à jouets transformée en bibliothèque avait pris un aspect fort officiel en recevant une étiquette marquée SIBÉRIE : j'attendais qu'on la remplisse. J'avais appris à lire très jeune de sorte qu'à 7 ans je me plongeais dans tous les livres qui me tombaient sous la main. Lorsque mon père, qui croyait qu'un enfant peut tout lire, à n'importe quel âge, me donna avec cynisme la *Maison des morts* de Dostoïevski, ma mère fit observer que le *Michel Strogoff* de Jules Verne eût été préférable ; il répliqua qu'il ne doutait pas que patauger péniblement dans les malheurs de Dostoïevski aurait définitivement raison de mon engouement pour

la Sibérie. Ma mère me remit *La Jeune Sibérienne* de Xavier de Maistre en souhaitant que j'améliore mon français et la tante Ethel m'apporta le récit effrayant de Harry de Windt sur un voyage à travers la Sibérie arctique, parmi les colonies de condamnés et les prisonniers politiques. Or mon enthousiasme allait croissant. [...]
"La Sibérie ! Je vais t'en donner, de la Sibérie – avec tes engelures", disait ma nounou lorsque je trépignais pour sortir sur la neige londonienne liserée de gadoue. Je m'entraînais en prévision de mes voyages à Omsk et Tomsk (je donnai par la suite ces noms à deux chatons) et aux autres lieux mystérieux, aux consonances glaciales, jalonnant le chemin de fer transsibérien. Verkhné-Oudinsk, Tchita et Khaïlar Gol étaient des noms autour desquels mugissaient les tempêtes de l'Asie. »

Lesley Blanch, *Voyage au cœur de l'esprit*, Ire partie, chap. I, 1968
Traduit de l'anglais par Guillaume Villeneuve

*

« CAR CE N'ÉTAIT QU'UN TRAIN. Blindé sans doute. Mais rien qu'un train. Et malgré moi, j'ai pensé à l'autre, celui des *tieplouchki*. Tous mes muscles se sont crispés quand j'ai gravi derrière mon guide les marches qui menaient à l'un des wagons.
Alors, alors, la tête, véritablement, m'a tourné. Un vertige. Un vrai vertige. J'ai dû fermer les yeux pour retrouver un semblant d'équilibre, de raison. Car le contraste entre ce que j'avais vu quelques heures plus tôt et ce qui se passait ici avait de quoi rendre fou.
Déjà, en eux-mêmes, les trains du Transsibérien étaient d'une espèce particulière. L'écart entre les rails qui dépassait de beaucoup celui des autres pays faisait les compartiments plus spacieux qu'ailleurs et, pour répondre aux exigences des voyages faits dans un climat terrible, sur une distance et d'une durée sans pareilles, on les avait équipés

avec un soin, un confort, comme l'on en trouvait nulle part. Mais cela n'était rien.
Je sortais du froid de la nuit, du labyrinthe gelé des rails sur la terre des hommes perdus et je me trouvais d'un seul coup porté à bord d'un vaisseau pirate chargé de ses trésors. Je n'invente point. C'était comme ça. Wagons-salons, wagons pour les repas privés, wagons munis de lits comme dans les cabines de luxe et qui servaient autrefois aux princes, aux barines, aux hauts dignitaires de la Sainte Russie, les hors-la-loi de Semenof en avaient fait leur gîte, leur antre. Et de quel faste dément ne les avaient-ils pas habillés.
Tapis de Perse, brocarts de Chine, soieries de Boukhara et de Samarcande, dépouilles des ours et des tigres de la taïga, icônes superbes, armes précieuses, tout ça, accroché, jeté pêle-mêle, en vrac, au hasard. Prises de guerre, rapines, pillages de grandes villes florissantes, sac des demeures opulentes, des entrepôts de marchands millionnaires, des trains surpris en gare ou saisis en route.
Et au milieu des trophées somptueux, les officiers cosaques avec leurs trognes, gueules, mufles sauvages, leurs énormes bonnets de martre, castor, vison ou zibeline, leurs longues et noires tuniques serrées à la taille, bardées sur la poitrine de cartouchières étincelantes et portant à la ceinture des poignards damasquinés.
Ils étaient une vingtaine, les uns vautrés sur des fourrures, les autres à table, autour d'un broc en argent niellé à moitié plein de vodka. »

Joseph Kessel, *Les Temps sauvages*

*

« À LA TOMBÉE DE LA NUIT, la course du train s'accéléra. Charlotte sentit sa fille se caler contre son épaule et frissonner. Elle se releva alors pour libérer la grande valise sur laquelle elles étaient assises. Il fallait se préparer

pour la nuit, retirer les vêtements chauds et deux sacs de biscuits. Charlotte entrouvrit le couvercle, plongea sa main à l'intérieur et se figea, ne pouvant réprimer un cri bref qui réveilla ses voisins.
La valise était remplie de vieux journaux ! Dans l'affolement de ce matin, elle avait emporté la valise sibérienne...
Sans pouvoir encore en croire ses yeux, elle tira une feuille jaunie et dans la lumière grise du crépuscule, elle put lire : "Députés et sénateurs sans distinction d'opinion avaient répondu avec empressement à la convocation qui leur était adressée par MM. Loubet et Brisson... Les représentants des grands corps de l'État se groupaient dans le salon Murat..."
D'un geste somnambulique, Charlotte referma la valise, s'assit et regarda autour d'elle en secouant légèrement la tête comme si elle voulait nier une évidence.
"J'ai dans mon sac une vieille veste. Et puis, j'ai ramassé le pain dans la cuisine, en partant..."
Elle reconnut la voix de son fils. Il avait dû deviner son désarroi.
La nuit, Charlotte s'endormit le temps d'un rêve rapide, mélange de sons et de couleurs d'autrefois... Quelqu'un, en glissant vers la sortie, la réveilla. Le train était arrêté au milieu des champs. L'air nocturne n'avait pas ici la même densité de noir que dans la ville dont ils s'étaient enfuis. La plaine qui s'étendait devant le rectangle pâle de la porte ouverte gardait le teint cendré des nuits du Nord. Quand ses yeux apprivoisèrent l'obscurité, elle distingua à côté de la voie, dans l'ombre d'un bosquet, les contours d'une isba assoupie. Et devant, dans un pré qui longeait le remblai, elle vit un cheval. Le silence était tel qu'on entendait le léger crissement des tiges arrachées et le piétinement mou des sabots sur la terre humide. Avec une sérénité amère qui l'étonna elle-même, Charlotte entendit naître et résonner dans son esprit cette pensée transparente : "Il y a eu cet enfer des villes brûlées et quelques heures plus tard – ce cheval qui broute

l'herbe pleine de rosée, dans la fraîcheur de la nuit. Ce pays est trop grand pour qu'ils puissent le vaincre. Le silence de cette plaine infinie résistera à leurs bombes..."
Jamais encore elle ne s'était sentie aussi proche de cette terre. »

Andreï Makine, *Le Testament français*, IIe partie, chap. 2
© Mercure de France, 1995

*

« LE TRAIN APPROCHAIT, impétueux, fendant les ténèbres dans un furieux fracas de roues. Quelques fenêtres étaient inondées de lumière, à l'une d'elles il a même entraperçu une tête ; mais la plupart ne renvoyaient qu'une lueur pâle : les passagers dormaient. Ils dormaient pleins de confiance, bercés par le martèlement et le balancement réguliers des wagons. Les mécaniciens, eux, ne dormaient pas, qui conduisaient le train droit vers des villes où régnaient l'ordre et la loi. Aucun d'eux ne songeait qu'un marcheur de la nuit se cachait à l'écart de la voie. Et que tout ce qui leur paraissait banal, routinier, comme allant de soi, était pour lui un bonheur interdit. Dormir dans des draps sur la couchette supérieure, saluer les voisins au réveil, acheter du thé et du sucre à l'employée de wagon, lire les journaux fraîchement parus, ne pas se cacher, faire quelque chose, voyager, vivre en toute simplicité et modestie. À tout cela il aurait pu prétendre s'il n'avait pas franchi la frontière de la légalité. Cette possibilité de voyager, de vivre en toute simplicité et modestie, il fallait la payer. »

Oleg Ermakov, *Pastorale transsibérienne*, IIe partie
Traduit du russe par Yves Gauthier
© Éditions Jacqueline Chambon, 2004

*

« DÉJÀ ONZE JOURS écoulés depuis Paris. Cendrars prétend que "le train fait broum-roum-roum". Je penche plutôt pour un rythme à

quatre temps comme dans la fameuse mesure du *Roméo et Juliette* de Prokofiev : Tan-taran-tatan-taran-tatan. Dedans, les heures se dissolvent dans la torpeur ; dehors, les boues se mélangent dans la *raspoutitsa*. Le Transsibérien, c'est la débâcle du temps. Je plonge dans une sorte d'hibernation ferroviaire. Paresse où je me vautre avec délectation, sachant ce qui m'attend dans les mois à venir. Je me repose tellement pendant la journée que je n'ai plus assez de fatigue pour dormir la nuit. [...]
Un matin, alors que Sergueï et Nina attaquent un second poulet fumé, une étrange luminescence chasse l'éclat d'acier de l'aube. Je regarde par la fenêtre du train. C'est le Baïkal qui agit comme un réflecteur géant et renvoie au ciel les rayons du soleil tirés au travers des nimbus. La ligne contourne le lac par le sud, vers Tchita. Dans quelques semaines, si tout se passe comme je le veux, j'avancerai à pied au bord de la rive orientale du Baïkal. Je remonte sur mon bat-flanc et je réfléchis.
Pour la première fois depuis des mois, je sens monter la peur en moi et le martèlement des roues du train sur l'acier des rails l'enfonce à chaque coup comme un clou dans le cœur. Trop d'arbres dans cette taïga, trop de blancheur dans les bosquets de bouleaux, trop d'écrasement sous les ciels, et que dire de cette plaine sans bornes, plus terrible qu'une prison car ici, devant l'horizon, il n'y a même pas où fuir...
Je feuillette *À marche forcée* de Slavomir Rawicz, le livre que je connais par cœur et auquel je dois de me trouver ici, allongé sur la couchette du haut parmi les effluves de poulet, dans un train russe lancé vers l'est à travers la grande forêt sibérienne. J'ai découvert *À marche forcée* dans une édition de poche des années 1960. J'avais 15 ans et je vécus avec ce récit la première de ces nuits par la suite sacrifiées tout entières à la lecture de Céline, de Lawrence, de London, d'Hamsun et des romanciers russes. »

Sylvain Tesson, *L'Axe du loup*, chap. I

PETIT GUIDE DU TRANSSIBÉRIEN

Le Transsibérien, *« Transsibirskaya Magistral' »* en russe, ou encore *« Transsib »* chevauche les plaines, les steppes, la taïga, les collines boisées et les montagnes de deux continents : l'Europe (sur 1777 km) et l'Asie (de 1777 à 9288 km). Son point de départ est la gare Iaroslav à Moscou ; son terminus est Vladivostok, ou « Vlad », sur les côtes du Pacifique. Il convient de noter que le Transsibérien désigne également deux autres lignes, qui bifurquent de l'axe principal à quatre jours de Moscou pour rejoindre Pékin : le Transmongolien qui, depuis Oulan-Oudé, dessert Oulan-Bator, et le Transmandchourien qui, après Tchita, dessert Kharbin.

Catégories de trains

Le train « Rossiya » n° 1/2 incarne le Transsibérien classique. C'est un train régulier haut de gamme *(firmennyi poezd)* qui effectue le trajet d'un bout à l'autre sur sept fuseaux horaires, en sept jours et six nuits. Ce colosse traverse 13 régions, 4 territoires, 2 républiques, une région autonome et plus de 80 villes, dont les plus célèbres sont Vladimir (sur l'Anneau d'or), Iekaterinbourg, Tioumen, Novossibirsk, Krasnoïarsk, Irkoutsk, Oulan-Oudé, Tchita, Khabarovsk et Vladivostok. Il enjambe aussi plus d'une dizaine de fleuves majestueux, dont la Volga, l'Ob, l'Ienisseï, le Selenga, l'Amour et l'Oussouri. Enfin, sur plus de 200 kilomètres, il longe les rives du mythique lac Baïkal.

De nombreux autres trains *firmennyi* empruntent la voie du Transsibérien : le n° 15/16 « Oural » de Moscou à Iekaterinbourg, le n° 25/26 « Sibiriak » de Moscou à Novossibirsk, le n° 55/56 « Ienisseï » de Moscou à Krasnoïarsk, le n° 9/10 « Baïkal » de Moscou à Irkoutsk et le n° 5/6 « Okean » de Khabarovsk à Vladivostok. L'été, la climatisation est disponible, une réelle aubaine par temps caniculaire.

Il existe aussi des trains rapides *(skoryi poezd)*, confortables, comme le train n° 43/44 de Moscou à Khabarovsk ou le train n° 7/8 de Novossibirsk à Vladivostok. On peut également monter à bord de trains de passagers ordinaires *(passajirskii poezd)*, tout à fait convenables bien que plus lents, de sorte que le voyageur a l'embarras du choix pour se rendre d'un point à un autre en Sibérie.

Dans tout type de train, du personnel de bord est présent : on compte un ou deux *provodnik* ou *provodnitsa* par wagon. Moyennant quelques roubles, ils fournissent du thé, du café, de la bière parfois, de la soupe en poudre, des gâteaux, et également le linge frais pour la nuit. Dans le train « Rossiya », ils proposent même la douche pour 1 à 2 euros. Pour les voyageurs seuls, ce sont de véritables anges gardiens : en cas de troubles, ils se chargent de trouver un autre compartiment et se montrent très affables.

CLASSE

Le *« koupé »* désigne un compartiment avec 4 couchettes, soit la 2e classe. On peut également voyager en « SV » *(spalnyi vagon)*, c'est-à-dire en 1re classe, dans un compartiment à 2 couchettes. Le Transsibérien étant propice à de beaux moments d'échange sur plusieurs jours, il est conseillé de prendre des billets dits *« koupé »*, *« platskartnyi »* ou *« obchtchii »* (3e classe) : vivre en colonie avec une cinquantaine d'autres personnes qui jacassent et qui ronflent dans le même wagon est une expérience inoubliable. On ne peut malheureusement pas voyager en 3e classe dans le train « Rossiya » ou les autres *firmennyi*.

RÉSERVATIONS ET HORAIRES

Les réservations sont recommandées sur le « Rossiya » deux ou trois jours à l'avance si l'on voyage seul, au moins quinze jours à l'avance si l'on voyage à plusieurs ; pour les autres types de trains on peut réserver à la dernière minute sans difficulté en se rendant en gare quelques heures avant le départ. Pour le train « Rossiya », le voyageur peut acheter des billets successifs et descendre dans toutes les villes qu'il souhaite.

SANTÉ

Un petit passage chez le dentiste est conseillé avant de partir, la rage de dents et l'abcès dentaire n'étant pas particulièrement aisés à calmer dans le Transsibérien. Il faut aussi avoir les vaccins à jour (hépatite, tétanos, poliomyélite, typhoïde) et prévoir une vaccination contre le virus de l'encéphalite à tiques qui peut sévir en période estivale dans certaines zones rurales de Sibérie. Il n'y a pas d'équipe médicale à bord du Transsibérien.

OBJETS PERSONNELS

Les Russes considèrent le train comme leur deuxième maison. À peine à bord, ils posent leurs provisions sur la tablette du compartiment et se changent, souvent en jogging et pantoufles *(tapotchki)*. Il est conseillé de partir sur le Transsibérien comme si l'on partait en week-end, avec le strict minimum : tenue décontractée, chaussons, pull léger, affaires de toilette, un couteau suisse pour partager la nourriture et ouvrir les bouteilles.

Le Transsibérien ressemble parfois à une belle grasse matinée : on dort, on rêve les yeux ouverts, et l'on goûte « en famille ». Du fait que les Russes ne fréquentent guère le wagon-restaurant, il faut songer à prévoir des vivres : pain noir, saucisse ou saucisson, poulet, lard, sardines, *pirojki*, concombres et tomates, graines de tournesol, chocolat et noix. Ils sont souvent disponibles sur les quais de gare arpentés à longueur de journée par les babouchkas. On pourra aussi se munir de jeux – les cartes et les échecs sont très populaires – et ne pas oublier d'apporter des cadeaux originaux : cartes postales, porte-clés, pièces de monnaie étrangères, cartes géographiques, partitions musicales...

À NE PAS EMPORTER

Le téléphone portable et le réveil. Il faut savoir se passer de l'heure dans un train qui parcourt un tiers de la planète, et c'est un bonheur...

QUAND PARTIR ?

Maintenant. Et pourquoi pas de la gare du Nord, à Paris, à moins de vingt heures de train de Moscou.

TROIS GUIDES DE VOYAGE SONT À RECOMMANDER :

• Bryn Thomas, *Trans-Siberian Handbook*, Trailblazer, 2011 ;
• Anne & Olaf Meinhardt, *The Trans-Siberian Railway, From Moscow to the Pacific Ocean*, Bucher Verlag, 2008 ;
• Mark Bennets, Marc di Duca, Michael Kohn & Simon Richmond, *Transsibérien*, Lonely Planet, 2009.

DEUX SITES APPORTENT DES INFORMATIONS COMPLÉMENTAIRES :

www.lonelyplanet.com ;
www.routard.com.

POUR ALLER PLUS LOIN

Les œuvres ci-dessous ont inspiré ou soutenu mon voyage.

LITTÉRATURE :

Les Âmes mortes (1842) de Nicolas Gogol ; *Anna Karénine* (1877) et *Résurrection* (1899) de Léon Tolstoï ; *Prose du Transsibérien et de la petite Jehanne de France* (1913) de Blaise Cendrars ; *Correspondance à trois* (1926) de Rainer Maria Rilke, Boris Pasternak & Marina Tsvetaïeva ; *Le Maître et Marguerite* (1936) de Mikhaïl Boulgakov ; *The Long Walk* (1956) de Slavomir Rawicz ; *Le Docteur Jivago* (1957) de Boris Pasternak ; *La Promesse de l'aube* (1960) de Romain Gary ; *Une journée d'Ivan Denissovitch* (1962) d'Alexandre Soljenitsyne ; *Journey into the Mind's Eye* (1969) de Lesley Blanch ; *Cette lancinante douleur de la liberté* (1981) de Vladimir Boukovsky ; *Le Temps scellé* (1989) et *Journal 1970-1986* (édité en 1993) d'Andreï Tarkovski ; *Le Testament français* (1995) d'Andreï Makine.

MUSIQUE :

Nocturnes (à partir de 1831) et *Études* (1828, 1831, 1831-1836) de Frédéric Chopin, interprétés par Nikolaï Lugansky ; *Fantaisie en fa mineur D940* (1828) de Franz Schubert, interprétée par Sviatoslav Richter & Benjamin Britten ; *Une nuit sur le mont Chauve* (1867, achevée par Rimski-Korsakov en 1886) de Modest Moussorgski ; *Shéhérazade* (1888) de Nikolaï Rimski-Korsakov ; *Concerto pour piano n° 1 en fa mineur, op. 1 et op. 2* (1889-1891) et *Concerto pour piano n° 2 en ut mineur, op. 18* (1900-1901) de Sergueï Rachmaninov ; *Le Sacre du printemps* (1913) d'Igor Stravinski ;

Roméo et Juliette (1935 et 1938) de Sergueï Prokofiev ; *Le Monument* (1973) de Vladimir Vyssotski ; *Back in the USSR* (1968) des Beatles ; *The Russians* (1985) de Sting ; *Ghost of a Shark* (2002) de Tom McRae.

CINÉMA :
Le Miroir d'Andreï Tarkovski (1974) ; *Anna, de 6 à 18* (1993), *Soleil trompeur* (1994), *Le Barbier de Sibérie* (1999) de Nikita Mikhalkov ; *Est-Ouest* (1998) de Régis Wargnier ; *Good Bye, Lenin !* (2003) de Wolfgang Becker ; *L'Affaire Farewell* de Christian Carion (2008).

PEINTURE :
Au-dessus de la ville, huile sur toile (1924) de Marc Chagall.

LECTURES SIBÉRIENNES :
POUCHKINE Alexandre, *La Fille du capitaine*, 1836, traduit par Brice Parrain, Gallimard, coll. « La Pléiade », 1973.
CUSTINE Marquis de, *La Russie en 1839*, 1843, Actes Sud, coll. « Thesaurus », Arles, 1990.
GONTCHAROV Ivan, *Oblomov*, 1859, traduit par Luba Jurgensen, L'Âge d'Homme, Lausanne, 1988.
DOSTOÏEVSKI Fiodor, *Les Possédés*, 1870, traduit par Georges Philippenko, LGF, 1977.
VERNE Jules, *Michel Strogoff*, Hetzel, 1876.
MARSDEN Kate, *On Sledge and Horseback to Outcast Siberian Lepers*, 1892, Phoenix Press, Londres, 2001.
WENYON Charles, *À travers la Sibérie par la route de la malle-poste*, 1896, traduit de l'anglais par Nathalie Priymenko, Éditions Olizane, Genève, 2000.
THOMAS Albert, *Impressions de voyage de Moscou à Tomsk*, Le Tour du monde, 1905 ; *Le Transsibérien*, Magellan & Cie, 2005.

KESSEL Joseph, *Les Nuits de Sibérie*, Ernest Flammarion, 1928 ; « La Nagaïka » dans *La Nagaïka*, Julliard, 1951 ; « Le Train du bout du monde », dans *Tous n'étaient pas des anges*, Plon, 1963 ; *Les Temps sauvages*, Gallimard, 1975.
STEINBECK Joseph, *Journal russe*, 1949, Gallimard, 1996.
RAWICZ Slavomir, *À marche forcée, À pied, du cercle polaire à l'Himalaya (1941-1942)*, 1956, traduit de l'anglais par Éric Chédaille, Phébus, 2002.
THEROUX Paul, *Railway Bazaar*, 1975, traduit de l'anglais par Marie-FORTIER-MASEK Odile, Grasset, coll. « Les Cahiers rouges », 1987.
NEWBY Eric, *The Big Red Train Ride*, Picador, Londres, 1978.
THUBRON Colin, *Les Russes*, 1983, traduit de l'anglais par Bernard Blanc, Payot, coll. « Voyageurs », 1988.
MAKINE Andreï, *La Fille d'un héros de l'Union soviétique*, traduit par Françoise Bour, Robert Laffont, 1990.
PESKOV Vassili, *Ermites dans la taïga*, traduit du russe par Yves Gauthier, Actes Sud, Arles, 1992.
CHENTALINSKI Vitali, *La Parole ressuscitée, Dans les archives littéraires du KGB*, traduit par Galia Ackerman & Pierre Lorrain, Robert Laffont, 1993.
MAKINE Andreï, *Au temps du fleuve Amour*, Éditions du Félin, 1994 ; Folio, 2006.
Les Sibériens, De Russie et d'Asie, une vie, deux mondes, dirigé par Anne-Victoire Charrin, Autrement, 1994.
GARCIA Antoine & GAUTHIER Yves, *L'Exploration de la Sibérie*, Actes Sud, Arles, 1996 ; Transboréal, coll. « Voyage en poche », 2014.
ARSENIEV Vladimir, *Aux confins de l'Amour*, Actes Sud, Arles, 1999.
THUBRON Colin, *In Siberia*, Penguin, Londres, 1999.
LINEHAN Paddy, *Trans-Siberia*, Summersdale, West Sussex, 2000.
Transsibéries, Irkoutsk, le Baïkal, Vladivostok, dirigé par Véronique Garros & Marie-Hélène Mandrillon, Autrement, 2000.

MOSSÉ Claude, *Le Transsibérien, Un train dans l'histoire*, Plon, 2001.
JAN Michel, *Cruelle est la terre des frontières*, Payot, 2003.
BLANCH Lesley, *Voyage au cœur de l'esprit*, traduit de l'anglais par Guillaume Villeneuve, Denoël, 2003.
ERMAKOV Oleg, *Pastorale transsibérienne*, traduit du russe par Yves Gauthier, Éditions Jacqueline Chambon, 2004.
FÉDOROVSKI Vladimir, *Le Roman de la Russie insolite, Du Transsibérien à la Volga*, Éditions du Rocher, 2004 ; LGF, 2007.
SMOLAR Piotr, Gloubinka, *L'Inventaire*, 2004.
TESSON Sylvain, *L'Axe du loup, De la Sibérie à l'Inde, sur les pas des évadés du Goulag*, Robert Laffont, 2004 ; Pocket, 2007.
THIBAUDAT Jean-Pierre, *Le Goût de Moscou*, Mercure de France, 2004.
APPLEBAUM Anne, *Goulag, Une histoire*, traduit de l'anglais par Pierre-Emmanuel Dauzat, Grasset, 2005.
ELKAIM Gilles, *Arktika, Quatre ans d'odyssée sur la banquise*, Robert Laffont, 2005.
BRUNSWIC Anne, Sibérie, *Un voyage au pays des femmes*, Actes Sud, Arles, 2006.
SAUVE Philippe, *Siberia, En canoë du lac Baïkal à l'océan Arctique*, Presses de la Renaissance, 2006 ; Transboréal, coll. « Sillages », 2014.
BOCH Julie & FISSET Émeric, *Kamtchatka, Au paradis des ours et des volcans*, Transboréal, coll. « Sillages », 2007, 2e éd. 2014.
BELLEC Hervé, *Les Sirènes du Transsibérien, Voyage à Vladivostok*, Géorama, Brest, 2008.
JEFFERSON Robert L., *Roughing it in Siberia, with some Account of the Trans-Siberian Railway and the Gold-Mining Industry*, Bibliobazaar, Charleston, 2009.
MANLEY Deborah, *The Trans-Siberian Railway, A Traveller's Anthology*, Signal Books, Oxford, 2009.

BÉRARD Géraldine & FRANÇOIS Valérie, *Sibériennes, Voyage aux confins de la taïga*, Transboréal, coll. « Sillages », 2010.
KERANGAL Maylis de, *Tangente vers l'est*, Éditions Verticales, 2011.
GERMAIN Sylvie, *Le Monde sans vous*, Albin Michel, 2011.
GRAS Cédric, *Vladivostok, Neiges et moussons*, Phébus, 2011.
ÉNARD Mathias, *L'Alcool et la Nostalgie*, Éditions Inculte, 2011.
TESSON Sylvain, *Sous l'étoile de la liberté*, Arthaud poche, 2011.
TESSON Sylvain, *Dans les forêts de Sibérie*, Gallimard, 2011 ; Folio, 2013.
FERNANDEZ Dominique, *Transsibérien*, Grasset, 2012.
SALLENAVE Danièle, *Sibir, Moscou-Vladivostok (mai-juin 2010)*, Gallimard, 2012.
WENDLANDT Astrid, *L'Oural en plein cœur, Des steppes à la taïga sibérienne*, Albin Michel, 2014.
GRAS Cédric, *L'Hiver aux trousses, Voyage en Russie d'Extrême-Orient*, Stock, 2015.
BARILLÉ Élisabeth, *Le Goût de la Russie*, Mercure de France, 2015.

BEAUX LIVRES :
CARS Jean des, *Le Transsibérien*, Denoël, 1986.
Train Journeys of the World, AA Publishing, Hampshire, 1995.
GARANGER Marc & HAMAYON Roberte N., *Taïga, terre de chamans*, Imprimerie Nationale, 1997.
MORDILLAT Gérard, *Trains de vies : les cheminots dans l'aventure du siècle*, Éditions de La Martinière, 1999.
GORBATCHEVA Valentina & FEDEROVA Marina, *Les Peuples du Grand Nord, Arts et civilisation de Sibérie*, dirigé par Jean-Paul Manzo pour l'édition française, Parkstone Press, New York, 2000.
HERMANN Frédéric & TISSERAND Fabienne, *De Paris à Pékin par le Transsibérien*, La Renaissance du livre, 2001.

LE GUEN Catherine & LABOUCHE Didier, *Transsibérien, Voyage dans un train de légende*, Géorama, Brest, 2002.

BARD Patrick, *Transsibériens*, Marval, 2003.

PARVULESCO Constantin, *Transsibérien, Visa vers l'extrême*, ETAI éditions, Antony, 2003.

Larousse des trains et des chemins de fer, Larousse, 2005.

MARTEL Olivier & MICHEL Rémy, *Voyage en Russie sur les traces de Michel Strogoff*, Éditions Solar, 2005.

GOISQUE Thomas & TESSON Sylvain, *Lac Baïkal, Visions de coureurs de taïga*, Transboréal, coll. « Visions », 2008.

FERNANDEZ Dominique & MARTEL Olivier, *L'Âme russe*, Philippe Rey, 2009.

BIZET Didier, *Empreinte transsibérienne*, Critères Éditions, Grenoble, 2012.

NOTES

1. Site www.lenta.ru, « *Na territorii "Krasnoy rosy" v Moskve poyavitsya zhiloy kompleks* », le 21 mai 2008.
2. *The New York Times*, « *Manhattan on the Moskova* », le 10 septembre 2006.
3. Extrait de la chanson « *The Russians* » de Sting, sur une musique de Sergueï Prokofiev, dans *The Dream of the Blue Turtles*, A&M Records Inc., 1985.
4. L'euro valait 30 roubles à l'été 2004.
5. Alexandre Soljenitsyne a été arrêté par le KGB en 1974, inculpé de trahison à la suite de la publication de *L'Archipel du Goulag* en Occident, déchu de la citoyenneté soviétique et expulsé du territoire. Son œuvre est restée censurée dans sa patrie jusqu'en 1989.
6. *Prose du Transsibérien et de la petite Jehanne de France*, 1913.
7. Colin Thubron, *Among the Russians*, Heinemann, 1983, traduit de l'anglais par Bernard Blanc, *Les Russes*, Payot (coll. « Voyageurs »), 1988.
8. Membre du KGB, dissous en 1991 pour être remplacé par le FSB ou « Service fédéral de sécurité ».
9. Ces données sont citées par Clive Lamming dans « Les trains mythiques », *Science & Vie*, édition spéciale, 2003.
10. « *Life rolls on in "a country within a country" railways* », *The Financial Times*, le 19 octobre 2004.
11. Ces données sont détaillées par Valentina Gorbatcheva et Marina Federova dans *Les Peuples du Grand Nord, Arts et civilisation de Sibérie*, dirigé par Jean-Paul Manzo pour l'édition française, Parkstone Press, New York, 2000.
12. Voir Slavomir Rawicz, *À marche forcée, À pied du cercle polaire à l'Himalaya (1941-1942)*, 1956, traduit de l'anglais par Éric Chédaille, chap. 3, Phébus, 2002.
13. Voir Anne Applebaum, *Goulag, Une histoire*, Doubleday/Random House, 2003, traduit de l'anglais par Pierre-Emmanuel Dauzat, Grasset, 2005.
14. Charles Wenyon, *À travers la Sibérie par la route de la malle-poste*, traduit de l'anglais par Nathalie Priymenko, Éditions Olizane, Genève, 2000.

15. « Voici la ville ! Sortez six fusils ! Tuez les lumières ! Attrapez une femme, une bouteille de whisky... et c'est parti, dans un nuage de poussière, chevauchons jusqu'au coucher du soleil ! »
16. En 2006, malgré la pression des mouvements écologistes, les autorités ont lancé la construction du plus long oléoduc au monde – 4 200 km –, qui reviendrait à 15 milliards de dollars. Les travaux ont commencé à l'été. Toutefois, le président Poutine a ordonné le déplacement du tracé à 40 km au nord du Baïkal.
17. Au nombre de douze mille en Russie, les Nanaïs sont des chasseurs-pêcheurs sédentaires, qui vivent sur le cours inférieur du fleuve Amour, les territoires de Khabarovsk, du Primorié, ainsi que sur l'île de Sakhaline.
18. Charles Wenyon, *op. cit.*
19. Jeu de mots : *kharacho* signifie « bon » en russe.
20. « *Kak stat' millionerom ?* », *Komsomolskaya Pravda*, le 20 août 2004.
21. Voir Annette M. B. Meakin, *A Ribbon of Iron*, A. Constable & Co., 1901. Réédité par Arno Press, New York, 1970.

TABLE

VOYAGE EN POCHE

1. L'EXPLORATION DE LA SIBÉRIE
Antoine Garcia & Yves Gauthier (2014 ; prix du livre d'histoire François-Millepierres de l'Académie française)

2. BONS BAISERS DU BAÏKAL ~ Nouvelles de Sibérie
Géraldine Dunbar (2014, 2e éd. 2016)

3. UNE PARISIENNE DANS L'HIMALAYA
Marie de Ujfalvy-Bourdon (2014)

4. PAR LES SENTIERS DE LA SOIE ~ À pied jusqu'en Chine
Philippe Valéry (2014, 2e éd. 2016)

5. VOYAGE À LA MER POLAIRE
George S. Nares (2014)

6. TRILOGIE DES CIMES ~ Histoires de larrons perchés
Olivier Salon (2014, 2e éd. 2016 ; prix du pays du Mont-Blanc)

7. AU GRÉ DU YUKON ~ Quatre-vingts jours en canoë
Joël Allano (2014)

8. RÉVÉLATION DANS LA TAÏGA
Alain Lebrun (2014)

9. LA NUIT COMMENCE AU CAP HORN
Saint-Loup (2015)

10. À TOUTE VAPEUR VERS SAMARCANDE
Eugène-Melchior de Vogüé (2015)

11. VERS COMPOSTELLE ~ Drôles de rencontres
Antoine Bertrandy (2015, 2e éd. 2015)

12. L'OPÉRA ALPIN ~ À pied de la Bavière à Bergame
Gérard Guerrier (2015)

13. DANS L'OMBRE DE GENGIS KHAN
Julien Peltier (2015)

14. AMOURS ~ Voyage dans l'intimité des Égyptiens
Marion Touboul (2015)

15. CONFIDENCES CUBAINES
Claude Marthaler (2015, 2e éd. 2016)

16. QUATRE HOMMES AU SOMMET ~ L'ascension du Denali, en Alaska
Hudson Stuck (2015)

17. DES DÉSERTS AUX PRISONS D'ORIENT
Donald Campbell (2015)

18. SEULE SUR LE TRANSSIBÉRIEN ~ De Moscou à Vladivostok
Géraldine Dunbar (2016)

19. CETTE PETITE ÎLE S'APPELLE MOZAMBIQUE
Jordane Bertrand (2016)

SEULE SUR LE TRANSSIBÉRIEN

A ÉTÉ COMPOSÉ EN GEORGIA ET EN OPTIMA.
IL A ÉTÉ IMPRIMÉ SUR CLAIRBOOK IVOIRE,
FABRIQUÉ PAR CLAIREFONTAINE À ÉTIVAL,
DANS LES VOSGES. IL EST SORTI DES PRESSES
DE LA NOUVELLE IMPRIMERIE LABALLERY,
SITUÉE À CLAMECY, DANS LA NIÈVRE, POUR
LE COMPTE DES ÉDITIONS TRANSBORÉAL
EN JANVIER DEUX MILLE SEIZE.

COMPOSÉ ET IMPRIMÉ EN FRANCE
FR

IMPRIM'VERT®

NUMÉRO D'IMPRESSION : 512414